A. F. Chalmers

Wege der Wissenschaft

Einführung in die Wissenschaftstheorie

Dritte, durchgesehene Auflage

Herausgegeben und übersetzt von
Niels Bergemann und Jochen Prümper

Springer-Verlag
Berlin Heidelberg New York London Paris Tokyo
Hong Kong Barcelona Budapest

Herausgeber und Übersetzer:

Dr. med. Dipl.-Psych. Niels Bergemann
Psychiatrische Universitätsklinik Heidelberg
Voßstraße 4
D-69115 Heidelberg

Dr. Jochen Prümper
Jugendstraße 8
D-81667 München

Titel der englischen Originalausgabe:
A. F. Chalmers, What is This Thing Called Science?

First published 1976, reprinted 1978, 1979 and 1981. Second edition 1982.

ISBN 3-540-58474-9 Springer-Verlag Berlin Heidelberg New York Tokyo

ISBN 3-540-51503-8 2. Auflage Springer-Verlag Berlin Heidelberg New York Tokyo

42/2202-5 4 3 2 1 0 – Gedruckt auf säurefreiem Papier

"Like all young men I set out to be a genius,
but mercifully laughter intervened."

Clea Lawrence Durrell

Inhalt

Vorwort der Herausgeber

Obgleich Anfang der 70er Jahre eine geradezu euphorische Auseinandersetzung mit den wissenschaftstheoretischen Grundlagen einzelner Fachwissenschaften - insbesondere der Sozialwissenschaften - stattgefunden hat, blieb auch hier die Situation bestehen, die CHALMERS im Vorwort zur ersten Auflage umreißt: Es fehlte bislang ein Buch, das sowohl klar verständlich und ohne spezielle Vorkenntnisse vorauszusetzen in die Grundlagen der Wissenschaftstheorie einführt als auch zu neueren Ansätzen und zur aktuellen wissenschaftstheoretischen Diskussion hinführt. Beides leistet dieser Band!

Ein derartiges Einführungsbuch scheint den Herausgebern geeignet, einen Beitrag zu leisten, um der im Vergleich zu den beginnenden 70er Jahren grundlegend veränderten Situation zu begegnen: Jenseits jeglicher Modeerscheinungen stellen die wissenschaftstheoretischen Grundlagen einen unverzichtbaren Bestandteil der Ausbildung in jeder fachwissenschaftlichen Disziplin dar.

Die deutschsprachige Ausgabe wurde um eine *"Deutschsprachige Bibliographie zur Wissenschaftstheorie", "Zusammenfassende Fragestellungen"* im Anschluß an jedes Kapitel sowie um ein *Sachregister* ergänzt. Erstere soll einerseits dem Umstand Rechnung tragen, daß CHALMERS sich weitestgehend auf Literatur des anglo-amerikanischen Sprachraums bezieht und Entwicklungen im deutschsprachigen Raum weniger berücksichtigt und andererseits einen Leitfaden für die eingehendere Beschäftigung mit dem Gegenstand bieten. Mit den *Zusammenfassenden Fragestellungen* soll dem Leser eine Selbstkontrolle an die Hand gegeben werden sowie eine Zusammenfassung der Kapitel in Stichworten. Von dem zusätzlich erstellten *Sachregister* erhoffen sich die Herausgeber einen Gewinn für die praktische Handhabung des Buches.

Sofern es den Herausgebern als hilfreich, sinnvoll oder gar notwendig erschien, wurde die deutschsprachige Ausgabe um einige wenige Anmerkungen erweitert.

In der jetzt vorliegenden dritten deutschsprachigen Auflage sind erneut einige wenige Korrekturen vorgenommen worden. Auch wurde wie zur vorangegangenen Auflage die deutschsprachige Bibliographie aktualisiert.

Die Herausgeber danken den Lesern für die Resonanz, die dieses Buch auch in der deutschsprachigen Fassung erhalten hat, sowie dem Springer-Verlag für das rasche Ermöglichen der nunmehr dritten Auflage.

Im Juli 1994,

Niels Bergemann,
Heidelberg

Jochen Prümper,
München

Vorwort zur ersten Auflage

Das Ziel dieses Buches ist es, eine leicht verständliche, klare und elementare Einführung in die neueren Betrachtungen über das Wesen der Wissenschaft zu geben. Während meiner Lehrtätigkeit sowohl für Studenten der unteren Semester als auch für Kolleginnen und Kollegen anderer Fachbereiche, die einen Einblick in die neueren Entwicklungen der Wissenschaftstheorie gewinnen wollten, wurde mir immer klarer, daß es kein einziges Buch, und nicht einmal eine kleine Auswahl von Büchern gibt, die Anfängern hätten empfohlen werden können. Die einzigen Quellen, die über die neuere Diskussion verfügbar sind, sind die Originaltexte. Viele dieser Quellen sind jedoch für den Anfänger zu schwierig und es sind vor allem zu viele, als daß sie ohne weiteres einer größeren Anzahl von Studenten zugänglich gemacht werden könnten. Für all diejenigen, die sich mit der Wissenschaftsphilosophie intensiver auseinandersetzen möchten, kann dieses Buch natürlich kein Ersatz für die Originalquellen sein; aber dennoch hoffe ich, daß es einen brauchbaren und guten Einstieg bietet, den es anderweitig nicht gibt.

Mein Vorsatz, die Diskussion möglichst einfach zu gestalten, scheint sich für etwa zwei Drittel des Buches tatsächlich erfüllt zu haben. Zu dem Zeitpunkt, als ich dieses Stadium erreicht hatte und mich daran machen wollte, die neueren Betrachtungen zu kritisieren, entdeckte ich zu meiner Überraschung, daß ich erstens mit diesen Betrachtungen weit weniger übereinstimmte als ich vermutet hatte und daß zweitens aus meiner Kritik eine in sich schlüssige Alternative hervorging. Diese Alternative wird im letzten Kapitel dieses Buches in groben Zügen dargestellt. Es wäre für mich ein erfreulicher Gedanke, wenn die zweite Hälfte dieses Buches nicht nur Zusammenfassungen bekannter Betrachtungen über das Wesen der Wissenschaft liefern würde, sondern ein wenig darüber hinausginge.

Mein Interesse für die Geschichte und die Philosophie der Wissenschaft wurde in London geweckt, in einem Klima, das von KARL POPPER beherrscht wurde. Aus dem Inhalt des vorliegenden Buches geht deutlich hervor, was ich ihm, seinen Aufsätzen, Vorlesungen und Seminaren, aber auch dem leider viel zu früh verstorbenen IMRE LAKATOS zu verdanken habe. Die Form der ersten Hälfte dieses Buches ist zu einem großen Teil an dem brillianten Artikel von LAKATOS über die Methodologie wissenschaftlicher Forschungsprogramme angelehnt. Ein bemerkenswertes Merkmal der POPPERschen Schule war der Nachdruck, der darauf gelegt wurde, sich das Problem, an dem man interessiert war, auch wirklich bewußt zu machen und die Betrachtungen über dieses Problem in einer einfachen und allgemeinverständlichen Weise zum Ausdruck zu bringen. Obwohl ich in dieser Hinsicht dem Vorbild von POPPER und LAKATOS viel verdanke, gehen etwaige Fähigkeiten, die ich entwickelt habe, um mich selber klar und deutlich auszudrücken, im wesentlichen auf meine Zusammenarbeit mit Professor HEINZ POST zurück, der mich während meiner Zeit am Chelsea College betreute, wo ich an der Fakultät für Geschichte und Wissenschaftsphilosophie an meiner Dissertation arbeitete. Dabei werde ich jedoch einfach das dumme Gefühl nicht los, daß er sein Exemplar dieses Buches mit der Bitte an mich zurückschicken wird, die Stellen, die er nicht versteht, noch einmal neu zu schreiben. Von den Kolleginnen und Kollegen in London, damals zumeist noch Studenten, denen ich zu besonderem Dank verpflichtet bin, ist es vor allem NORETTA KOERTGE, nun an der Universität von Indiana, die mir immens geholfen hat.

Ich bezeichnete oben die POPPERsche Schule als eine *Schule*, aber erst nachdem ich von London nach Sydney gegangen war, wurde mir vollends bewußt, wie stark ich einer Schule verbunden war. Zu meiner Überraschung entdeckte ich, daß es dort Philosophen gab, die von WITTGENSTEIN, QUINE oder MARX beeinflußt waren und die der Meinung waren, daß POPPER in vielen Punkten einfach Unrecht hatte; einige waren sogar der Überzeugung, daß die von ihm vertretenen Auffassungen regelrecht gefährlich seien. Ich glaube, daß ich aus dieser Erfahrung viel gelernt habe. Eines der Dinge, die ich gelernt habe, war, daß POPPER, wie im letzten Teil dieses Buches näher erläutert werden soll, in der Tat in einigen entscheidenden Punkten Unrecht hat. Dies ändert jedoch nichts an der Tatsache, daß der Ansatz von POPPER unendlich viel besser ist als die Ansätze, denen man sich in den meisten philosophischen Fakultäten, die ich kennengelernt habe, bedient.

Viel verdanke ich meinen Freunden in Sydney, die mich aus meinem Schlummer aufweckten. Damit will ich jedoch nicht andeuten, daß ich ihren Ansätzen eher zustimme als denen von POPPER. Aber sie wissen dies besser als ich. Die Tatsache aber, daß ich keine Zeit habe, mich mit dem obskuren Unsinn von der Inkommensurabilität unterschiedlicher Konzepte zu beschäftigen (an dieser Stelle werden die Anhänger von POPPER die Ohren spitzen), ließ mich - wegen des Ausmaßes, in dem ich gezwungen war, die Standpunkte meiner Kollegen und Kontrahenten in Sydney anzuerkennen und mich mit ihnen auseinanderzusetzen - die Stärken ihrer Argumente und die Schwächen meiner eigenen Sichtweise verstehen lernen. Ich hoffe, daß niemand der Meinung ist, daß ich ihn ungebührend behandele, wenn ich an dieser Stelle besonders JEAN CURTHOYS und WAL SUCHTING hervorhebe.

Ich schließe mit einem herzlichen Gruß an die Freunde, die keine Notiz von diesem Buch nehmen, es nicht lesen werden, und die mich ertragen mußten, während ich dieses Buch geschrieben habe.

Alan Chalmers,
Sydney, 1976

Vorwort zur zweiten Auflage

Gemessen an den Reaktionen auf die erste Auflage dieses Buches, scheinen die ersten acht Kapitel die Erwartungen an eine "leichtverständliche, klare und elementare Einführung in die neueren Betrachtungen über das Wesen der Wissenschaft" recht gut zu erfüllen. Im allgemeinen schien jedoch auch Übereinstimmung darüber zu bestehen, daß dies für die letzten vier Kapitel nicht zutrifft. Folglich habe ich in dieser überarbeiteten und erweiterten Auflage Kapitel eins bis acht nahezu unverändert gelassen und die letzten vier Kapitel durch sechs völlig neue ersetzt. Eines der Probleme bestand darin, daß die letzten Kapitel der ersten Auflage nicht mehr so leicht verständlich waren. Ich habe mich bemüht, die neuen Kapitel möglichst einfach zu gestalten, obschon ich befürchte, daß mir dies bei dem doch recht anspruchsvollen Stoff der letzten beiden Kapitel nicht immer geglückt ist. Trotz der Tatsache, daß ich mich darum bemüht habe, den Stoff möglichst leicht verständlich darzustellen, hoffe ich, daß dadurch die Diskussion nicht weniger kontrovers ausgefallen ist.

Ein anderes Problem bestand darin, daß der letzte Teil der ersten Auflage ausreichende Prägnanz vermissen ließ. Obwohl ich davon überzeugt bin, daß ich mit dem größten Teil, den ich vorbrachte, auf der richtigen Spur war, ist es mir, wie mir meine Kritiker klar gemacht haben, gewiß nicht gelungen, eine in sich schlüssige und gut begründete Position zum Ausdruck zu bringen. Dieser Umstand kann jedoch nicht ausschließlich LUIS ALTHUSSER in die Schuhe geschoben werden, dessen Auffassungen zu der Zeit, als ich dieses Buch geschrieben habe, sehr stark in Mode waren und dessen Einfluß in gewissem Umfange in dieser neuen Auflage noch immer deutlich wird. Ich habe daraus gelernt und werde mich davor hüten, mich in Zukunft noch einmal zur unpassenden Zeit so sehr von dem letzten Schrei der Pariser Mode beeinflussen zu lassen.

Meine Freunde TERRY BLAKE und DENISE RUSSELL haben mich davon überzeugt, daß an den Schriften von PAUL FEYERABEND wesentlich mehr dran ist, als ich anfänglich bereit war, anzuerkennen. Ich habe ihm darum in dieser neuen Auflage mehr Aufmerksamkeit geschenkt und mich darum bemüht, die Spreu vom Weizen zu trennen, den Anti-Methodismus vom Dadaismus. Auch fühlte ich mich dazu verpflichtet, eine Unterscheidung zu treffen zwischen dem, was wirklich wichtig ist und dem "obskuren Unsinn von der Inkommensurabilität unterschiedlicher Konzepte".

Bei der Überarbeitung dieses Buches verdanke ich sehr viel der Kritik meiner Kollegen, Rezensenten und Korrespondenten. Ich will gar nicht erst versuchen, sie alle namentlich zu erwähnen; ich weiß mich dessen schuldig und bedanke mich bei allen!

Alan Chalmers,
Sydney, 1981

Einleitung

In der heutigen Zeit genießt Wissenschaft ein hohes Ansehen. Anscheinend ist es eine weitverbreitete Annahme, daß es mit der Wissenschaft und ihren Methoden etwas Besonderes auf sich hat. Wenn eine bestimmte Behauptung, ein Gedankengang oder eine Untersuchung als "wissenschaftlich" bezeichnet wird, dann soll damit unterstellt werden, daß sie besonders wertvoll oder zuverlässig sei. Aber wenn die Wissenschaft etwas Besonderes bietet, was ist dann dieses Besondere? Was ist die "wissenschaftliche Methode", die angeblich zu besonders wertvollen oder zuverlässigen Ergebnissen führt? Dieses Buch ist ein Versuch, derartige Fragen zu klären und zu beantworten.

Es zeigt sich im Alltagsleben, daß die Wissenschaft ein hohes Ansehen genießt, trotz einiger ernüchternder Konsequenzen, wie die Wasserstoffbombe oder die Umweltverschmutzung, für die sie verantwortlich gemacht wird. Die Werbung verspricht uns häufig, daß ein bestimmtes Produkt wissenschaftlich nachgewiesen reiner, kräftiger, sexuell anziehender oder in irgendeiner Art und Weise besser als Konkurrenzartikel sei. Dabei wird darauf spekuliert, daß die Werbeaussage für besonders gut begründet, wenn nicht gar für unbezweifelbar gehalten wird. Im gleichen Sinne war in einer neueren Zeitungsannonce, die für die Sekte der "Christian Science" warb, als Überschrift zu lesen: "Die Wissenschaft hat nachgewiesen, daß es einen Beweis für die Wahrheit der Bibel gibt". Die Anzeige fuhr fort mit der Behauptung, daß "selbst die Wissenschaftler dies heutzutage glauben". Hier zeigt sich eine direkte Berufung auf die Autorität der Wissenschaft und der Wissenschaftler. Wir sollten uns tatsächlich fragen, was die Grundlage solcher Autorität darstellt.

Das hohe Ansehen, das die Wissenschaft genießt, ist nicht lediglich auf das Alltagsleben und die Massenmedien beschränkt. Es zeigt sich ebenso an Schulen, Universitäten und überall im Wissenschaftsbetrieb. Viele Forschungsbereiche werden von ihren Vertretern als Wissenschaften dargestellt, vermutlich um anzudeuten, daß die verwendeten Methoden genauso sicher und leistungsfähig sind wie die einer traditionellen Wissenschaft, etwa der Physik. "Politische Wissenschaft" und "Sozialwissenschaft" sind heutzutage bereits Gemeinplätze. Marxisten bestehen gerne darauf, daß der historische Materialismus eine Wissenschaft darstellt. Darüber hinaus werden zur Zeit oder wurden bis vor kurzem auch Bibliothekswissenschaft, Verwaltungswissenschaft, Sprachwissenschaft, Forstwissenschaft, Ernährungswissenschaft, Vieh- und Milchwissenschaft und sogar Thanatologie an amerikanischen Colleges und Universitäten gelehrt.[1] Oft glauben sogenannte "Wissenschaftler" in diesen Bereichen, daß sie sich an die *empirischen* Methoden der Physik halten. Diese Methoden beruhen für sie auf dem Sammeln von "Fakten", die aus sorgfältigem Beobachten und Experimentieren gewonnen werden und aus denen anschließend unter Zuhilfenahme gewisser logischer Prozeduren Gesetze und Theorien abgeleitet werden. Kürzlich wurde dem Autor von einem Kollegen, einem Historiker, der offensichtlich von dieser Art Empirismus eingenommen war, erzählt, daß es zur Zeit nicht möglich sei, australische Geschichte zu schreiben, weil eine ausreichende Anzahl von Fakten nicht vorläge. Eine Inschrift an der Fassade des Gebäudes für Sozialwissenschaften der Universität von Chicago lautet: "Wenn man nicht messen kann, ist das Wissen dürftig und unbefriedigend" (KUHN, 1977a, S.254). Kein Zweifel, eine Menge der Mitarbeiter dort, eingesperrt in ihren modernen Laboratorien wie in Gefängniszellen, betrachten die Welt durch Gitterstäbe von Integralen und bekommen nicht mit, daß die Methode, der sie zu folgen versuchen, nicht nur dürftig und unfruchtbar ist, sondern ebensowenig diejenige, der die Physik ihre Erfolge verdankt.

Diese falsche Sichtweise von der Wissenschaft, wie sie oben beschrieben wurde, wird in den Anfangskapiteln dieses Buches diskutiert und widerlegt. Auch wenn einige Wissenschaftler und viele Pseudo-Wissenschaftler sich dieser Methode verschrieben haben, würde doch kein moderner Wissenschaftstheoretiker nicht zumindest einige ihrer Unzulänglichkeiten bemerken. Neuere Entwicklungen in der Wissenschaftstheorie betonen die schwerwiegenden Probleme, die mit der Vorstellung verbunden sind, daß Wissenschaft auf einer sicheren, durch Beobachtung und Experiment gewonnenen Grundlage beruhe, von der sich zuverlässig wissenschaftliche Theorien ableiten ließen. Es gibt aber einfach keine Methode, die es ermöglicht, eine wissenschaftliche Theorie als wahr nachzuweisen, oder auch nur als wahrscheinlich wahr. In diesem Buch soll nachgewiesen werden, daß Versuche einer einfachen und schlüssigen logischen Rekonstruktion der "wissenschaftlichen Methode" auf weitere Schwierigkeiten stoßen, sobald erkannt wird, daß es keine Methode gibt, mit der wissenschaftliche Theorien endgültig widerlegt werden können.

Einige der Argumente für die Behauptung, daß wissenschaftliche Theorien weder endgültig bewiesen noch endgültig widerlegt werden können, beruhen weitgehend auf philosophischen und logischen Überlegungen. Andere basieren auf einer genauen Analyse der Wissenschaftsgeschichte und auf moderner Wissenschaftstheorie. In neuerer Zeit wird der Wissenschaftsgeschichte im Rahmen der Wissenschaftstheorie zunehmend Beachtung geschenkt. Zur Bestürzung vieler Wissenschaftstheoretiker hat sich gezeigt, daß es gerade nicht die von ihnen als typisch beschriebenen Methoden waren, die zu den Ereignissen führten, die von der Wissenschaftsgeschichte als die entscheidenden Fortschritte betrachtet werden, wie etwa die Entdeckungen von GALILEI, NEWTON, DARWIN oder EINSTEIN.

Eine Reaktion auf die Erkenntnis, daß wissenschaftliche Theorien nicht endgültig bewiesen oder widerlegt werden können und daß die Rekonstruktionen der Philosophen mit dem, was tatsächlich in der Wissenschaft geschieht, nur wenig gemeinsam haben, ist, die Vorstellung von einer rationalen Wissenschaft, die mit rationalen Methoden arbeitet, ganz und gar aufzugeben. Eine solche Reaktion etwa veranlaßte unlängst den Philoso-

---

[1] Diese Liste stammt von C. TRUSDELL, zit. nach RAVETZ (1971, S. 387f.).

phen und Entertainer PAUL FEYERABEND, sein Buch *Wider den Methodenzwang: Skizze einer anarchistischen Erkenntnistheorie* (1976) und einen Aufsatz mit dem Titel "Philosophy of Science: A Subject with a Great Past" (1970) zu verfassen. Folgt man der extremen Sichtweise, die aus den Werken von FEYERABEND deutlich wird, so weist Wissenschaft keine besonderen Eigenschaften auf, mit denen sie sich gegenüber anderen Formen der Erkenntnis, wie etwa alten Mythen oder Voodoo, wirklich überlegen zeigt. Das hohe Ansehen, das die Wissenschaft genießt, wird als die moderne Religion betrachtet, die eine ähnliche Rolle spielt wie das Christentum im Europa früherer Epochen. Es wird so dargestellt, als ob die Wahl zwischen Theorien zu einer Wahl wird, die durch subjektive Werte und Wünsche des Einzelnen bestimmt ist. Dieser Art der Reaktion auf den Zusammenbruch traditioneller Wissenschaftstheorien widersetzt sich dieses Buch. Es wird der Versuch unternommen, eine Darstellung von Physik zu geben, die weder subjektiv noch individualistisch ist, die die Kernpunkte der Methodenkritik von FEYERABEND übernimmt, aber die ihrerseits gegenüber solcher Kritik gefeit ist.

Die Wissenschaftsphilosophie hat Tradition. FRANCIS BACON war einer der ersten, der den Versuch unternommen hat, das Wesen der modernen wissenschaftlichen Methode darzustellen. Im frühen 17. Jahrhundert postulierte er, daß es das Ziel der Wissenschaft sei, das Los des Menschen auf Erden zu verbessern. Für ihn konnte dieses Ziel dadurch erreicht werden, daß Fakten durch systematisches Beobachten gesammelt und daraus Theorien abgeleitet werden. Seither wurde der Ansatz von BACON von den einen modifiziert und verbessert, von anderen in ziemlich radikaler Weise angegriffen. Ein historischer Abriß und Kommentar der Entwicklungen in der Wissenschaftsphilosophie könnte von großem Interesse sein. Zum Beispiel wäre es sehr interessant, den Aufstieg des *logischen Positivismus*, der im Wien der ersten Jahrzehnte dieses Jahrhunderts entstand, sehr populär wurde und noch heute beträchtlichen Einfluß ausübt, zu erforschen und zu erklären. Der logische Positivismus war eine extreme Form des Empirismus, nach der Theorien nicht nur ausschließlich durch den Grad an Verifizierbarkeit durch aus Beobachtung gewonnenen Tatsachen gerechtfertigt, sondern auch nur dann von Bedeutung sind, wenn sie auf diese Weise hergeleitet werden können.

Meines Erachtens gibt es zwei verwirrende Aspekte im Aufstieg des Positivismus. Der eine ist der, daß er in die Zeit fiel, als mit dem Aufkommen der Quantenphysik und EINSTEINs Relativitätstheorie die Physik spektakuläre Fortschritte machte, und zwar in einer Art, die sehr schwierig mit dem Positivismus in Einklang zu bringen war. Der andere Aspekt ist der, daß bereits 1934 sowohl KARL POPPER in Wien als auch GASTON BACHELARD in Frankreich Werke veröffentlicht hatten, die sehr überzeugende Widerlegungen des Positivismus enthielten, aber dies dennoch das Aufkommen des Positivismus nicht beeinträchtigte. Allerdings wurden die Werke von POPPER (1934) und BACHELARD (1988) zu jener Zeit fast nicht rezipiert und haben erst in neuerer Zeit die Beachtung gefunden, die ihnen zukommt. Als A. J. AYER mit seinem Buch *Sprache, Wahrheit und Logik* (1936) den logischen Positivismus in England einführte und damit einer der bedeutendsten englischen Philosophen wurde, vertrat er eine Lehre, deren entscheidenden Unzulänglichkeiten zum Teil bereits von POPPER und BACHELARD erkannt und veröffentlicht worden waren.[2]

---

[2] Der Autor verdankt diesen Hinweis BRYAN MAGEE (1974).

Die Wissenschaftsphilosophie hat in den letzten Jahrzehnten rapide Fortschritte gemacht. Dieses Buch versteht sich jedoch nicht als Beitrag zur Geschichte der Wissenschaftsphilosophie. Es verfolgt vielmehr die Absicht, neuere Entwicklungen aufzuzeigen, indem einige moderne Theorien über das Wesen der Wissenschaft so klar und einfach wie möglich vorgestellt und gelegentlich Korrekturen vorgeschlagen werden. In der ersten Hälfte des Buches werden zwei einfache, aber unzulängliche Ansätze der Wissenschaft beschrieben, die als Induktivismus und Falsifikationismus bezeichnet werden. Obgleich diese beiden Positionen eine ganze Menge mit solchen Standpunkten gemeinsam haben, die in der Vergangenheit tatsächlich vertreten wurden und an denen auch heute noch einige festhalten, ist hier nicht in erster Linie eine historische Darstellung beabsichtigt. Die Darstellung erfolgt vielmehr aus didaktischen Gründen. Wenn der Leser diese extremen, etwas überzogenen Positionen sowie ihre Fehler versteht, wird er eher imstande sein, die Motive, die hinter den modernen Theorien stehen, zu verstehen und auch in der Lage sein, ihre Stärken und Schwächen besser einzuschätzen.

Der Induktivismus wird im ersten Kapitel dargestellt und anschließend im zweiten und dritten Kapitel ausführlich kritisiert. Das vierte und fünfte Kapitel sind einer Darstellung des Falsifikationismus gewidmet, der hier zunächst als ein Versuch verstanden wird, den Induktivismus zu verbessern, bis dann im sechsten Kapitel auch seine Grenzen bloßgelegt werden. Das nächste Kapitel erklärt den "raffinierten" Falsifikationismus[3] von IMRE LAKATOS; im achten Kapitel wird THOMAS KUHN mit seinen "Passe-partout"-Paradigmen vorgestellt. Der Relativismus, die Idee, daß der Wert von Theorien in Relation zu den Werten der betroffenen Personen beurteilt werden muß, ist eine zur Zeit sehr populär gewordene Anschauung. Im neunten Kapitel wird dieses Thema behandelt und es wird diskutiert, in welchem Maße KUHN eine relativistische Position vertritt und LAKATOS eine solche vermeidet. Im darauffolgenden Kapitel wird ein erkenntnistheoretischer Ansatz skizziert, der als Objektivismus bezeichnet werden soll und der in gewisser Hinsicht im Gegensatz zum Relativismus steht. Der Objektivismus mißt der Person und ihrem Urteil weniger Bedeutung bei und konzentriert sich auf eine Analyse der Erkenntnis selbst. Aus dieser Position heraus wird es möglich, eine Erklärung für den Theorienwechsel zu geben, welche in entscheidender Hinsicht nicht relativistisch ist und die dennoch gegenüber Kritik gefeit ist, wie sie von Relativisten wie FEYERABEND an traditionellen Erklärungen des Theorienwechsels geübt wird.

Im elften Kapitel wird ein eigener Ansatz zum Theorienwechsel in der Physik vorgestellt. Vor diesem Hintergrund wird anschließend im zwölften Kapitel der Versuch einer Auseinandersetzung mit FEYERABENDs Methodenkritik sowie mit seinen Intentionen unternommen. Die letzten beiden Kapitel des Buches sind schwieriger als die vorangegangenen. Sie behandeln die Frage des Ausmaßes, in dem unsere Theorien als eine Suche nach "wahren" Beschreibungen dessen, was die Welt "wirklich" ist, aufgefaßt werden können. Der Schlußteil leistet sich eine politische Ausführung zum Thema des Buches. Obgleich die Wissenschaftstheorie, die aus dem letzten Teil des Buches erkennbar wird, auch eine Verbesserung gegenüber allem vorangegangenen sein soll, ist sie sicherlich nicht unproblematisch. Man könnte geneigt sein zu sagen, daß es

---

[3] Die englischsprachige Bezeichnung lautet 'sophisticated falsificationism' und ist damit sicherlich aussagekräftiger. Hier wird die im deutschen Sprachraum üblichgewordene Bezeichnung verwendet. (Anm. d. Hrsg.)

sich mit dem Gewinn der Lektüre dieses Buches so verhält wie in dem Faust'schen Ausspruch "Da steh ich nun, ich armer Tor, und bin so klug als wie zuvor". Aber - hoffentlich - auf einem höheren Niveau!

1

Induktivismus: Wissenschaft als aus der Erfahrung abgeleitete Erkenntnis

1. Wissenschaft - mit gesundem Menschenverstand betrachtet

Wissenschaftliche Erkenntnis ist bewiesenes Wissen. Wissenschaftliche Theorien werden nach einem strengen Verfahren aus der Erfahrung abgeleitet, die man durch Beobachtung und Experiment gewonnen hat. Wissenschaft beruht auf unserer Fähigkeit zu hören, zu sehen, zu fühlen usw. Persönliche Ansichten oder Vorlieben und Spekulationen sind in der Wissenschaft fehl am Platz. Wissenschaft ist objektiv. Wissenschaftliche Erkenntnis ist zuverlässiges Wissen, weil es objektiv überprüftes Wissen ist.

Aussagen dieser Art fassen eine heutzutage weit verbreitete Meinung über "die Wissenschaft" zusammen. Diese Sichtweise war eine Folge der wissenschaftlichen Revolution im 17. Jahrhundert und hatte als Vertreter so bedeutende und bahnbrechende Wissenschaftler wie GALILEI und NEWTON. Der Philosoph FRANCIS BACON und viele seiner Zeitgenossen faßten den wissenschaftlichen Standpunkt jener Zeit zusammen, als sie betonten, daß wir die Natur nur dann verstehen können, wenn wir die Natur zu Rate ziehen und nicht die Schriften von ARISTOTELES. Die fortschrittlichen Kräfte des 17. Jahrhunderts hielten die Beschäftigung der Naturphilosophen des Mittelalters mit den Schriften der Antike, vor allem mit denen ARISTOTELES und der Bibel als Quellen der Erkenntnis für verfehlt. Angespornt durch die Erfolge so großer "Experimentatoren" wie GALILEI, kamen sie immer mehr dazu, Erfahrung als Erkenntnisquelle zu betrachten. Die spektakulären Errungenschaften der experimentellen Wissenschaft werteten diese Sichtweise weiterhin auf. "Wissenschaft ist eine Struktur, die auf Tatsachen beruht", schrieb J.J. DAVIS in seinem Buch *On the Scientific Method* (1968, S.8). Eine neuere Bewertung der Ausführungen GALILEIs nahm H.D. ANTHONY (1948, S.145) vor:

> "Es waren weniger seine Beobachtungen und Experimente, die GALILEI mit der Tradition brechen ließen, als vielmehr seine Einstellung ihnen gegenüber. Er behandelte die Ergebnisse seiner Beobachtungen und Experimente als Tatsachen, die unabhängig von einem vorgefaßten Weltbild waren . . . Die Tatsachen ließen sich nicht unbedingt in ein anerkanntes System des Universums einordnen, aber GALILEI war der Meinung, daß es von entscheidender Wichtigkeit sei, die Tatsachen hinzunehmen, um dann aus ihnen eine geeignete Theorie aufbauen zu können".

Die naiv-induktivistische Auffassung von Wissenschaft, die auf den nächsten Seiten in groben Zügen dargestellt werden soll, kann man als einen Versuch betrachten, dieser weitverbreiteten Ansicht über Wissenschaft einen Rahmen zu geben. Wir haben diese Auffassung *induktivistisch* genannt, weil sie, wie weiter unten dargestellt werden soll, auf induktivem Schließen beruht. In den folgenden Kapiteln soll der Beweis erbracht werden, daß dieses Konzept von Wissenschaft, wie auch der ihm ähnliche populärwissenschaftliche Ansatz, nicht nur ziemlich falsch sind, sondern sogar eine gefährliche Irreführung darstellen. Es soll dadurch deutlich werden, warum hier oftmals von "naiv" induktivistischer Auffassung gesprochen wird.

2. Der naive Induktivismus

Folgt man dem naiven Induktivismus, dann beginnt Wissenschaft mit Beobachtung. Der wissenschaftliche Beobachter sollte mit gesunden Sinnesorganen ausgestattet sein und gewissenhaft das berichten, was er sieht, hört, usw., um der Situation, die er beobachtet, auch wirklich gerecht zu werden. Darüber hinaus sollte er persönlich unvoreingenommen sein. Aussagen über die Welt oder über Teilaspekte von ihr können unmittelbar als wahr bestätigt oder begründet werden, wenn ein unvoreingenommener Beobachter von seinen Sinnesorganen Gebrauch macht. Die Aussagen, zu denen man auf diese Weise gelangt ist (wir wollen sie *Beobachtungsaussagen* nennen), bilden dann die Grundlage, von der aus die Gesetze und Theorien abgeleitet werden, die letztendlich wissenschaftliche Erkenntnisse ausmachen. Hier eine Reihe von Beispiele einiger gewöhnlicher Beobachtungsaussagen:

> Am 1. Januar 1975 um Mitternacht erreichte der Mars die und die Position am Himmel.
>
> Taucht man diesen Stab zur Hälfte schräg in das Wasser und beobachtet ihn von der Seite, so scheint er an der Wasseroberfläche gebrochen zu sein.
>
> Herr Chauvi schlug seine Frau.
>
> Das Lackmuspapier färbte sich rot, als es in die Flüssigkeit getaucht wurde.

Die Wahrheit solcher Aussagen muß durch sorgfältige Beobachtung nachgewiesen werden. Jeder Beobachter kann ihre Wahrheit bestätigen oder verwerfen. Beobachter können sich auf ihr eigenes Urteil verlassen.

Aussagen der obengenannten Art fallen in die Klasse der sogenannten *Einzelaussagen*. Einzelaussagen, anders als eine zweite Klasse von Aussagen, die wir etwas später kennenlernen werden, beziehen sich auf ein bestimmtes Ereignis oder einen bestimmten Zustand an einem bestimmten Ort zu einer bestimmten Zeit. Die erste Aussage bezieht sich auf den Stand des Mars in einer bestimmten Position am Himmel zu einer bestimmten Zeit, die zweite auf eine bestimmte Beobachtung eines bestimmten Stabes usw. Dies bedeutet also, daß alle Beobachtungsaussagen gleichzeitig Einzelaussagen sind. Sie kommen dadurch zustande, daß ein Beobachter an einem bestimmten Ort und zu einer bestimmten Zeit Gebrauch von seinen Sinnesorganen macht.

Betrachten wir nun einige einfache Beispiele, die Bestandteile wissenschaftlicher Erkenntnis sein könnten:

Aus der Astronomie:	Planeten beschreiben eine ellipsenförmige Bahn um die Sonne.
Aus der Physik:	Beim Übergang eines Lichtstrahls von einem Stoff in einen anderen ändert dieser seine Richtung so, daß der Sinus des Einfallswinkels dividiert durch den Sinus des Brechungswinkels ein konstantes Verhältnis der beiden Stoffe beschreibt.
Aus der Psychologie:	Im allgemeinen haben Tiere einen angeborenen Aggressionstrieb.
Aus der Chemie:	Säuren färben Lackmuspapier rot.

Dies sind allgemeingültige Aussagen über Eigenschaften oder Verhaltensweisen einiger Teilaspekte des Universums. Anders als die Einzelaussagen beziehen sie sich auf *alle* Ereignisse einer bestimmten Art, an allen Orten und zu allen Zeiten. Alle Planeten, ganz gleich, wo sie sich befinden, beschreiben zu jeder Zeit eine ellipsenförmige Bahn um die Sonne. Jedesmal, wenn eine Brechung stattfindet, entspricht sie dem oben angeführten Brechungsgesetz. Die Gesetze und Theorien, aus denen sich wissenschaftliche Erkenntnis zusammensetzt, bestehen alle aus allgemeingültigen Aussagen dieser Art. Sie werden *allgemeine Sätze* genannt.

Es stellt sich nun die folgende Frage: Wenn Wissenschaft auf Erfahrung beruht, wie kommt dann der Übergang von den Einzelaussagen, die das Ergebnis einer Beobachtung sind, zu den allgemeinen Sätzen zustande, aus denen sich wissenschaftliche Erkenntnis zusammensetzt? Wie können die sehr allgemeinen, uneingeschränkten Behauptungen, aus denen sich unsere Theorien zusammensetzen, auf der Grundlage einer nur begrenzten Anzahl von Beobachtungsaussagen gerechtfertigt werden?

Die Antwort des Induktivismus ist folgende: Vorausgesetzt, bestimmte Bedingungen sind erfüllt, dann ist es gerechtfertigt, eine Anzahl einzelner Beobachtungsaussagen zu einem allgemeinen Gesetz zu verallgemeinern. Zum Beispiel mag es gerechtfertigt sein, aus einer begrenzten Anzahl von Beobachtungsaussagen, daß sich Lackmuspapier rot färbt, nachdem es in Säure getaucht wurde, das allgemeine Gesetz abzuleiten: "Säuren färben Lackmuspapier rot." Genauso läßt sich aus einer Anzahl von Beobachtungsaussagen über das Verhalten von erhitztem Metall das Gesetz ableiten: "Metalle dehnen sich aus, wenn sie erhitzt werden." Die Bedingungen, die erfüllt sein müssen, damit solche Verallgemeinerungen zulässig sind, lassen sich folgendermaßen zusammenfassen:

1. Verallgemeinerungen müssen auf einer großen Anzahl von Aussagen beruhen.

2. Die Beobachtungen müssen unter einer großen Vielfalt von Bedingungen wiederholt worden sein.

3. Keine Beobachtungsaussage darf im Widerspruch zu dem entsprechenden allgemeinen Gesetz stehen.

Bedingung (1) wird als notwendig erachtet, weil es selbstverständlich nicht gerechtfertigt ist, aufgrund lediglich einer einzigen Beobachtung, daß sich eine erhitzte Metallstange ausdehnt, die Schlußfolgerung zu ziehen, daß sich alle Metalle bei Erwärmung ausdehnen. Genausowenig darf man den Schluß ziehen, daß alle Bayern Trunkenbolde seien, weil man einen von ihnen im Vollrausch gesehen hat. Es ist eine große Anzahl von unabhängigen Beobachtungen notwendig, bevor diese beiden Verallgemeinerungen gerechtfertigt sind. Der Induktivismus weist nachdrücklich darauf hin, daß wir keine voreiligen Schlüsse ziehen dürfen.

Eine Möglichkeit, die Anzahl der Beobachtungen bei den angeführten Beispielen zu erhöhen, besteht darin, einen einzigen Metallstab wiederholt zu erhitzen oder immer wieder einen bestimmten Bayern zu beobachten, der Abend für Abend, oder vielleicht sogar jeden Morgen, betrunken ist. Eine Anzahl so erworbener Beobachtungsaussagen würde jedoch zweifellos eine sehr unbefriedigende Grundlage für die jeweilige Verallgemeinerung darstellen. Deshalb ist Bedingung (2) notwendig. Die Aussage "Alle Metalle dehnen sich aus, wenn sie erhitzt werden" stellt nur dann eine berechtigte Verallgemeinerung dar, wenn die ihr zugrundeliegenden Beobachtungen unter einer Vielzahl von Bedingungen stattgefunden haben. Verschiedene Arten von Metallen müssen erhitzt worden sein. Lange Eisenstangen, kurze Eisenstangen, Silberstäbe, Kupferstäbe etc. sollten sowohl unter hohem Druck, unter hohen Temperaturen und unter niedrigen Temperaturen erhitzt worden sein usw. Wenn sich unter sämtlichen Bedingungen alle erhitzten Metallteile ausgedehnt haben, dann, und nur dann, ist es gerechtfertigt, aus der Menge der Beobachtungsaussagen ein allgemeines Gesetz abzuleiten. Wenn nun ein bestimmtes Metallstück beobachtet wird, das sich bei Erwärmung nicht ausdehnt, so ist es offensichtlich, daß die Verallgemeinerung ungerechtfertigt ist. Bedingung (3) ist unentbehrlich.

Die oben beschriebene Art der Schlußfolgerung, welche uns dazu berechtigt, von einer begrenzten Anzahl von Einzelaussagen zu einer allgemeinen Aussage zu kommen, wird *induktives Schließen* genannt. Den Prozeß nennt man Induktion. Zusammenfassend können wir sagen, daß für den naiven Induktivisten Wissenschaft auf dem *Induktionsprinzip* beruht, welches wir folgendermaßen formulieren können:

> "Wenn eine große Anzahl von A's unter einer großen Vielfalt von Bedingungen beobachtet wird, und wenn alle diese beobachteten A's ohne Ausnahme die Eigenschaft B besitzen, dann besitzen alle A's die Eigenschaft B".

Der naive Induktivismus geht also davon aus, daß wissenschaftliche Erkenntnis im wesentlichen auf Induktion beruht. Die Grundlage dafür ist die Beobachtung. Wenn sich nun die Anzahl der durch Beobachtung oder Experiment gewonnenen Tatsachen erhöht und wenn diese Tatsachen aufgrund verbesserter Beobachtungs- und experimenteller Verfahren sich immer mehr verfeinern und spezialisieren, dann werden durch sorgfältiges induktives Schließen immer mehr Gesetze und Theorien von immer größerer Allgemeingültigkeit und Reichweite geschaffen. Der Fortschritt der Wissenschaft wächst kontinuierlich in dem Maße, in dem die Menge aller Beobachtungsdaten zunimmt.

Die bisherige Analyse hat nur einem Teilaspekt der Wissenschaft Rechnung getragen. Eine der sicherlich wesentlichsten Eigenschaften von Wissenschaft ist ihre Fähigkeit, *Erklärungen* zu liefern und *Vorhersagen* zu treffen. Es ist die wissenschaftliche Erkenntnis, die es dem Astronomen ermöglicht, die nächste Sonnenfinsternis vorherzusagen, oder einen Physiker in die Lage versetzt, zu erklären, warum der Siedepunkt des Wassers in großen Höhen niedriger ist als unter Normalbedingungen. Abbildung 1 gibt in schematischer Form einen Überblick über den gesamten Wissenschaftsprozeß, so wie ihn der Induktivist sieht. Der linke Teil des Schemas bezieht sich darauf, daß wissenschaftliche Theorien und Gesetze - wie bereits besprochen - aus der Beobachtung abgeleitet werden. Uns bleibt nun noch, den rechten Teil des Schemas zu diskutieren. Zunächst sollen allerdings einige Ausführungen über Logik und Wesen des deduktiven Schließens folgen.

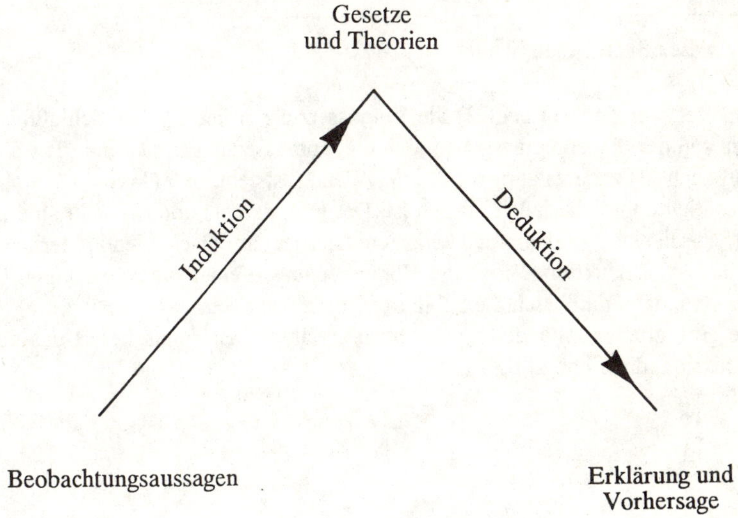

Abbildung 1

3. Logik und deduktives Schließen

Wenn einem Wissenschaftler erst einmal Gesetze und Theorien zur Verfügung stehen, dann ist es für ihn möglich, aus ihnen verschiedenartige Schlußfolgerungen abzuleiten, die ihm als Erklärungen und Vorhersagen dienen können. Zum Beispiel läßt sich von der Tatsache, daß sich Metalle bei Erwärmung ausdehnen, der Sachverhalt ableiten, daß sich Eisenbahnschienen unter starker Sonneneinwirkung verziehen, wenn sie nicht durch kleine Zwischenräume unterbrochen werden. Die Art des Schlußfolgerns, die durch Ableitungen dieser Art zustande kommt, wird *deduktives Schließen* genannt. Deduktion muß von der im vorherigen Abschnitt besprochenen Induktion unterschieden werden.

Deduktives Schließen beruht auf den Gesetzen der Logik.[1] An dieser Stelle soll jedoch nicht der Versuch unternommen werden, eine ausführliche Darstellung und Bewertung von Logik vorzunehmen. Es sollen vielmehr einige der wichtigsten Eigenschaften, die für unsere Analyse der Wissenschaft von Bedeutung sind, durch einfache Beispiele veranschaulicht werden.

Zunächst ein Beispiel für eine logische Deduktion:

Beispiel 1:

1. Alle Bücher über Wissenschaftstheorie sind langweilig.

2. Dies ist ein Buch über Wissenschaftstheorie.

---

3. Dieses Buch ist langweilig.

In diesem Beispiel sind (1) und (2) die Voraussetzungen und (3) die Schlußfolgerung. Wenn wir von der Annahme ausgehen, daß die Voraussetzungen (1) und (2) wahr sind, dann muß auch (3) zwangsläufig wahr sein. Wenn feststeht, daß (1) und (2) wahr sind, dann ist es nicht möglich, daß (3) falsch ist. Der Fall, daß (1) und (2) wahr sind und (3) falsch ist, würde einen Widerspruch bedeuten. Dies ist das entscheidende Merkmal einer *logisch gültigen* Deduktion. Wenn die Voraussetzungen einer logisch gültigen Deduktion wahr sind, dann muß auch die Schlußfolgerung wahr sein.

Eine geringfügige Abänderung des oben erwähnten Beispiels liefert uns den Fall einer Deduktion, die nicht gültig ist:

---

[1] Induktives Schließen wird zuweilen unter Logik subsumiert, so daß man sowohl von einer induktiven als auch von einer deduktiven Logik spricht. Hier wird unter Logik lediglich die Betrachtung des deduktiven Schließens verstanden.

Beispiel 2:

1. Viele Bücher über Wissenschaftstheorie sind langweilig.

2. Dies ist ein Buch über Wissenschaftstheorie.

---

3. Dieses Buch ist langweilig.

In diesem Beispiel folgt (3) nicht notwendigerweise aus (1) und (2). Es ist möglich, daß (1) und (2) wahr sind und (3) dennoch falsch ist. Selbst wenn (1) und (2) wahr sind, dann kann dieses Buch dennoch zu der Minderheit der Bücher über Wissenschaftstheorie gehören, welche nicht langweilig sind. Wenn man behauptet, (1) und (2) seien wahr und (3) sei falsch, so ist dies kein Widerspruch. Die Schlußfolgerung ist nicht gültig.

Inzwischen mag der Leser vielleicht Langeweile empfinden. Empfindungen dieser Art haben sicherlich einen Bezug zu der Wahrheit der Behauptungen (1) und (3) der beiden Beispiele. An dieser Stelle muß jedoch betont werden, daß Logik und Deduktion nicht allein die Wahrheit von Aussagen der Art, wie wir sie in unseren Beispielen kennengelernt haben, begründen können. Das einzige, was Logik in diesem Zusammenhang leisten kann, ist die Aussage: *wenn* die Voraussetzungen wahr sind, *dann* muß die Schlußfolgerung wahr sein. Die Frage jedoch, ob die Voraussetzungen wahr sind oder nicht, kann nicht nach logischen Gesichtspunkten beantwortet werden. Eine Behauptung kann eine vollkommen logische Deduktion sein, selbst wenn sie eine Voraussetzung beinhaltet, die in Wirklichkeit falsch ist. Auch dies sei an einem Beispiel verdeutlicht:

Beispiel 3:

1. Alle Katzen haben fünf Beine.

2. Kater Karlo ist meine Katze.

---

3. Kater Karlo hat fünf Beine.

Dies ist eine vollkommen gültige Deduktion. Gesetzt den Fall, (1) und (2) sind wahr, dann muß (3) wahr sein. In diesem Beispiel ist es jedoch so, daß (1) und (3) falsch sind. Dies beinträchtigt jedoch nicht den Tatbestand, daß es sich bei dieser Behauptung um eine gültige Deduktion handelt. Deduktive Logik allein kann also nicht als die Quelle wahrer Aussagen über die Welt betrachtet werden. Deduktion beschäftigt sich mit der Ableitung von Aussagen aus anderen, gegebenen Aussagen.

4. Vorhersage und Erklärung im Induktivismus

Wir sind nun in der Lage, auf einfache Weise die Rolle von Gesetzen und Theorien als Instrumente der Wissenschaft zur Vorhersage und Erklärung zu verstehen. Um diesen Gesichtspunkt zu erläutern, wollen wir auch diesmal wieder mit einem trivialen Beispiel beginnen:

1. Reines Wasser gefriert bei 0 Grad Celsius (nach einer gewissen Zeit).
2. Der Kühler meines Autos enthält nahezu reines Wasser.

---

3. Wenn die Temperatur unter 0 Grad Celsius sinkt, dann gefriert das Wasser in dem Kühler meines Autos (nach einer gewissen Zeit).

Dies ist ein Beispiel für eine logisch gültige Schlußfolgerung, mit der man Vorhersage (3) aus der wissenschaftlichen Erkenntnis, die in der Voraussetzung (1) enthalten ist, ableiten kann. Wenn (1) und (2) wahr sind, dann muß auch (3) wahr sein. Jedoch kann die Wahrheit von (1), (2) oder (3) nicht durch diese oder irgendeine andere Deduktion begründet werden. Für einen Induktivisten ist die Quelle der Wahrheit nicht die Logik, sondern die Erfahrung. Aus dieser Sicht wurde (1) aus der unmittelbaren Beobachtung gefrierenden Wassers ermittelt. Wenn erst einmal (1) und (2) durch Beobachtung und Induktion bestätigt worden sind, dann kann Vorhersage (3) aus ihnen *deduziert* werden.

Weniger triviale Beispiele sind natürlich komplizierter. Die Rolle jedoch, die der Beobachtung, der Induktion und der Deduktion zukommt, bleibt im wesentlichen die Gleiche. Als letztes Beispiel soll dargestellt werden, wie vom induktivistischen Standpunkt aus die Naturwissenschaft das Phänomen des Regenbogens erklären kann.

Die einfache Voraussetzung (1) des vorangegangenen Beispiels wird hier durch eine Anzahl von Gesetzen ersetzt, die die Eigenschaften des Lichts beschreiben, namentlich die Reflexions- und Brechungsgesetze des Lichtes sowie Aussagen zur Abhängigkeit der Farbe vom Grad der Brechung. Diese allgemeinen Naturgesetze lassen sich mittels Induktion aus der Erfahrung ableiten. Es werden eine große Anzahl von Laborexperimenten durchgeführt, in denen Lichtstrahlen von Spiegeln und Wasseroberflächen reflektiert werden. Gemessen werden die Einfalls- und Brechungswinkel der Lichtstrahlen beim Übergang von Luft in Wasser, von Wasser in Luft usw. Diese Experimente werden unter einer großen Vielfalt von Bedingungen wiederholt, mit Licht unterschiedlicher Farbe usw., bis die Bedingungen, die notwendig sind, um die induktive Verallgemeinerung der optischen Gesetze zu rechtfertigen, erfüllt sind.

Die Voraussetzung (2) des vorhergegangenen Beispiels wird ebenfalls durch ein komplexeres Aufgebot von Aussagen ersetzt. Dies beinhaltet Aussagen über die Auswirkung der Tatsache, daß die Sonne in Relation zu einem Beobachter auf der Erde eine bestimmte Position einnimmt und daß die Regentropfen aus einer Wolke stammen, die sich ebenfalls in bezug auf den Beobachter in einem bestimmten Gebiet befindet. Eine Anzahl derartiger Aussagen, die Einzelheiten des jeweiligen Forschungsgegenstandes beschreiben, werden im folgenden als *Anfangsbedingungen*[2] bezeichnet. Beschreibungen von experimentellen Versuchsanordnungen sind typische Beispiele für Anfangsbedingungen.

Kennt man die Gesetze der Optik und die entsprechenden Anfangsbedingungen, dann ist es möglich, deduktiv eine Erklärung für die Enstehung eines für einen Beobachter sichtbaren Regenbogens abzuleiten. Diese Deduktionen sind nicht mehr so einfach nachvollziehbar wie in den vorherigen Beispielen. Sie verwenden sowohl mathematische als auch verbale Ableitungen. Die Argumentationskette ist in etwa die folgende: Wenn wir davon ausgehen, daß ein Regentropfen annähernd kugelförmig ist, dann wird der Weg eines Lichtstrahls ungefähr so verlaufen, wie in Abbildung 2 dargestellt. Wenn ein weißer Lichtstrahl bei *a* auf einen Regentropfen trifft, dann wird sich, vorausgesetzt das Brechungsgesetz ist wahr, der Lichstrahl der Spektralfarbe Rot entlang *ab* fortpflanzen und der blaue Anteil des Lichts entlang *ab'*. Wenn die Reflexionsgesetze wahr sind, dann muß *ab* entlang *bc* und *ab'* entlang *b'c'* reflektiert werden. Die Brechung bei *c* und *c'* wird wieder durch das Brechungsgesetz bestimmt, so daß ein Beobachter, der den Regentropfen sieht, die roten und blauen Bestandteile des weißen Lichtes getrennt wahrnimmt (und ebenso alle anderen Farben des Spektrums). Die gleiche Differenzierung der Farben kann unser Beobachter bei jedem Regentropfen sehen, der sich in einer Region des Himmel befindet, in der die Verbindungslinie zwischen Regentropfen und Sonne und die Linie, die der Regentropfen mit dem Beobachter bildet, einen Winkel *D* beschreibt. Geometrische Überlegungen führen dann zu dem Ergebnis, daß für einen Beobachter ein farbiger Regenbogen nur dann sichtbar sein kann, wenn die Regenwolke eine ausreichend große Ausdehnung hat.

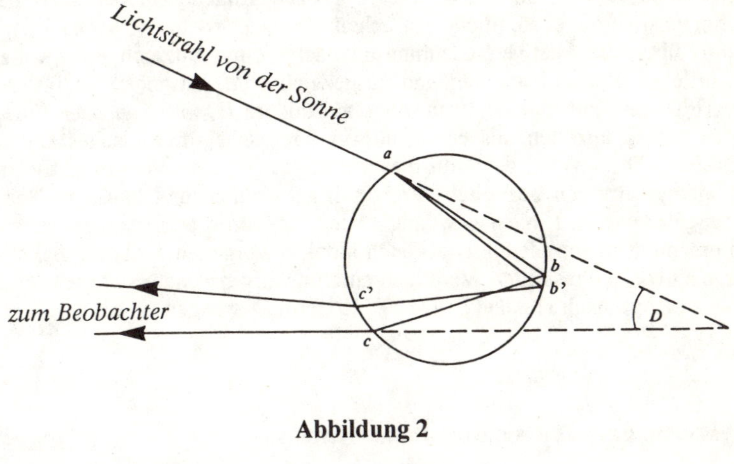

Abbildung 2

---

[2] Bei POPPER als "Randbedingungen" bezeichnet (vgl. POPPER, 1982, S.31-33), auch "Ausgangsbedingungen"; besser wäre vielleicht "individuelle Bedingungen" oder "individuelle Gegebenheiten" (vgl. SEIFFERT, 1983, S.170). (Anm. d. Hrsg.)

Die Erklärung für den Regenbogen wurde hier lediglich skizziert. Dies soll jedoch ausreichen, um die allgemeine Form des ihr zugrundeliegenden Gedankenganges zu veranschaulichen. Vorausgesetzt, die Gesetze der Optik sind wahr (und für den naiven Induktivisten können diese aus der Beobachtung durch Induktion nachgewiesen werden), und unter der Voraussetzung, daß die Anfangsbedingungen genau beschrieben wurden, dann folgt daraus notwendigerweise die Erklärung des Phänomens des Regenbogens. Somit läßt sich die allgemeine Form wissenschaftlicher Erklärung und Vorhersage folgendermaßen zusammenfassen:

1. Gesetze und Theorien

2. Anfangsbedingungen

---

3. Vorhersagen und Erklärungen

Dies ist der Schritt, der auf der rechten Seite von Abbildung 1 dargestellt wurde.

Die folgende Beschreibung der wissenschaftlichen Methode aus der Sicht eines Ökonomen des 20. Jahrhunderts ähnelt stark der naiv-induktivistischen Auffassung von Wissenschaft, wie sie hier dargestellt wurde und zeigt, daß dieser Standpunkt hier nicht einzig und allein zu dem Zweck dargestellt wurde, um ihn zu kritisieren.

> "Wenn wir uns hier vorzustellen versuchen, wie ein Verstand von übermenschlicher Kraft und Reichweite, der jedoch in bezug auf die logischen Gedankengänge ganz normal wäre, . . . die wissenschaftliche Methode betreiben würde, so würde dieser Prozeß folgendermaßen aussehen: Zunächst würde er sämtliche Tatsachen *ohne Auslese* und *A priori-Vermutung* über ihre relative Bedeutung beobachten und aufzeichnen. Zweitens würde er die beobachteten und aufgezeichneten Tatsachen analysieren, vergleichen und klassifizieren, *ohne* auf andere *Hypothesen oder Postulate* zurückzugreifen, als er sie notwendigerweise für logisches Denken braucht. Drittens würde er aus dieser Analyse der Tatsachen induktiv Verallgemeinerungen bezüglich der klassifikatorischen und kausalen Beziehungen zwischen ihnen gewinnen. Viertens würde er in seiner weiteren Forschung sowohl deduktiv als auch induktiv vorgehen, wobei er Schlüsse aus zuvor aufgestellten Verallgemeinerungen verwenden würde". (A.B. WOLFE, zit. nach HEMPEL, 1974, S.21; Hervorhebungen i. Orig.)

5. Die Anziehungskraft des naiven Induktivismus

Die Sichtweise des naiven Induktivismus besitzt einige offensichtliche Vorteile. Ihr Reiz scheint in der Tatsache zu liegen, daß sie im Vergleich zu anderen Erkenntnismethoden einen formalen Ansatz für das bietet, was wir im allgemeinen unter dem Wesen der Wissenschaft verstehen, nämlich in ihrer Fähigkeit, zu *erklären* und *vorherzusagen*, sowie in ihrer Objektivität und ihrer überlegenen Zuverlässigkeit.

Wir haben bereits gesehen, wie der naive Induktivist die Fähigkeit der Wissenschaft begründet, Erklärungen zu liefern und Vorhersagen zu treffen.

Die Objektivität der induktiven Wissenschaft leitet sich aus der Tatsache ab, daß sowohl Beobachtung als auch induktives Schließen in sich selbst objektiv sind. Beobachtungsaussagen können von jedem Beobachter durch den normalen Gebrauch seiner Sinnesorgane ermittelt werden. Persönliche, subjektive Elemente sollten als Störfaktoren ausgeschlossen sein. Die Gültigkeit einer Beobachtungsaussage ist - wenn diese fehlerfrei gewonnen wurde - nicht von dem Geschmack, der Meinung, den Hoffnungen oder Erwartungen des Beobachters abhängig. Das gleiche gilt für das induktive Schließen, durch das wissenschaftliche Erkenntnis aus Beobachtungsaussagen abgeleitet wird. Entweder die Induktionen genügen den geforderten Bedingungen oder sie tun es nicht. Dies ist keine subjektive Ansichtsache.

Die Zuverlässigkeit der Wissenschaft ergibt sich aus dem Anspruch, den der Induktivist an Beobachtung und Induktion stellt. Die Beobachtungsaussagen, die die Grundlage der Wissenschaft bilden, sind sicher und zuverlässig, weil sich ihr Wahrheitsgehalt durch den unmittelbaren Gebrauch der Sinnesorgane ermitteln läßt. Die Zuverlässigkeit der Beobachtungsaussagen überträgt sich weiterhin auf die Gesetze und Theorien, die aus ihnen gewonnen werden, vorausgesetzt, daß die Bedingungen für eine einwandfreie Induktion erfüllt sind. Dies wird durch das Induktionsprinzip, das für den naiven Induktivismus die Grundlage der Wissenschaft darstellt, gewährleistet.

Wie bereits betont, halte ich den wissenschaftlichen Ansatz des naiven Induktivisten für äußerst falsch und auf sogar gefährliche Weise irreführend. In den nächsten beiden Kapiteln soll dies näher begründet werden. Vielleicht sollte zuvor noch einmal deutlich darauf hingewiesen werden, daß die Position, die hier in groben Zügen dargestellt wurde, eine extreme Form des Induktivismus ist. Anspruchsvollere Induktivisten würden sich strikt dagegen verwahren, daß sie nach dem Muster meines naiven Induktivisten vorgehen. Dennoch würden alle Induktivisten den Anspruch erheben, daß, insofern wissenschaftliche Theorien überhaupt gerechtfertigt werden können, sie sich nur induktiv auf der mehr oder weniger gesicherten Grundlage der Erfahrung erhärten lassen. In späteren Kapiteln dieses Buches werden wir auf eine Fülle von Gründen stoßen, die diesen Anspruch in Frage stellen.

Weiterführende Literatur

Der naive Induktivismus, der hier beschrieben wurde, ist zu naiv, als daß sich Philosophen damit beschäftigt hätten. Einer der Klassiker, der einen anspruchsvolleren Ansatz induktiven Schließens systematisiert, ist John Stuart Mill mit seinen *System der deduktiven und induktiven Logik* (1977). Eine ausgezeichnete und gut verständliche Übersicht neuerer Ansätze bietet Wesley C. Salmon mit seinem Buch *The Foundations of Scientific Interference* (1975). Das Ausmaß, in dem sich die induktivistische Richtung sowohl mit der empirischen Basis von Wissen als auch mit der Sinneswahrnehmung als dessen Ausgangspunkt befaßt, wird bei A.J. Ayer *The Foundation of Empirical Knowledge* (1955) sehr gut verdeutlicht. Eine gute und einfache Darstellung der traditionellen Diskussion der Sinneswahrnehmung bietet C.W.K. Mundle in *Perception: Facts and Theories* (1971). Um einen Vorgeschmack auf die spezielle induktivistische Richtung des logischen Positivismus zu geben, seien die Bände *Logical Positivism*, hrsg.

von A.J. Ayer (1959) und *The Philosophy of Rudolf Carnap*, hrsg. von P.A. Schilpp (1963) angeführt. Wie sehr das induktivistische Programm zu einem formalen Programm wurde, zeigt R. Carnap in *Induktive Logik und Wahrscheinlichkeit* (1959).

Zusammenfassende Fragestellungen

1. Was ist eine Beobachtungsaussage?
2. CHALMERS bemerkt: ". . . daß alle Beobachtungsaussagen gleichzeitig Einzelaussagen sind." Warum ist dies so?
3. Was ist ein *allgemeiner Satz*?
4. Wie lautet das *Induktionsprinzip*?
5. Was versteht man unter *Deduktion*?
6. Warum ist es nicht möglich, ausschließlich über *Deduktion* Kenntnis über die Wirklichkeit zu erlangen?
7. Was versteht man unter *Anfangsbedingungen*?
8. Wie sieht das Schema wissenschaftlicher *Erklärungen* und *Vorhersagen* aus?

2
Das Induktionsprinzip

1. Zur Rechtfertigung des Induktionsproblems

Gemäß dem naiven Induktivisten geht Wissenschaft von der Beobachtung aus, die eine sichere Grundlage für den Aufbau wissenschaftlicher Erkenntnis bietet. Wissenschaftliche Erkenntnis wird danach induktiv aus Beobachtungsaussagen abgeleitet. In diesem Kapitel wird der Ansatz der Induktion kritisiert, in dem ihre dritte Annahme hinterfragt wird, die besagt, daß keine Beobachtungsaussage im Widerspruch zu dem entsprechenden Gesetz stehen darf. Das Prinzip der Induktion wird im Hinblick auf seine Gültigkeit überprüft, und es wird danach gefragt, inwiefern dieser Ansatz wissenschaftstheoretisch gerechtfertigt ist. Im dritten Kapitel werden dann die ersten beiden Annahmen des Induktivismus kritisiert und widerlegt.

Das Induktionsprinzip haben wir folgendermaßen vorgestellt: "Wenn eine große Anzahl von A's unter einer großen Vielfalt von Bedingungen beobachtet wird, und wenn alle diese beobachteten A's ohne Ausnahme die Eigenschaft B besitzen, dann besitzen alle A's die Eigenschaft B." Erkennt man den naiv-induktivistischen Ansatz an, so stellt dies das grundlegende Prinzip dar, auf dem Wissenschaft beruht. Es stellt sich jedoch dann allerdings die Frage, wie sich das Prinzip der Induktion rechtfertigen läßt. Wenn es zutrifft, daß die Beobachtung uns eine zuverlässige Menge von Beobachtungsaussagen als Ausgangsbasis liefert (eine Vorannahme, von der wir für unsere Argumentation in diesem Kapitel ausgehen wollen), dann stellt sich die Frage, wie *induktives* Schließen zu zutreffender und vielleicht sogar zu wahrer wissenschaftlicher Erkenntnis führen kann. Dem Induktivisten stehen zwei Wege offen, diese Frage zu beantworten. Es steht ihm frei, zu versuchen, das Induktionsprinzip mit Hilfe der Logik zu rechtfertigen - ein Weg, auf den er nach wie vor zurückgreifen kann - oder aber er versucht, das Induktionsprinzip durch Erfahrung zu rechtfertigen, ein Weg, der ohnehin grundlegend für seine Auffassung von Wissenschaft insgesamt ist. Wir wollen diese beiden Ansätze nacheinander diskutieren.

Gültige logische Beweise sind dadurch charakterisiert, daß, wenn ihre Voraussetzungen wahr sind, auch die Schlußfolgerungen wahr sein müssen. Dies ist das Merkmal deduktiver Beweisführung. Das Induktionsprinzip wäre sicherlich gerechtfertigt, wenn induktive Aussagen ebenso charakterisiert wären - aber sie sind es nicht. Induktive Beweise sind keine logisch gültigen Beweise. Es ist keinesfalls so, daß, wenn die Voraussetzungen eines Induktionsschlusses wahr sind, auch die Schlußfolgerung wahr sein muß. Es ist hingegen möglich, daß die Schlußfolgerung einer induktiven Beweisführung falsch ist, während die Voraussetzungen wahr sind und dies dennoch keinen Widerspruch darstellt. Angenommen, wir haben beispielsweise bis heute eine große Anzahl von Raben unter einer großen Vielfalt von Bedingungen beobachtet und gesehen, daß alle Raben schwarz waren, dann folgern wir auf dieser Grundlage: "Alle Raben sind schwarz". Dies ist ein völlig legitimer Induktionsschluß. Die Voraussetzungen der Induktion sind eine große Anzahl von Aussagen der Art "Rabe *x* war zum Zeitpunkt *t*, als er beobachtet wurde, schwarz", und wir nehmen an, daß alle diese Aussagen wahr sind. Aber wir haben keine logische Garantie dafür, daß der nächste Rabe, den wir beobachten, nicht rosa sein wird. Wenn dies eintreffen würde, dann wäre die Aussage "Alle Raben sind schwarz" schlichtweg falsch. Das heißt, daß der Induktionsschluß, so wie wir ihn kennengelernt haben und der dadurch, daß er den Kritierien der Induktion genügt, legitimiert wurde, uns zu einer falschen Schlußfolgerung geführt hätte, und dies, obgleich alle Voraussetzungen der Induktion wahr waren. Es besteht kein logischer Widerspruch zwischen der Aussage, daß Raben, die wir beobachtet haben, schwarz waren und daß dennoch nicht alle Raben schwarz sind. Induktion kann also nicht ausschließlich aufgrund logischer Begründungen legitimiert werden.

Ein interessantes, wenn auch ein wenig grausiges Beispiel hierzu ist BERTRAND RUSSELLs Geschichte vom induktivistischen Truthahn. Der Truthahn fand am ersten Morgen auf der Mastfarm heraus, daß er um neun Uhr morgens gefüttert wird. Gleichwohl zog er, als guter Induktivist, daraus zunächst noch keine voreiligen Schlüsse. Er wartete, bis er eine große Anzahl von Beobachtungen gesammelt hatte, daß er um neun Uhr morgens gefüttert wird. Diese Beobachtungen machte er unter einer großen Vielfalt von unterschiedlichen Bedingungen, an verschiedenen Wochentagen, an warmen und kalten Tagen, an Regentagen und sonnigen Tagen. Jeder Tag brachte ihm eine neue Beobachtungsaussage. Schließlich war sein induktivistisches Gewissen beruhigt und er kam zu dem Induktionsschluß "Ich werde jeden Tag um neun Uhr morgens gefüttert". Leider stellte sich diese Schlußfolgerung in einer unzweideutigen Weise als falsch heraus, nämlich als ihm Heiligabend, anstatt daß er Futter bekam, der Hals durchgeschnitten wurde. Der Induktionsschluß mit wahren Voraussetzungen führte unseren armen induktivistischen Truthahn zu einer falschen Schlußfolgerung.

Das Induktionsprinzip kann folglich nicht ausschließlich mit Hilfe der Logik gerechtfertig werden. Der Induktivist scheint nun also gezwungen zu sein, darzulegen, wie das Induktionsprinzip aus der Erfahrung abgeleitet werden kann. Wie könnte eine solche Ableitung aussehen? Vermutlich folgendermaßen: Induktion hat sich bei einer großen Anzahl von Gelegenheiten als brauchbar erwiesen, zum Beispiel werden die Gesetze der Optik, die induktiv aus laborexperimentellen Befunden abgeleitet wurden, in vielfältiger Weise für gut funktionierende optische Geräte praktisch genutzt. Oder die Gesetze der Planetenbewegungen, die aus Beobachtungen der Planetenpositionen etc. abgeleitet wurden, konnten erfolgreich zur Vorhersage von Sonnenfinsternissen angewandt werden. Diese Liste könnte mit weiteren erfolgreichen Vorhersagen und Erklärungen, die durch induktiv abgeleitete, wissenschaftliche Gesetze und Theorien möglich gemacht wurden, problemlos erweitert werden. Auf diese Art und Weise könnte das Induktionsprinzip gerechtfertigt werden.

Diese Rechtfertigung der Induktion kann jedoch, wie DAVID HUME bereits Mitte des 18. Jahrhunderts schlüssig nachwies, auf keinen Fall akzeptiert werden. Es ist ein

Zirkelschluß: ein Induktionsschluß wird als Beweis herangezogen, obwohl es gerade die Gültigkeit des Induktionsschlusses ist, die gerechtfertigt werden soll. Die Beweisführung, die hier vorgenommen wird, sieht also folgendermaßen aus:

Das Induktionsprinzip war erfolgreich bei der Gelegenheit x_1.

Das Induktionsprinzip war erfolgreich bei der Gelegenheit x_2 etc.

Das Induktionsprinzip ist immer erfolgreich.

Eine allgemeingültige Aussage, die die Gültigkeit des Induktionsprinzips geltend macht, wird hier aus einer Anzahl einzelner Aussagen über vergangene, erfolgreiche Anwendungen des Prinzips abgeleitet. Der Beweis ist also induktiv und kann daher kaum angewandt werden, um das Induktionsprinzip zu rechtfertigen. Induktion kann nicht induktiv gerechtfertigt werden. Diese mit der Rechtfertigung der Induktion verbundene Schwierigkeit wird traditionell als das "Induktionsproblem" bezeichnet.

Es hat also ganz den Anschein, als ob unser naiver Induktivist in Schwierigkeiten geriete. Die extreme Forderung, daß alles Wissen induktiv aus der Erfahrung abgeleitet werden kann, schließt das Induktionsprinzip, die Grundlage der induktivistischen Position, selbst aus.

Abgesehen von dem Zirkelschluß, der für den Versuch seiner Rechtfertigung herangezogen wird, leidet das Induktionsprinzip, so wie wir es postuliert haben, an weiteren Unzulänglichkeiten. Diese ergeben sich aus der vagen und zweifelhaften Forderung, daß eine "große Anzahl" von Beobachtungen unter einer "großen Vielfalt" unterschiedlicher Bedingungen erfolgen soll.

Wieviele Beobachtungen machen eine große Anzahl aus? Wie oft muß eine Metallstange erhitzt werden, zehnmal, hundertmal, oder wie oft, bevor wir den Schluß ziehen dürfen, daß sie sich dabei immer ausdehnt? Wie auch immer die Antwort ausfallen mag, es gibt Beispiele genug dafür, daß bezüglich der Notwendigkeit einer "großen Anzahl" von Beobachtungen Zweifel angebracht sind. Um dies zu veranschaulichen, wollen wir die starke öffentliche Reaktion gegen die atomare Kriegsführung in Erinnerung rufen, die auf den ersten Abwurf einer Atombombe über Hiroshima gegen Ende des 2. Weltkrieges erfolgte. Diese Reaktion beruhte auf der Einsicht, daß Atombomben in unglaublicher Weise Tod und Zerstörung sowie grenzenloses menschliches Leid verursachen. Und doch basierte diese allgemein getragene Überzeugung auf lediglich einer dramatischen Beobachtung. So würde auch nur ein extrem starrköpfiger Induktivist seine Hand viele Male ins Feuer halten, bevor er zu dem Schluß kommt, daß man sich dabei verbrennt. Unter solchen Umständen scheint die Forderung nach einer "großen Anzahl" von Bedingungen recht unangemessen. In anderen Situationen scheint sie plausibler. Zum Beispiel würden wir mit Recht zögern, einem Wahrsager auf der Basis einer einzigen richtigen Vorhersage übernatürliche Kräfte zuzuschreiben. Ebensowenig wäre es gerechtfertigt, auf irgendeine kausale Beziehung zwischen Rauchen und Lungenkrebs zu schließen, wenn lediglich der Befund eines einzigen starken Rauchers vorläge, der Lungenkrebs bekommen hat. Aus diesen Beispielen dürfte folgendes klar geworden sein: wenn das Induktionsprinzip Kriterien dafür liefern soll, was als legitimer wissenschaftlicher Schluß zu betrachten ist, dann muß die Forderung nach "große Anzahl" näher bestimmt werden.

Wenn die Forderung nach der Beobachtung unter einer großen Vielfalt von Bedingungen genauer betrachtet wird, gerät die naiv-induktivistische Position noch mehr in Bedrängnis. Was gilt als bedeutsame Variation von Bedingungen? Wenn zum Beispiel der Siedepunkt des Wassers untersucht wird, ist es dann notwendig, den Luftdruck zu variieren, die Reinheit des Wassers, die Methode des Erhitzens sowie die Tageszeit? Die Antwort auf die ersten beiden Fragen lautet "Ja", auf die beiden letzten "Nein". Aber warum? Diese Frage ist ziemlich wichtig, da die Liste der Variationen uneingeschränkt erweitert werden kann, wenn man eine Vielzahl weiterer Variationen in Betracht zieht, wie etwa die Farbe des Wasserbehälters, die Person des Experimentators, die geographische Lage usw. Wenn nicht "überflüssige" Variationen ausgeschlossen werden, ist die Anzahl der Beobachtungen, die notwendig sind, um eine induktive Schlußfolgerung zu legitimieren, unendlich groß. Aber was sind die entscheidenden Kriterien, nach denen die meisten der möglichen Variationen als überflüssig erachtet werden? Die Antwort dürfte klar genug sein. Die bedeutsamen Variationen können von denen, die überflüssig sind, durch unser *theoretisches Wissen* über die Situation und über die physikalischen Mechanismen, die wirksam werden, unterschieden werden. Aber dem zuzustimmen hieße anzuerkennen, daß Theorie eine wesentliche Rolle *vor* der Beoabachtung spielt. Der naive Induktivist kann sich aber ein solches Zugeständnis nicht leisten. - Diesen Gedankengang weiterzuverfolgen würde allerdings zu einer Kritik des induktivistischen Ansatzes führen, die wir dem nächsten Kapitel vorbehalten wollen. Hier sei lediglich noch einmal angemerkt, daß die Voraussetzungen des Induktionsprinzips der "großen Vielfalt von Bedingungen" eine Reihe ernster Probleme für den Induktivismus aufwirft.

2. Der Rückzug auf die Wahrscheinlichkeit

Eine naheliegende Möglichkeit, einigen Kritikpunkten am extremen Standpunkt des naiven Induktivisten, der im vorangegangenen Abschnitt kritisiert wurde, zu begegnen, ist die, ihn abzuschwächen. Ein Argument, eine abgeschwächtere Position zu verteidigen, könnte wie folgt lauten:

Wir können nicht hundertprozentig sicher sein, daß die Sonne jeden Tag untergeht, nur weil wir den Sonnenuntergang tagtäglich und zu vielen Gelegenheiten beobachtet haben (tatsächlich gibt es in der Arktis und Antarktis Tage, an denen die Sonne niemals untergeht). Wir können ebensowenig hundertprozentig sicher sein, daß der nächste Stein, den wir fallen lassen, nicht nach oben "fallen" wird. Aber auch wenn wir über legitime Induktionsschlüsse zu Verallgemeinerungen kommen, kann zwar nicht dafür garantiert werden, daß sie absolut wahr sind - wohl aber, daß sie *wahrscheinlich* wahr sind. Offensichtlich ist es sehr wahrscheinlich, daß die Sonne in Castrop-Rauxel immer untergeht und daß Steine nach unten fallen, wenn man sie losläßt, und nicht hoch. Wissenschaftliche Erkenntnis ist nicht bewiesenes Wissen, doch sie repräsentiert Wissen, das wahrscheinlich wahr ist. Je größer die Anzahl der Beobachtungen, die die Grundlage der Induktion darstellt, umso größer ist die Wahrscheinlichkeit, daß die daraus folgenden Verallgemeinerungen wahr sind.

Wenn wir diese modifizierte Version der Induktion anerkennen, dann muß das

Induktionsprinzip durch eine wahrscheinlichkeitstheoretische Version ersetzt werden, die folgendermaßen lauten müßte: "Wenn eine große Anzahl von A's unter einer großen Vielfalt von Bedingungen beobachtet wird, und wenn alle diese beobachteten A's ohne Ausnahme die Eigenschaft B besitzen, dann besitzen wahrscheinlich alle A's die Eigenschaft B". Diese Umformulierung umgeht allerdings auch nicht das Induktionsproblem. Das umformulierte Prinzip bleibt ein allgemeiner Satz. Es macht auf der Basis einer endlichen Zahl von Erfolgen die Aussage, daß alle Anwendungen dieses Prinzips zu allgemeinen Sätzen führen, die wahrscheinlich wahr sind. Versuche, die wahrscheinlichkeitstheoretische Version des Induktionsprinzips mit Bezug auf die Erfahrung zu rechtfertigen, leiden an denselben Unzulänglichkeiten wie die Rechtfertigungsversuche der ursprünglichen Version. Es wird bei ihrer Rechtfertigung genau dieselbe Art von Beweis herangezogen, die gerade selbst einer Rechtfertigung bedarf.

Aber auch wenn das Induktionsprinzip in der wahrscheinlichkeitstheoretischen Version gerechtfertigt werden könnte, sähe sich unser vorsichtiger Induktivist weiteren Problemen gegenüber. Dies sind Probleme, die mit der Frage zusammenhängen, mit welcher Wahrscheinlichkeit die Vorhersagen eines Gesetzes oder einer Theorie über einen spezifischen Sachverhalt zutreffend sind. Es scheint hierbei intuitiv plausibel, daß, wenn ein allgemeines Gesetz durch Beobachtungen zunehmend gestützt wird, sich auch die Wahrscheinlichkeit erhöht, daß das Gesetz wahr ist. Aber diese Intuition hält näherer Überprüfung kaum stand, wie wir zeigen werden. Geht man von der allgemeinen Wahrscheinlichkeitstheorie aus, dann ist es äußerst schwierig, einen induktivistischen Ansatz unter Vermeidung der Konsequenz zu konstruieren, daß die Wahrscheinlichkeit irgendeines allgemeinen Satzes, der eine Aussage über die Welt macht, gleich Null ist, unabhängig davon, was die Beobachtung für Evidenz liefert. Mit anderen Worten, jeder Beweis, der auf Beobachtung beruht, besteht aus einer endlichen Zahl von Beoabachtungsaussagen, während ein allgemeiner Satz sich auf eine unendliche Zahl möglicher Situationen bezieht. Die Wahrscheinlichkeit, daß der allgemeine Satz wahr ist, ist also gleich dem Bruch aus einer endlichen Zahl durch eine unendliche, was immer Null ergibt, wie hoch die endliche Zahl der Beobachtungsaussagen, die den Nachweis begründen, auch ansteigen mag.

Dieses Problem, das mit dem Versuch verbunden ist, die Wahrscheinlichkeiten wissenschaftlicher Gesetze und Theorien angesichts gegebener Beweise zu benennen, war der Anlaß eines detaillierten formalen Forschungsprogramms, das von Induktivisten in den letzten Jahrzehnten beharrlich vorangetrieben und entwickelt wurde. Es handelt sich dabei um die Entwicklung von Kunstsprachen[1], mit denen es möglich ist, Verallgemeinerungen Wahrscheinlichkeiten größer Null zuzuschreiben, jedoch sind diese Sprachen derartig restriktiv, daß sie keine uneingeschränkten Generalisierungen zulassen. Sie haben mit Wissenschaftssprache nicht mehr viel gemeinsam.

Ein weiterer Versuch, das induktivistische Programm zu retten, gibt es auf, die Wahrscheinlichkeiten wissenschaftlicher Gesetze und Theorien zu benennen. Stattdessen wird das Augenmerk auf die Wahrscheinlichkeit gelenkt, mit der Einzelvorhersagen zutreffen. Nach diesem Ansatz liegt das wissenschaftliche Ziel zum Beispiel eher darin, abzuschätzen, wie wahrscheinlich es ist, daß morgen die Sonne aufgeht, als vorherzusa-

---

[1] Mißverständlich oft auch als "formale Sprache" bezeichnet, vgl. JANICH, KAMBARTEL & MITTELSTRASS (1974, S.44). (Anm. d. Hrsg.)

gen, ob sie immer aufgehen wird. Von der Wissenschaft wird dann erwartet, daß sie in der Lage ist, eine Garantie dafür zu liefern, daß eine bestimmte Brücke vielfältiger Beanspruchung widersteht und nicht zusammenbricht, nicht aber, daß alle Brücken dieser Bauart diesen Ansprüchen genügen. Es sind einige Systeme in dieser Richtung entwickelt worden, die es ermöglichen, die Wahrscheinlichkeit des Eintreffens von Einzelvorhersagen anzugeben. Zwei Kritikpunkte dazu seien hier allerdings gleich angemerkt: Erstens ist, gelinde gesagt, die Vorstellung, daß es in der Wissenschaft eher darum ginge, eine Menge von Einzelvorhersagen zu liefern, als darum, *Erkenntnis* in der Art eines Zusammenhanges allgemeiner Sätze zu liefern, das Gegenteil von unserer intuitiven Vorstellung. Zweitens, selbst wenn wir uns auf Einzelvorhersagen beschränkten, könnten wir argumentieren, daß bei der Beurteilung, wie wahrscheinlich es ist, ob eine Vorhersage zutreffend ist oder nicht, unvermeidlich wissenschaftliche Theorien und damit allgemeine Sätze mit einbezogen werden. Zum Beispiel könnten wir in einem intuitiven, nicht formalen Sinne von "wahrscheinlich" behaupten, daß es zu einem gewissen Grad wahrscheinlich ist, daß ein sehr starker Raucher an Lungenkrebs sterben wird. Der Beweis, der diese Einschätzung unterstützt, wären vermutlich die verfügbaren Statistiken. Aber diese intuitive Wahrscheinlichkeit erhöht sich bedeutsam, wenn eine plausible und gut gestützte Theorie verfügbar ist, die eine kausale Beziehung zwischen Rauchen und Lungenkrebs aufzeigt. In ähnlicher Weise wird die Einschätzung der Wahrscheinlichkeit, daß die Sonne morgen aufgeht, valider, wenn die Gesetze über die Bewegungen des Sonnensystems in Betracht gezogen werden. Aber diese Abhängigkeit untergräbt den Versuch des Induktivisten, Einzelvorhersagen Wahrscheinlichkeiten ungleich Null zuzuschreiben. Sobald allgemeine Aussagen in diesem Zusammenhang wieder bedeutsam werden, drohen die Wahrscheinlichkeiten von Einzelvorhersagen wieder gegen Null zu gehen.

3. Antworten auf das Induktionsproblem

Die Konfrontation mit dem Induktionsproblem und den anderen damit verbundenen Problemen hat die Induktivisten bei ihren Versuchen, Wissenschaft als eine Menge von Aussagen aufzufassen, die auf der Basis von Beobachtungen als wahr oder immerhin als wahrscheinlich wahr betrachtet werden können, in immer neue Schwierigkeiten gebracht. Jedes weitere Manövrieren entfernte sie weiter von dem, was wir uns intuitiv unter dem faszinierenden Unternehmen "Wissenschaft" vorstellen. Ihr formales Programm hat sie zwar zu interessanten Fortschritten in der Wahrscheinlichkeitstheorie geführt, jedoch keine neuen Einsichten in das Wesen der Wissenschaft gebracht. Ihr Forschungsprogramm hat sich degeneriert.

Es gibt eine ganze Reihe von möglichen Antworten auf das Induktionsproblem. Eine davon kann als eher "skeptisch" betrachtet werden: Wir können zum einen annehmen, daß Wissenschaft auf Induktion beruht und zum anderen, daß Induktion nicht logisch erschlossen oder durch die Erfahrung gerechtfertigt werden kann - wie dies HUME postuliert - und daraus den Schluß ziehen, daß Wissenschaft insgesamt nicht rational gerechtfertigt werden kann. HUME selbst hat einen solchen Standpunkt eingenommen. Er nahm an, daß der Glaube an Gesetze und Theorien nichts weiter sei als pure Gewohnheit, die durch die Wiederholungen entsprechender Beobachtungen entstehen.

Eine zweite Antwort besteht darin, den induktivistischen Anspruch, daß jede nicht-logische Erkenntnis aus der Erfahrung abgeleitet werden muß, zu vernachlässigen, und die Angemessenheit des Induktionsprinzips durch andere Argumente zu untermauern. Jedoch ist es nicht zulässig, das Induktionsprinzip als "unmittelbar einleuchtend", als selbstverständlich zu betrachten. Was wir als selbstverständlich bezeichnen, hängt viel zu sehr von unserer Erfahrung und unseren Vorurteilen ab und ist zu sehr kulturabhängig, als daß wir uns davon bei unserem Urteil, was angemessen ist, leiten lassen könnten. In vielen Kulturen war es zu unterschiedlichen Zeiten selbstverständlich, daß die Erde flach ist. Vor der wissenschaftlichen Revolution von GALILEI und NEWTON war es selbstverständlich, daß sich ein Objekt nur dann bewegt, wenn irgendeine Kraft auf das Objekt einwirkt oder eine andere Ursache vorliegt. Dies mag auch dem einen oder anderen Leser unmittelbar einleuchten, der in der Physik weniger beschlagen ist - doch es ist falsch. Wenn das Induktionsprinzip als angemessen verteidigt werden soll, dann müssen einige besser durchdachte Argumente bemüht werden, als darauf zu verweisen, daß es "unmittelbar einleuchtend" sei.

Eine dritte Antwort auf das Induktionsproblem besteht darin, Induktion überhaupt als Grundlage der Wissenschaft in Abrede zu stellen. Das Induktionsproblem wird damit umgangen, wenn nachgewiesen werden kann, daß im Wissenschaftsprozeß Induktion nicht notwendig ist. Der Falsifikationismus, dessen prominentester Vertreter KARL POPPER ist, versucht dies. Wir werden diesen Ansatz ausführlich im vierten, fünften und sechsten Kapitel diskutieren.

Dieses Kapitel war recht "philosophisch". Vielleicht sogar zu sehr. Im nächsten Kapitel werden wir mit der Kritik am Induktivismus fortfahren - hoffentlich interessanter, aber auf alle Fälle anschaulicher und fruchtbarer.

Weiterführende Literatur

Die historische Quelle des Induktionsproblems von D. Hume ist der dritte Teil seines *Traktat über die menschliche Natur* (1960). Eine andere klassische Diskussion dieses Problems findet sich im 6. Kapitel von B. Russell *Probleme der Philosophie* (1981). Eine sehr gründliche und formale Untersuchung und Diskussion der Konsequenzen des Standpunkts von Hume aus einer induktivistischen Position heraus ist *Probability and Hume's Inductive Scepticism* von D.C. Stove (1973). Poppers Anspruch, das Problem der Induktion gelöst zu haben, ist in dem Kapitel "Vermutungswissen: meine Lösung des Induktionsproblems" seines Buches *Objektive Erkenntnis* (1974) zusammengefaßt. Eine Kritik der Popperschen Position aus der Perspektive des Falsifikationismus stellt der Aufsatz "Popper zum Abgrenzungs- und Induktionsproblem" von I. Lakatos (1982) dar. Lakatos verfaßte eine provokative Geschichte der Entwicklungen induktivistischer Programme in seinem Aufsatz "Wandlungen des Problems der induktiven Logik" (1982). Kritik des Induktivismus aus einer etwas anderen als der in diesem Buch dargestellten Sicht bietet der Klassiker von P. Duhem *Ziel und Struktur der physikalischen Theorien* (1978).

Zusammenfassende Fragestellungen

1. Wie wird die Position des *naiven Induktivismus* beschrieben?
2. Welche Möglichkeiten werden angeführt, das *Induktionsprinzip* zu rechtfertigen?
3. Worin besteht der logische Unterschied zwischen *Induktion* und *Deduktion*?
4. Warum läßt sich das *Induktionsprinzip* nicht logisch rechtfertigen?
5. Was versteht man unter dem *Induktionsproblem*?
6. Die Induktivisten gehen davon aus, daß die Beobachtung unter einer *Vielzahl von Bedingungen* gemacht werden müssen. Manche Bedingungen sind mehr, andere weniger relevant. Das heißt, daß man eine Entscheidung treffen muß. Inwiefern bedeutet dies eine Bedrohung für die naiv-induktivistische Auffassung von Beobachtung?
7. Was wird unter dem "*Rückzug auf die Wahrscheinlichkeit*" verstanden und welche Einwände werden dagegen erhoben?
8. Warum ist die Wahrscheinlichkeit einer allgemeinen Aussage immer Null, ungeachtet der Anzahl der Beobachtungsaussagen?
9. Welche drei möglichen Antworten werden zur Lösung des *Induktionsproblems* angeführt?

3

Die Theorieabhängigkeit der Wahrnehmung

Wir haben gesehen, daß gemäß dem naiven Induktivismus sorgfältige und unvoreingenommene Beobachtung eine sichere Grundlage bietet, von der aus wahrscheinlich wahre, wenn nicht gar wahre wissenschaftliche Erkenntnis abgeleitet werden kann. In dem vorangegangenen Kapitel wurde dieser Standpunkt kritisiert, indem die Schwierigkeiten betont wurden, die mit dem Versuch verbunden sind, induktives Schließen im Rahmen wissenschaftlicher Theorien und Gesetze aus der Beobachtung zu rechtfertigen. Einige Beispiele wiesen darauf hin, daß Zweifel an der Zuverlässigkeit des induktiven Schließens berechtigt sind. Dennoch stellen diese Argumente keine endgültige Widerlegung des Induktivismus dar, vor allem, wenn man bedenkt, daß viele konkurrierende Wissenschaftstheorien sich ähnlich gelagerten Schwierigkeiten gegenübersehen (vgl. 12. Kapitel, Abschnitt 4). In diesem Kapitel wird ein entscheidender Einwand gegen den Induktivismus erhoben. Ein Einwand, der sich nicht so sehr dagegen wendet, daß wissenschaftliche Erkenntnis aus der Beobachtung abgeleitet wird, sondern der sich mit den Annahmen des Induktivismus auseinandersetzt, die den Status und die Rolle der Beobachtung selbst betreffen.

Der naive Induktivismus geht hinsichtlich der Beobachtung von zwei wesentlichen Annahmen aus. Die erste lautet, daß *der Ausgangspunkt von Wissenschaft die Beobachtung ist*; die zweite, daß *Beobachtung eine sichere Grundlage*, aus der Erkenntnis abgeleitet werden kann, bietet. In diesem Kapitel werden diese beiden Annahmen von mehreren Seiten her kritisch betrachtet und wegen einer ganzen Reihe von Gründen verworfen. Zunächst soll jedoch ein Beobachtungsbegriff beschrieben werden, den man zu Recht als den heutzutage allgemein anerkannten betrachten kann und der den naiv-induktivistischen Standpunkt plausibel macht.

1. Das Alltagsverständnis von Beobachtung

Zum einen, weil wir in der wissenschaftlichen Praxis unseren Gesichtssinn am meisten einsetzen müssen, zum anderen aus Gründen der Bequemlichkeit, soll die Diskussion der Beobachtung auf diesen Bereich beschränkt werden. In den meisten Fällen ist es unschwer zu erkennen, daß sich die angeführten Argumente auch auf die Wahrnehmung durch andere Sinnesorgane übertragen lassen. Eine einfache und allgemeinverständliche Beschreibung könnte folgendermaßen aussehen: Für das Sehen sind die wichtigsten

Teile des menschlichen Auges Linse und Retina, wobei letztere eine Art Leinwand darstellt, auf die Bilder von Gegenständen projiziert werden, die sich außerhalb des Auges befinden. Lichtstrahlen, die von einem betrachteten Gegenstand reflektiert werden, gehen von dem Gegenstand über das dazwischenliegende Medium zur Linse. Diese Strahlen werden durch die Linse derart gebrochen, daß sie in einem Brennpunkt auf der Retina gebündelt werden und so ein Bild des betrachteten Gegenstandes entsteht. Soweit ähnelt die Funktionsweise des Auges weitgehend der eines Photoapparates. Ein großer Unterschied liegt jedoch in der Art und Weise, wie das endgültige Bild tatsächlich entsteht. Es laufen Augennerven von der Retina zur Gehirnrinde. Sie leiten die Informationen über den Lichteinfall auf unterschiedlichen Bereichen der Retina weiter. Die Aufzeichnung dieser Informationen durch das menschliche Gehirn ist im Grunde das, was wir unter "Sehen" verstehen. Man könnte dieser einfachen Darstellung natürlich noch viele Details hinzufügen, aber die hier gegebene Darstellung faßt den allgemeinen Grundgedanken hinreichend zusammen.

Die vorangegangene kurze Darstellung der optischen Wahrnehmung weist nachdrücklich auf zwei Punkte hin, die für den Induktivisten von besonderer Bedeutung sind. Erstens, daß für einen menschlichen Beobachter einige Eigenschaften der Außenwelt mehr oder minder direkt zugänglich sind, insofern diese Eigenschaften beim Sehen durch das Gehirn aufgezeichnet werden. Zweitens, daß zwei normale Beobachter, die denselben Gegenstand oder denselben Vorgang von derselben Stelle aus betrachten, dasselbe "sehen". Das Auge eines jeden Beobachters wird durch eine identische Kombination von Lichtstrahlen getroffen, durch ihre Augenlinsen gebündelt und auf die Retina projiziert, wobei die gleichen Bilder entstehen. Die gleichen Informationen werden dann über die Augennerven zu dem Gehirn eines jeden Beobachters weitergeleitet, mit dem Ergebnis, daß zwei Beobachter dasselbe "sehen". Diese beiden Punkte werden in dem folgenden Abschnitt deutlich kritisiert. Die dann folgenden Abschnitte stellen noch weitgehender und nachdrücklicher in Frage, wieweit die induktivistische Sichtweise der Wahrnehmung angemessen ist.

2. Visuelle Erfahrungen werden nicht durch das Bild auf der Retina bestimmt

Es gibt eine ganze Reihe von Belegen dafür, daß der Eindruck, den der Beobachter bei der Betrachtung eines Gegenstandes hat, nicht ausschließlich durch die Information bestimmt wird, die in Form von Lichtstrahlen in das menschliche Auge eindringt - genausowenig wie durch das Bild, das auf der Retina des Beobachters entsteht. Zwei normale Beobachter, die dasselbe Objekt von derselben Stelle aus, unter denselben äußeren Umständen betrachten, müssen nicht unbedingt denselben Eindruck bekommen, obwohl die Bilder auf ihrer jeweiligen Retina praktisch identisch sind. In einem entscheidenden Sinne "sehen" die beiden Beobachter nicht zwangsläufig das gleiche. HANSON (1958) formulierte dies so: "Beim Sehen geht es um mehr als lediglich um das, was einem ins Auge springt". Einige einfache Beispiele sollen diesen Punkt verdeutlichen.

Die meisten von uns sehen, wenn sie zum ersten Mal Abbildung 3 betrachten, die Zeichnung einer Treppe, von der man die Oberflächen der Stufen sieht. Dies ist jedoch nicht die einzige Möglichkeit, wie sie betrachtet werden kann. Ohne große Mühe kann sie auch als eine Treppe gesehen werden, von der man die Unterseite der Stufen sieht. Wenn man einige Zeit das Bild betrachtet, bemerkt man im allgemeinen, daß das Bild regelmäßig ungewollt "umkippt". Mal sieht man die Treppe von unten, mal sieht man sie von oben. Und dennoch scheint die Annahme berechtigt zu sein, daß das Bild auf der Retina sich nicht verändert, da es sich ja nach wie vor um dasselbe Objekt handelt, das der Beobachter sieht. Ob man die Abbildung als die Oberfläche oder als die Unterseite einer Treppe sieht, scheint von etwas anderem abzuhängen als von dem Bild auf der Retina. Es zweifelt wohl niemand von uns daran, daß Abbildung 3 auf irgendeine Art eine Treppe darstellt. Experimente haben jedoch gezeigt, daß es bei einer Anzahl afrikanischer Stämme, in deren Kultur es nicht üblich ist, dreidimensionale Gegenstände durch zweidimensionale, perspektivische Zeichnungen darzustellen, Abbildung 3 nicht als Treppe gesehen wird, sondern als zweidimensionales Linienmuster.

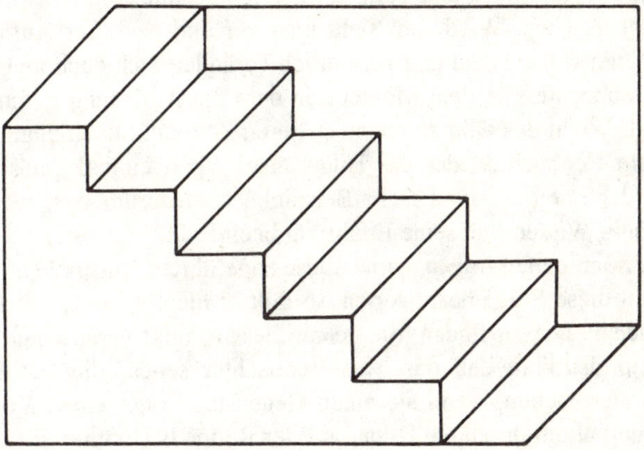

Abbildung 3

Wir müssen annehmen, daß die Art der Bilder, die auf der Retina entstehen, relativ kulturunabhängig sind. Es zeigt sich also wiederum, daß die wahrgenommenen Eindrücke, die der Beobachter beim Sehen hat, nicht einzig und allein durch das Bild auf der Retina bestimmt werden. Auf diesem Punkt wies HANSON (1958) hin und belegte ihn mit einer Reihe von Beispielen.

Was ein Beobachter sieht, das heißt, die visuellen Eindrücke, die er gewinnt, wenn er einen Gegenstand betrachtet, hängen zum Teil von seinen früheren Erfahrungen, von seinem Wissen und seinen Erwartungen ab. Hierzu zwei einfache Beispiele, die diesen speziellen Aspekt näher erläutern.

In einem recht bekannnten Experiment wurden Versuchspersonen für eine kurze Zeitdauer Spielkarten vorgelegt und die Versuchspersonen sollten jeweils angeben, um was für eine Karte es sich handelte. Wurden ihnen ganz normale Spielkarten vorgelegt, dann waren die Versuchspersonen in der Lage, diese Aufgabe erfolgreich zu lösen. Legte man ihnen jedoch leicht veränderte Spielkarten vor, wie zum Beispiel ein rotes Pik-As, dann identifizierten die meisten anfänglich diese als ganz normale Spielkarten.

Ein rotes Pik-As wurde dabei als ein normales Karo-As oder ein normales Pik-As gesehen. Die subjektiven Eindrücke, die die Beobachter hatten, waren von ihren Erwartungen beeinflußt. Nachdem die Versuchspersonen zunächst einige Zeit verwirrt waren, wurde ihnen klar oder sie wurden darauf hingewiesen, daß sich in dem Spiel veränderte Karten befanden. Nun war es für sie kein Problem mehr, alle Karten, die man ihnen vorlegte, fehlerfrei zu erkennen, ob sie nun verändert waren oder nicht. Die Veränderung in dem Wissen und den Erwartungen der Versuchspersonen ging einher mit einer Veränderung ihrer Wahrnehmung, obwohl sie nach wie vor denselben Gegenstand betrachteten.

Ein anderes Beispiel liefert ein Bilderrätsel für Kinder, bei dem es darauf ankommt, die Zeichnung eines menschlichen Gesichts in dem Laubwerk eines Baumes zu entdecken. Zunächst ist der subjektive Eindruck, den eine Person gewinnt, wenn sie die Zeichnung betrachtet, der, daß es sich um einen Baum handelt, mit Stamm, Blättern und Ästen. Dies ändert sich jedoch, sobald die Person das menschliche Gesicht entdeckt hat. Was zunächst für Laubwerk und Teile der Zweige gehalten wurde, wird nun als menschliches Gesicht gesehen. Wiederum sieht man vor und nach der Auflösung des Bilderrätsels denselben Gegenstand und vermutlich verändert sich auch nicht das Bild auf der Retina des Beobachters in dem Moment, in dem die Auflösung gefunden und das Bild entdeckt wird. Wenn das Bild zu einem späteren Zeitpunkt noch einmal betrachtet wird, dann kann ein Beobachter, der das Bilderrätsel schon einmal gelöst hat, das Gesicht mühelos wiedererkennen. In diesem Beispiel ist wiederum das, was ein Beobachter sieht, durch sein Wissen und seine Erfahrung beeinflußt.

Was, so könnte man fragen, haben diese angeführten Beispiele mit Wissenschaft zu tun? Will man diese Frage beantworten, so fällt es nicht schwer, Beispiele aus der wissenschaftlichen Praxis zu finden, die genau diesen Punkt veranschaulichen. Diese Beispiele machen deutlich, daß das, was Beobachter sehen, die subjektiven Wahrnehmungen, die sie machen, wenn sie einen Gegenstand oder einen Vorgang betrachten, nicht einzig und allein durch die Bilder auf der Retina bestimmt wird, sondern auch von der Erfahrung abhängig ist, dem Wissen, den Erwartungen und dem allgemeinen inneren Zustand des Betrachters. Man muß *lernen*, fachkundig durch ein Teleskop oder Mikroskop zu schauen und die unstrukturierte Menge heller und dunkler Punkte, die der Neuling wahrnimmt, unterscheidet sich von den detaillierten Mustern und Vorgängen, die der erfahrene Beobachter erkennen kann. So ähnlich muß es gewesen sein, als GALILEI zum erstenmal das Teleskop als ein Instrument zur Erforschung des Himmels vorstellte. Die Vorbehalte, die die Gegner GALILEIs bei der Anerkennung von Phänomenen hatten, wie etwa der Monde des Jupiter, die GALILEI zu sehen gelernt hatte, dürften zum Teil nicht nur auf ihre Voreingenommenheit zurückgeführt werden, sondern beruhten wahrscheinlich zum Teil auch auf deren tatsächlichen Schwierigkeiten, mit den damaligen, sehr groben Teleskopen "sehen" zu lernen.

In dem folgenden Abschnitt beschreibt MICHAEL POLANY (1973, S.101) die Veränderungen in den Beobachtungserfahrungen eines Medizinstudenten, wenn ihm beigebracht wird, wie er anhand eines Röntgenbildes eine Diagnose stellen kann:

> "Man stelle sich einen Medizinstudenten vor, der eine Vorlesung besucht über die Diagnose von Lungenkrankheiten mit Hilfe von Röntgenstrahlen. Er beobachtet in einem abgedunkelten Raum schattenhafte Spuren auf einem fluoreszierenden Schirm, der sich vor der Brust eines Patienten befindet und hört die Erläuterungen des Radiologen gegenüber seinen

> Assistenten, der sie in der Fachterminologie über die wichtigsten Besonderheiten dieser Schatten informiert. Zunächst ist der Student völlig verwirrt. Er sieht nämlich in dem Röntgenbild eines Brustkorbes bloß die Schatten des Herzens und der Rippen, mit einigen schemenhaften Flecken dazwischen. Es scheint so, als ob die Experten über die selbstersonnenen Fiktionen ihrer eigenen Phantasie fabulieren würden; unser Student ist nicht in der Lage, etwas von dem zu entdecken, worüber sie sprechen. Wenn er nun noch einige Wochen länger zuhört und dabei aufmerksam immer wieder neue Bilder von anderen Fällen betrachtet, dann wird bei ihm ein immer besseres Verständnis für die Vorgänge entstehen, die ihm zunächst unklar erschienen. Er wird allmählich die Rippen bei seinen Betrachtungen außer acht lassen und beginnen, nur noch die Lunge zu sehen. Und endlich, wenn er intelligent genug ist, wird sich ihm ein Panorama an vielsagenden Einzelheiten enthüllen; physiologische Variationen und pathologische Veränderungen, Narben, chronische Infektionen und Zeichen ernsthafter Krankheit. Er hat eine neue Welt betreten. Er sieht nach wie vor nur einen Bruchteil dessen, was die Experten sehen können, aber die Bilder ergeben nun sehr wohl einen Sinn und ebenso die meisten Bemerkungen, die gemacht werden".

Eine gängige Reaktion auf die oben gemachten Aussagen über Beobachtung, die mit den herangezogenen Beispielen belegt wurden, ist die, daß die Beobachter, die denselben Vorgang von derselben Stelle aus betrachten, zwar genau dasselbe sehen, jedoch das Gesehene unterschiedlich interpretieren. Dies möchte ich jedoch bestreiten. Was die Wahrnehmung betrifft, so hat der Beobachter einen direkten und unmittelbaren Zugang nur zu den von ihm selbst tatsächlich gemachten Wahrnehmungen. Diese Wahrnehmungen sind nicht ein für alle Mal vorgegeben und unveränderlich, sondern sie variieren mit den Erfahrungen und dem Wissen des Beobachters. Lediglich das Bild auf der Retina des Beobachters ist eindeutig festgelegt, jedoch hat ein Beobachter keinen direkten Wahrnehmungskontakt zu diesem Bild. Wenn der naive Induktivist und viele andere Empiristen von der Annahme ausgehen, daß es in unserer Erfahrung etwas gibt, das auf einzigartige Weise festgelegt wird und das auf unterschiedliche Arten interpretiert werden kann, dann unterstellen sie, ohne echte Beweisführung und ungeachtet vieler Gegenbeweise, eine direkte Verbindung zwischen den Bildern auf unserer Retina und den subjektiven Wahrnehmungen beim Sehen. Sie führen die Analogie zu einem Photoapparat schlichtweg zu weit.

Nachdem wir uns dies klar gemacht haben, soll deutlich herausgestellt werden, welcher Anspruch in diesem Abschnitt *nicht* erhoben werden soll, um damit die hier vertretene Position eindeutig zu umreißen. Erstens soll sicher nicht behauptet werden, daß die physischen Ursachen für die Bilder auf unserer Retina überhaupt nichts mit dem zu tun haben, was wir sehen. Wir können nicht so einfach das sehen, was wir wollen. Zwar sind die Bilder auf unserer Retina zum Teil die Ursache für das, was wir sehen, jedoch wird ein anderer, sehr wesentlicher Teil durch den inneren Zustand unseres Gemüts oder Verstandes verursacht, der wiederum deutlich von unserer kulturbedingten Erziehung, unserem Wissen, unseren Erwartungen etc. abhängt, und der nicht nur von den physikalischen Eigenschaften unserer Augen oder des beobachteten Vorgangs bestimmt wird. Zweitens bleibt das, was wir sehen, unter vielen wechselnden Bedingungen und in den verschiedensten Situationen so gut wie unverändert. Die Abhängigkeit unseres Sehens von unserem Gemüts- oder Geisteszustand ist nicht so empfindlich, daß Kommunikation und Wissenschaft dadurch unmöglich gemacht werden könnte. Drittens sehen in den sämtlich hier angeführten Beispielen alle Beobachter gewissermaßen dasselbe. In diesem Buch wird die Position vertreten, daß unabhängig vom Beobachter nur eine, einzigartige, physische Welt existiert. Wenn folglich eine Anzahl von Beobachtern eine Photographie, den Teil eines Gerätes, den Objektträger eines Mikroskopes oder was auch immer betrachten, dann werden sie gewissermaßen alle mit derselben Sache konfrontiert. Sie betrachten dieselbe Sache und sie werden demnach auch dieselbe Sache "sehen". Hieraus darf man jedoch nicht schließen, daß sie dieselben Wahrnehmungserfahrungen machen. In einer sehr entscheidenden Hinsicht sehen sie eben nicht dieselbe Sache und hierauf stützt sich letztendlich unsere Kritik an dem induktivistischen Standpunkt.

3. Die Theorieabhängigkeit von Beobachtungsaussagen

Selbst wenn es in der Wahrnehmung die ein oder andere Erfahrung gäbe, die für alle Beobachter gleich wäre, dann blieben doch einige gewichtige Einwände gegen die induktivistische Annahme hinsichtlich der Wahrnehmung bestehen. In diesem Abschnitt richten wir unser Augenmerk auf die *Beobachtungsaussagen*, die auf den Wahrnehmungserfahrungen der Beobachter beruhen und angeblich auch durch diese Erfahrungen gerechtfertigt werden. Gemäß der induktivistischen Auffassung von Wissenschaft besteht die sichere Grundlage der Gesetze und Theorien, die letztendlich Wissenschaft ausmachen, eher aus allgemein zugänglichen Beobachtungsaussagen als aus persönlichen, subjektiven Erfahrungen einzelner Beobachter. Zweifellos wären zum Beispiel die Beobachtungen, die DARWIN während seiner Seereise auf der Beagle machte, für die Wissenschaft nicht besonders bedeutsam geworden, wäre es bei den persönlichen Erfahrungen DARWINs geblieben. Sie wurden für die Wissenschaft erst dann bedeutsam, nachdem sie als Beobachtungsaussagen anderen Wissenschaftlern dargelegt und mitgeteilt worden sind, so daß diesen die Möglichkeit gegeben war, sie heranzuziehen und zu überprüfen. Die induktivistische Auffassung fordert die Ableitung von *allgemeinen Sätzen* aus *Einzelaussagen* mittels Induktion. Induktives wie auch deduktives Schließen beinhaltet die Beziehung zwischen verschiedenen Arten von Aussagen und nicht die Beziehung zwischen verschiedenen Arten von Aussagen einerseits und Wahrnehmungserfahrungen andererseits.

Es gibt sicherlich die ein oder anderen Wahrnehmungserfahrungen, die für den Beobachter unmittelbar zugänglich sind - dies gilt jedoch sicher nicht für Beobachtungsaussagen. Dieses sind theoretische Entitäten, die in einer allgemeinverständlichen Sprache abgefaßt sind und die Theorien von unterschiedlichem Grad an Allgemeingültigkeit und Komplexität umfassen. Ist erst einmal die Aufmerksamkeit auf die Beobachtungsaussagen als die vermeintlich sichere Grundlage der Wissenschaft gerichtet, dann wird deutlich, daß - im Widerspruch zu der Forderung der Induktivisten irgendeine Theorie allen Beobachtungsaussagen vorangehen muß und Beobachtungsaussagen genauso fehlbar sind wie die Theorien, die sie voraussetzen.

Beobachtungsaussagen müssen in der Sprache irgendeiner Theorie abgefaßt werden, wie vage diese auch sein mag. Betrachten wir den einfachen Satz aus der

Umgangssprache "Paß auf, der Wind drückt den Kinderwagen über den Rand der Klippe!" Schon hier wir auf niedrigem Niveau eine ganze Menge an Theorie vorausgesetzt. Es wird stillschweigend davon ausgegangen, daß es so etwas wie Wind gibt, daß er die Eigenschaft besitzt, Gegenstände zu bewegen, die sich in seinem Weg befinden, wie z.B. einen Kinderwagen. Die Dringlichkeit, zum Ausdruck gebracht durch das "Paß auf!" deutet auf die Erwartung hin, daß der Kinderwagen samt Kleinkind über die Klippe stürzen und vielleicht auf einem Felsen zerschmettern wird. Man nimmt weiterhin an, daß dies für ein Kleinkind verhängnisvoll sein wird. Oder wenn ein Frühaufsteher, der ein starkes Verlangen nach Kaffee verspürt, klagt, daß das Gas nicht angeht, dann geht er davon aus, daß es Stoffe in der Welt gibt, die unter den Begriff "Gas" einzuordnen sind und daß wenigstens einige von ihnen sich entzünden. An dieser Stelle sei angemerkt, daß es den Begriff "Gas" nicht schon zu jeder Zeit gegeben hat. Er existiert erst seit Mitte des 18. Jahrhunderts, als JOSEPH BLACK zeigte, daß Kohlendioxid (CO_2) durchweg von normaler Luft zu unterscheiden sei. Bis dahin "glaubte man, zwei Gasproben unterschieden sich nur durch ihre Verunreinigungen" (KUHN, 1979, S.83). Wenn wir uns dieser Art von Aussagen zuwenden, denen wir in der Wissenschaft begegnen, dann werden die theoretischen Aussagen weniger alltäglich und treten deutlicher zutage. Daß ein beträchtliches Maß an Theorie bei der Behauptung "Der Elektronenstrahl wurde durch den Nordpol des Magneten abgestoßen" vorausgesetzt wird oder bei einem Vortrag eines Psychologen über die Gründe für die soziale Gehemmtheit eines Patienten, bedarf keiner weiteren Erörterung.

Beobachtungsaussagen werden demnach also immer in der Sprache der einen oder anderen Theorie formuliert und sie können nur so genau sein, wie das theoretische oder begriffliche Gerüst, das sie verwenden. Der Begriff der "Kraft", so wie er in der Physik Verwendung findet, ist eindeutig, weil er seine Bedeutung aus der Rolle gewonnen hat, die er in einer bestimmten, verhältnismäßig selbständigen Theorie spielt, nämlich in der Mechanik von NEWTON. Die Verwendung des gleichen Wortes in der Umgangssprache (Kraftausdruck, Kraft seines Amtes, Kraftfahrer, Kraftbrühe etc.) ist ungenau, weil die entsprechenden Theorien mannigfaltig und ungenau sind. Genaue, eindeutig formulierte Theorien sind die Voraussetzung für genaue Beobachtungsaussagen. In diesem Sinne gehen Theorien der Beobachtung voraus.

Diese Behauptung bezüglich der Priorität von Theorien gegenüber der Beobachtung läuft der induktivistischen Hypothese zuwider, daß die Bedeutung vieler grundlegender Begriffe aus der Wahrnehmung gewonnen wird. Betrachten wir als einfaches Beispiel den Begriff "rot". Eine induktivistische Beschreibung könnte ungefähr folgendermaßen lauten: Von sämtlichen Wahrnehmungserfahrungen, die ein Beobachter mit seinem Gesichtssinn macht, wird ein bestimmter Teil (der sich auf die Einzelwahrnehmungen beim Sehen roter Gegenstände bezieht) etwas gemeinsam haben. Wenn der Beobachter diesen Teil näher untersucht, dann wird es ihm irgendwie möglich sein, das gemeinsame Element dieser Beobachtungen zu erkennen und der Farbe rot zuzuordnen. Auf diese Weise gelangt man durch Beobachtung zu dem Begriff "rot". Diese Betrachtungsweise enthält einen schwerwiegenden Fehler. Sie geht davon aus, daß aus der unendlichen Menge von Wahrnehmungserfahrungen eines Beobachters diejenigen Wahrnehmungserfahrungen, die er beim Sehen von roten Gegenständen macht, auf irgendeine Weise für eine Untersuchung zur Verfügung stehen. Aber diese Menge von Wahrnehmungserfahrungen wählt sich nicht selber aus. Nach welchem Kriterium werden manche Wahrnehmungserfahrungen in diese Menge aufgenommen und andere ausgeschlossen? Das Kriterium ist natürlich jenes, daß ausschließlich Beobachtungen von *roten* Gegenständen Aufnahme finden. Diese Betrachtungsweise setzt jedoch den Begriff "rot" voraus, wohingegen es jedoch beabsichtigt war, eine Erklärung dafür zu finden, wie dieser Begriff zum ersten Mal erworben wurde. Zur Verteidigung des induktivistischen Standpunktes reicht der Hinweis nicht aus, daß Eltern und Lehrer eine Reihe von roten Gegenständen auswählen, wenn sie Kindern den Begriff "rot" beibringen, da wir nämlich daran interessiert sind, wie der Begriff zum ersten Male seine Bedeutung erlangte. Die Behauptung, daß der Begriff "rot" oder irgendein anderer Begriff aus nichts anderem als aus der Erfahrung abgeleitet wird, ist schlichtweg falsch.

In diesem Abschnitt wurde bisher die wissenschaftliche Sichtweise des naiven Induktivisten im wesentlichen durch den Beweis widerlegt, daß den Beobachtungsaussagen Theorien vorangehen müssen und daß deswegen auch die Behauptung falsch ist, daß Wissenschaft mit Erfahrung beginnt. Wir kommen nun zu einem zweiten Ansatz, aus dem heraus versucht wird, den Induktivismus zu widerlegen. Beobachtungsaussagen sind ebenso fehlbar wie die Theorien, die ihnen vorangehen und deshalb bilden auch sie keine vollkommen sichere Grundlage, auf der man wissenschaftliche Gesetze und Theorien aufbauen könnte.

Zunächst möchte ich diesen Punkt mit einigen einfachen, frei erfundenen Beispielen erläutern, um anschließend anhand einiger Beispiele aus Wissenschaft und Wissenschaftsgeschichte auf die Bedeutung hinzuweisen, die er für die Wissenschaft hat.

Betrachten wir als Beispiel die Aussage eines Lehrers "Dies ist ein Stück Kreide", während er auf einen rechteckigen weißen Gegenstand zeigt, den er vor der Tafel in die Höhe hält. Selbst diese überaus grundlegende Beobachtungsaussage schließt eine Theorie mit ein und ist fehlbar. Es wird zum Beispiel einfach von der Verallgemeinerung "Weiße Gegenstände, die man in Klassenräumen in der Nähe der Tafel findet, sind Kreide" ausgegangen. Aber diese Verallgemeinerung braucht natürlich nicht unbedingt wahr zu sein. Der Lehrer in unserem Beispiel könnte sich irren. Der besagte weiße Gegenstand ist vielleicht gar kein Stück Kreide, sondern eine genau nachgemachte Kreideattrappe, die ein pfiffiger Schüler, der sich einen Spaß machen wollte, dort hingelegt hat. Der Lehrer, oder jeder andere Anwesende, könnte Schritte unternehmen, um die Wahrheit der Aussage "Dies ist ein Stück Kreide" zu überprüfen. Allerdings muß man sich, je strenger diese Überprüfung ausfallen soll, auch auf umso mehr Theorie berufen; aber absolute Sicherheit wird man trotzdem nicht erlangen. Forderte man den Lehrer zum Beispiel dazu auf, mit dem weißen Gegenstand doch etwas auf die Tafel zu zeichnen, dann kann er auf den weißen Strich, der sich ergibt, hinweisen und verkünden: "Seht ihr, es *ist* ein Stück Kreide". Diese Aussage beinhaltet die Annahme "Wenn man mit einem Stück Kreide auf einer Tafel zeichnet, dann hinterläßt dies weiße Spuren". Die Beweisführung des Lehrers könnte man mit dem Einwand zurückweisen, daß außer Kreide auch noch andere Gegenstände weiße Spuren auf einer Tafel hinterlassen. Vielleicht wird der betreffende Lehrer nach einer Reihe weiterer Versuche, wie zum Beispiel, die Kreide zu zerbröckeln, und erneuten Einwänden dagegen, schließlich zu einer chemischen Analyse Zuflucht nehmen. Unter chemischem Gesichtspunkt betrachtet, so argumentiert er, besteht Kreide in erster Linie aus Kalziumkarbonat und deshalb muß, wenn Kreide in Säure getaucht wird, Kohlendioxid freiwerden. Er führt den Versuch aus und beweist, daß das Gas, das entweicht, Kohlendioxid ist, weil das Kalkwasser trübe wird. Jede Phase dieser Versuchsreihe, mit der die Gültigkeit der Beobachtungsaussage "Dies ist ein Stück Kreide" nachgewiesen werden soll, bedingt nicht nur weitere Beobachtungsaussagen, sondern auch weitere theoretische Verallgemeinerungen. Der Versuch, der den Endpunkt unserer Versuchsreihe bildete, schloß eine bestimmte Menge chemischer Theorien mit ein (die Wirkung von Säure auf Karbonate, die besondere Wirkung von Kohlendioxid auf Kalkwasser). Um die Gültigkeit einer Beobachtungsaussage nachzuweisen, muß man auf eine Theorie verweisen, und je zuverlässiger die Gültigkeit nachgewiesen werden soll, desto umfassender muß das herangezogene theoretische Wissen sein. Dies steht in einem direkten Widerspruch zu dem, was wir aufgrund der induktivistischen Auffassung erwarten würden, daß nämlich, um die Wahrheit einer problematischen Beobachtungsaussage nachzuweisen, auf gesichertere Beobachtungsaussagen und vielleicht auf die Gesetze, die aus ihnen induktiv abgeleitet wurden, rekurriert wird, jedoch nicht auf Theorien.

In der Umgangssprache ist es häufig der Fall, daß eine anscheinend unproblematische "Beobachtungsaussage" sich als falsch herausstellt, wenn ein erwartetes Ereignis nicht eintrifft, weil eine Theorie falsch war, die eine Voraussetzung für die betreffende Beobachtungsaussage darstellte. So könnten zum Beispiel Sommerfrischler auf dem Gipfel eines hohen Berges, die einen Blick auf ihr Lagerfeuer werfen, die Beobachtung machen "Das Wasser ist heiß genug, um den Tee damit aufzugießen". Wenn sie jedoch das dann entstandene Gebräu kosten, müßten sie feststellen, daß sie sich kläglich geirrt haben. Die Theorie, die irrtümlicherweise vorausgesetzt wurde, ist die, daß kochendes Wasser heiß genug ist, um schmackhaften Tee zuzubereiten. Dies braucht jedoch nicht der Fall zu sein, wenn das Wasser unter so geringem Druck zum Kochen gelangt, wie er in großen Höhen registriert wird.

Es folgen nun einige weniger konstruierte Beispiele, die uns wohl besser dabei helfen werden, das Wesen der Wissenschaft zu verstehen.

In der Zeit von KOPERNIKUS - vor Erfindung des Fernrohres - wurden sorgfältige Beobachtungen über die Größe der Venus angestellt. Die Aussage "Betrachtet man die Venus von der Erde aus, so verändert sie im Laufe des Jahres dem Anschein nach nicht ihre Größe", wurde im allgemeinen von allen Astronomen, von den Anhängern als auch von den Gegnern von KOPERNIKUS, auf der Grundlage jener Beobachtungen anerkannt. ANDREAS OSIANDER, ein Zeitgenosse von KOPERNIKUS, nannte die Behauptung, daß die Venus im Laufe des Jahres anscheinend doch ihre Größe verändert, "ein Ergebnis, das im Widerspruch zu jahrhundertelanger Erfahrung steht" (zit. n. ROSEN, 1959, S.25). Diese Beobachtung wurde trotz der Schwierigkeiten, die sie mit sich brachte, anerkannt, weil sowohl die Theorie von KOPERNIKUS als auch einige konkurrierende Theorien die Vorhersage machten, daß die Venus im Laufe des Jahres dem Anschein nach ihre Größe verändert. Heutzutage wird diese Behauptung jedoch als falsch angesehen. Sie ging von der falschen Theorie aus, daß die Größe von kleinen Lichtquellen durch das bloße Auge geschätzt werden kann. Moderne Theorien bieten Erklärungen dafür, warum Schätzungen von kleinen Lichtquellen mit dem bloßen Auge irreführend sind und warum Beobachtungen mit einem Teleskop vorzuziehen sind, die zeigen, daß die scheinbare Größe der Venus sich im Laufe des Jahres beträchtlich verändert. Dieses Beispiel veranschaulicht deutlich, daß die Beobachtungsaussagen von einer Theorie abhängen und folglich fehlbar sind.

Ein zweites Beispiel bezieht sich auf die Elektrostatik. Die ersten Forscher auf diesem Gebiet berichteten von elektrisch geladenen Stäben, die "klebrig" wurden, was deutlich darin zum Ausdruck kam, daß kleine Papierschnitzel an ihnen haften blieben; und von elektrisch geladenen Körpern, die sich gegenseitig abstießen. Aus heutiger Sicht waren diese Beobachtungsberichte falsch. Die falschen Vorstellungen, die zu solchen Beobachtungsberichten verleiteten, würden heute durch die Begriffe sich anziehender und abstoßender Kräfte ersetzt, was zu völlig anderen Beobachtungsberichten führt.

Heutige Wissenschaftler würden letztendlich keine Schwierigkeit mehr damit haben, die Unrichtigkeit einer Eintragung in KEPLERs Notizbuch aufzudecken, die sich auf Beobachtungen mit einem Fernrohr von GALILEI stützte, und die lautet: "Der Mars ist quadratisch und intensiv gefärbt" (vgl. FEYERABEND, 1976a, S.167).

In diesem Abschnitt wurde behauptet, daß der Induktivist in zweierlei Hinsicht unrecht hat. Wissenschaft beginnt nicht mit Beobachtungsaussagen, weil ihnen allen irgendeine Theorie vorausgeht, und Beobachtungsaussagen bilden, da sie fehlbar sind, keine sichere Grundlage, auf der wissenschaftliche Erkenntnis aufgebaut werden kann. Gleichwohl kann daraus nicht der Anspruch abgeleitet werden, daß Beobachtungsaussagen überhaupt keine Rolle in der Wissenschaft spielen sollten. Daraus folgt sicherlich nicht, daß alle Beobachtungsaussagen aufgegeben werden sollten, weil sie fehlbar sind. Hier wird hingegen lediglich der Standpunkt vertreten, daß die Induktivisten den Beobachtungsaussagen einen falschen Stellenwert zuschreiben.

4. Beobachtung und Experiment sind theoriegeleitet

Gemäß einem strengen naiv-induktivistischen Ansatz wird die Grundlage der wissenschaftlichen Erkenntnis durch die Beobachtungen von unvoreingenommenen Beobachtern geschaffen. Dieser Standpunkt ist, wenn man ihn auch nur einigermaßen ernst nimmt, absurd und unhaltbar. Stellen wir uns, um dies zu veranschaulichen, HEINRICH HERTZ vor, der 1888 das elektrische Experiment ausführte, bei dem es zum erstenmal gelang, Radiowellen zu erzeugen und völlig gleichzurichten. Wenn er völlig unvoreingenommen gewesen wäre, als er seine Beobachtungen machte, dann wäre er nicht nur dazu verpflichtet gewesen, die Anzeige der verschiedensten Meßinstrumente, das Auftreten von Funken an den verschiedenen kritischen Stellen im elektrischen Stromkreis und die Abmessungen des Stromkreises etc. zu protokollieren, sondern auch die Farbe der Meßgeräte, die Abmessungen des Laboratoriums, die Wetterlage, seine Schuhgröße und eine ganze Menge weiterer "eindeutig irrelevanter" Einzelheiten, d.h. irrelevant für die Art von Theorie, an der HERTZ interessiert war und die er überprüfte. (In diesem speziellen Fall prüfte HERTZ die elektromagnetische Theorie von MAXWELL mit der Fragestellung, ob es möglich sei, die Radiowellen zu erzeugen, die von der elektromagnetischen Theorie vorhergesagt wurden). Als zweites, hypothetisches Beispiel nehmen wir an, daß wir einen Beitrag zur menschlichen Physiologie oder Anatomie leisten wollten. Wir gehen weiter davon aus, daß zum Gewicht des menschlichen Ohrläppchens noch kaum Befunde vorliegen. Wenn wir also darangingen, sorgfältige Beobachtungen über das Gewicht einer großen Vielfalt von menschlichen Ohrläppchen anzustellen, diese umfangreichen Beobachtungen protokollierten und kategorisierten, dann würden wir sicherlich nicht auch nur den geringsten Beitrag für die Wissenschaft leisten. Wir würden unsere Zeit verschwenden, solange nicht eine Theorie existiert, die eine Begründung dafür liefert, daß das Gewicht von Ohrläppchen wichtig ist; zum Beispiel eine Theorie, die auf irgendeine Art und Weise einen Zusammenhang zwischen dem Gewicht von Ohrläppchen und dem Auftreten von Krebs herstellt.

Die oben angeführten Beispiele machen den entscheidenden Aspekt deutlich, daß in der Wissenschaft die Theorie der Wahrnehmung vorausgeht. Beobachtungen und Experimente werden ausgeführt, um eine Theorie zu überprüfen oder um sie näher zu beleuchten, und man braucht nur diejenigen Beobachtungen aufzuzeichnen, die als relevant für die Aufgabenstellung betrachtet werden. Da jedoch die Theorien, aus denen unsere wissenschaftliche Erkenntnis besteht, fehlbar und unvollkommen sind, können die Leitlinien dafür, welche Beobachtungen für die Forschung relevant sind, irreführend sein und dazu führen, daß der eine oder andere wichtige Faktor übersehen wird. Das oben beschriebene Experiment von HERTZ liefert dafür ein gutes Beispiel. Einer der Faktoren, die wir als "eindeutig irrelevant" beschrieben haben, war in Wirklichkeit sehr relevant. Es folgte aus der zu überprüfenden Theorie, daß die Geschwindigkeit der Radiowellen genauso hoch sein müßte wie die Lichtgeschwindigkeit. Als HERTZ die Geschwindigkeit seiner Radiowellen gemessen hatte, fand er wiederholt, daß sich ihre Geschwindigkeit erheblich von der Lichtgeschwindigkeit unterschied. Er selbst ist nie in der Lage gewesen, dieses Problem zu lösen. Erst nach seinem Tod verstand man, wodurch dieses Problem entstehen konnte. Die Radiowellen, die sein Gerät ausstrahlte, wurden von den Mauern seines Laboratoriums zurück zu dem Gerät reflektiert und wirkten sich auf diese Weise störend auf seine Messungen aus. Es stellte sich im nachhinein also heraus, daß die Abmessungen seines Laboratoriums sehr wohl relevant waren. Die fehlbaren und unvollkommenen Theorien, aus denen wissenschaftliche Erkenntnis besteht, können also für einen Beobachter sehr irreführend sein. Aber man muß dieses Problem angehen, indem Theorien verbessert und erweitert werden, und nicht, indem endlose Listen zielloser Beobachtungen angelegt werden.

5. Der Induktivismus: nicht endgültig widerlegt

Die Theorieabhängigkeit der Wahrnehmung, die in diesem Kapitel diskutiert wurde, untergräbt zweifellos die Behauptung der Induktivisten, daß Wissenschaft mit Beobachtung beginnt. Jedoch würden nur die Vertreter einer streng naiv-induktivistischen Sichtweise an diesem Standpunkt festhalten. Keiner der heutigen, anspruchsvolleren Induktivisten würde die wortgetreue Version aufrechterhalten wollen. Sie können auf den Anspruch verzichten, daß Wissenschaft mit unvoreingenommener und unbefangener Beobachtung beginnen muß, indem sie zwischen der Methode, mit der eine Theorie zum ersten Mal ausgedacht und entwickelt wurde einerseits, und der Art und Weise, in der sie gerechtfertigt wird oder ihre Vorzüge bewertet werden andererseits, unterscheiden. Nach dieser abgeschwächten Sichtweise sind keinerlei Bedenken mehr dagegen zu erheben, daß neue Theorien auf vielfältige Weise und häufig von verschiedenen Richtungen aus entwickelt werden. Sie können dem Entdecker als plötzlicher Einfall kommen, wie in der überlieferten Geschichte von NEWTONs Entdeckung des Gravitationsgesetzes, als er einen Apfel von einem Baum fallen sah. Im anderen Falle kann eine neue Entdeckung das Ergebnis eines zufälligen Ereignisses sein, wie bei RÖNTGEN, als er die nach ihm benannten Röntgenstrahlen entdeckte, weil die photographischen Platten, die in der

Nähe seiner Entladungsröhre lagerten, fortwährend schwarz wurden. Oder man kann auch nach einer langen Reihe von Beobachtungen und Berechnungen zu einer neuen Entdeckung gelangen, wie dies zum Beispiel bei KEPLERs Entdeckung der Bewegungsgesetze der Planeten der Fall war. Theorien können entwickelt werden, bevor die Beobachtungen angestellt werden, die notwendig sind, um sie zu überprüfen. Gemäß dem anspruchsvolleren Induktivismus widersetzen sich im übrigen kreative Handlungen, von denen die ungewöhnlichsten und bedeutsamsten außergewöhnliche Genialität erfordern und an denen deutlich psychologische Momente der einzelnen Wissenschaftler beteiligt sind, der logischen Analyse. Die Frage nach dem Ursprung neuer Theorien und deren Entdeckung soll nicht Thema der Wissenschaftstheorie sein.

Wenn man jedoch zu neuen Gesetzen und Theorien gelangt, gleichgültig auf welchem Weg, dann bleibt die Frage nach der Angemessenheit dieser Gesetze und Theorien bestehen. Stellen sie wirklich wissenschaftliche Erkenntnis dar oder nicht? Mit dieser Frage beschäftigen sich die anspruchsvolleren Induktivisten. Ihre Antwort ist in etwa die, die ich in groben Zügen im ersten Kapitel dargestellt habe. Eine große Anzahl von Tatsachen, die für die Theorie relevant sind, müssen unter einer großen Vielfalt von Bedingungen durch Beobachtung ermittelt werden und es muß festgestellt werden, in welchem Ausmaß man durch induktive Schlußfolgerungen nachweisen kann, daß die Theorie angesichts dieser Tatsachen wahr oder wahrscheinlich wahr ist.

Die Unterscheidung zwischen der Art der Entdeckung und der Art der Rechtfertigung ermöglicht es dem Induktivisten, sich der in diesem Kapitel angeführten Kritik zu entziehen, soweit sie sich auf die Forderung bezieht, daß Wissenschaft mit Beobachtung beginnt. Die Berechtigung dieser Trennung kann jedoch angezweifelt werden. So wäre es beispielsweise zweifellos ein berechtigter Hinweis, daß eine Theorie, die Vorhersagen trifft und die zu der Entdeckung neuer Phänomene führt, wie die Theorie von CLERK MAXWELL, die zu der Entdeckung der Radiowellen führte, von größerem Wert und besser zu rechtfertigen ist, als ein Gesetz oder eine Theorie, die entworfen wurde, um schon längst bekannten Phänomenen Rechnung zu tragen und die nicht zur Entdeckung neuer Phänomene führte. Es ist die Intention dieses Bandes, daß zunehmend deutlicher wird, wie wichtig es ist, Wissenschaft als eine historisch gewachsene Sammlung von Erkenntnissen zu verstehen und daß eine Theorie nur angemessen bewertet werden kann, wenn ihrem historischen Kontext gebührende Aufmerksamkeit geschenkt wird. Die Bewertung einer Theorie ist eng mit der Ausgangssituation verbunden, in der sie zum ersten Mal in Erscheinung trat.

Selbst wenn wir den Induktivisten zugestehen, zwischen der Art und Weise der Entdeckung und der Art und Weise der Rechtfertigung zu unterscheiden, dann wird ihre Position noch immer durch die Tatsache in Frage gestellt, daß Beobachtungsaussagen theoriebeladen und damit fehlbar sind. Der Induktivist möchte eine scharfe Trennlinie ziehen zwischen direkter Beobachtung, von der er erhofft, daß sie eine sichere Grundlage für wissenschaftliche Erkenntnis bietet, und Theorien, die in dem Maße gerechtfertigt werden, indem sie induktive Unterstützung von der sicheren Grundlage der Beobachtung erhalten. Die extremen Induktivisten, die logischen Positivisten, gingen sogar soweit zu behaupten, daß Theorien nur von Bedeutung sind, insofern ihre Richtigkeit durch direkte Beobachtung nachgewiesen werden kann. Dieser Standpunkt wird durch die Tatsache untergraben, daß man eine scharfe Unterscheidung zwischen Beobachtung und Theorie nicht aufrechterhalten kann, weil Beobachtungen oder besser die Aussagen, die das Ergebnis von Beobachtungen sind, von der Theorie durchdrungen, "theorieimprägniert" sind.

Obwohl wir in diesem und in dem vorigen Kapitel die induktivistischen Wissenschaftstheorien ausgiebig kritisiert haben, bilden die Argumente, die wir angeführt haben, keine absolut gültige Widerlegung dieses Ansatzes. Das Induktionsproblem kann man nicht als endgültig widerlegt betrachten, weil, wie ich schon an anderer Stelle angemerkt habe, die meisten anderen Wissenschaftstheorien mit ähnlichen Schwierigkeiten zu kämpfen haben. Es wurde hier nur eine Möglichkeit angedeutet, mit der die Induktivisten in einem gewissen Maße der Kritik entgehen können, die sich auf die Tatsache konzentriert, daß die Beobachtung theorieabhängig ist; ganz bestimmt aber werden sie in der Lage sein, sich noch weitere geistreiche Verteidigungen auszudenken. Der Hauptgrund aber, warum man den Induktivismus aufgeben sollte, ist der, daß er im Vergleich zu konkurrierenden und neueren Ansätzen es immer wieder versäumt hat, ein neues und interessantes Licht auf das Wesen der Wissenschaft zu werfen - eine Tatsache, die IMRE LAKATOS dazu geführt hat, dieses Programm als degeneriert zu bezeichnen. Die in zunehmendem Maße angemesseneren, interessanteren und fruchtbareren wissenschaftstheoretischen Ansätze, die in den nächsten Kapiteln entwickelt werden, stellen das stärkste Argument gegen den Induktivismus dar.

Weiterführende Literatur

Daß Wahrnehmungserfahrungen von einer Theorie abhängen, wird in N.R. Hanson *Patterns of Discovery* (1958) diskutiert und anhand von Beispielen erläutert. Die Schriften von Popper, Feyerabend und Kuhn sind voll von Argumenten und Beispielen, die die Behauptung unterstützen, daß Beobachtungen und Beobachtungsaussagen theorieabhängig sind. Ausführliche Auseinandersetzungen zu diesem Thema finden sich in K.R. Popper *Logik der Forschung* (1982, 5. Kapitel und *Neuer Anhang X*), K.R. Popper *Objektive Erkenntnis* (1974, S.369-390), P. Feyerabend *Wider den Methodenzwang. Skizze einer anarchistischen Erkenntnistheorie* (1976, 6. und 7. Kapitel) sowie T. Kuhn *Die Struktur wissenschaftlicher Revolutionen* (1979, 10. Kapitel). Das 1. Kapitel von Carl R. Kordig *The Justification of Scientific Change* (1971) enthält eine Diskussion des Themas, die sich kritisch mit Hanson und Feyerabend auseinandersetzt. Eine behutsame, allerdings etwas trockene Auseinandersetzung findet man in Israel Scheffler *Science and Subjectivity* (1967). Recht anregende Erörterungen über das Problem der Wahrnehmung, die auch unter einem philosophischen Aspekt bedeutungsvoll sind, finden sich in R.L. Gregory *Eye and Brain* (1972) und Ernst Gombrich *Kunst und Illusion* (1986). Wärmstens sei auch das sehr interessante Buch über die Wahrnehmung bei Tieren, *The Magic of Senses* von Vitus B. Droscher (1971), empfohlen. Dieses Buch vermittelt einen sehr guten Eindruck von den Beschränkungen und Begrenzungen der menschlichen Wahrnehmung und der Willkür, mit der versucht wird, den Informationen Bedeutung zuzuschreiben, die zufällig durch die menschlichen Sinnesorgane empfangen werden.

Zusammenfassende Fragestellungen

1. Der *naive Induktivismus* beinhaltet hinsichtlich der Beobachtung zwei wesentliche Annahmen. Welche sind das?
2. Folgt man dem *Alltagsverständnis von Beobachtung*, dann sehen zwei Beobachter, die von derselben Stelle denselben Gegenstand betrachten, dasselbe. Wie wird dies begründet?
3. Warum werden die Wahrnehmungserfahrungen nicht durch die Bilder auf der Retina bestimmt ?
4. Ist eine Beobachtungsaussage *fehlbar* oder *unfehlbar*? Mit welchen Beispielen kann die Antwort begründet werden?
5. Aus welchen zwei Gründen wurde der Induktivismus verworfen? Welcher Art ist die Beziehung zwischen beiden?
6. Wie wird der Unterschied zwischen dem *naiven Induktivismus* und einem *anspruchsvolleren Induktivismus* beschrieben?
7. Mit welchem Argument wird der *anspruchsvollere Induktivismus* kritisiert?
8. Wie begegnet der anspruchsvollere Induktivist der Kritik an der Forderung, daß Wissenschaft mit Beobachtung beginnt?
9. Kann der Induktivismus durch die angeführten Kritikpunkte eindeutig widerlegt werden?

4

Der Falsifikationismus

Der Falsifikationismus geht davon aus, daß Beobachtung theoriegeleitet ist und Theorie voraussetzt. Gleichermaßen verzichtet er von vornherein auf den Anspruch, daß Theorien auf der Basis von Beobachtung als wahr oder wahrscheinlich wahr betrachtet werden können. Theorien werden als spekulative und vorläufige Vermutungen aufgefaßt, die der Mensch bei dem kühnen Versuch entwirft, Probleme, die vorangegangene Theorien aufgeworfen haben, zu überwinden und um eine adäquate Erklärung des Verhaltens einiger Aspekte der Welt oder des Universums zu erhalten. Spekulative Theorien müssen, wenn sie einmal vorgeschlagen wurden, rigoros und nach strengen Kriterien durch Beobachtung und Experiment überprüft werden. Theorien, die der Überprüfung durch Experimente nicht standhalten, müssen eliminiert und durch neue spekulative Vermutungen ersetzt werden. Wissenschaft macht Fortschritte durch Versuch und Irrtum, durch Vermutungen und Widerlegungen. Nur die besten Theorien überleben. Auch wenn man niemals mit Sicherheit von einer Theorie behaupten kann, daß sie wahr ist, so kann man doch zumindest hoffen, daß es die Beste ist, die zur Verfügung steht, d.h., daß sie besser ist als alle vorangegangenen.

1. Ein logisches Argument zur Unterstützung des Falsifikationismus

Theorien können gemäß dem Falsifikationismus als falsch nachgewiesen werden, wenn entsprechende Befunde aus Beobachtung und Experiment vorliegen. Es gibt ein einfaches und logisches Argument, das den Falsifikationismus in diesem Punkt zu unterstützen scheint. Bereits im zweiten Kapitel haben wir gesehen, daß selbst dann, wenn wir davon ausgehen können, daß wahre Beobachtungsaussagen verfügbar sind, es allein auf dieser Grundlage dennoch niemals möglich ist, durch logische Deduktionen zu universellen Gesetzen zu gelangen. Andererseits ist es möglich, ausgehend von einzelnen Beobachtungsaussagen logische Deduktionen durchzuführen, um so universelle Gesetze und Theorien als falsch nachweisen zu können. Gehen wir z.B. von der Aussage "Am Ort x zum Zeitpunkt t wurde ein Rabe beobachtet, der nicht schwarz war" aus, dann folgt daraus logischerweise, daß die Aussage "Alle Raben sind schwarz" falsch ist. Das bedeutet, daß der folgende Beweis eine logisch gültige Deduktion darstellt:

Voraussetzung: Am Ort *x* zum Zeitpunkt *t* wurde ein Rabe beobachtet, der nicht schwarz war.

Schlußfolgerung: Nicht alle Raben sind schwarz.

Ist die Voraussetzung zutreffend und wird die Schlußfolgerung verworfen, so ergibt sich ein Widerspruch. Zwei weitere Beispiele sollen diesen recht trivialen logischen Sachverhalt veranschaulichen: Wenn man in einem Experiment durch Beobachtung nachweisen kann, daß sich ein Gewicht von 10 kg und ein Gewicht von 1 kg im freien Fall mit annähernd gleicher Geschwindigkeit nach unten bewegen, dann kann hieraus die Schlußfolgerung gezogen werden, daß die Behauptung, daß Körper mit einer Geschwindigkeit proportional zu ihrem Gewicht fallen, falsch ist. Wenn zweifelsfrei nachgewiesen werden kann, daß ein Lichtstrahl, der dicht an der Sonne vorbeiführt, in einer gebogenen Linie abgelenkt wird, dann trifft es nicht zu, daß sich Licht notwendigerweise in gerader Linie fortpflanzt.

Die Falschheit von allgemeinen Aussagen kann von entsprechenden Einzelaussagen abgeleitet werden. Dieser logische Sachverhalt ist der Grundsatz des Falsifikationismus.

2. Falsifizierbarkeit als Kriterium für gute Theorien

Der Falsifikationismus betrachtet Wissenschaft als eine Menge von Hypothesen, die versuchsweise vorgeschlagen werden, um das Verhalten bestimmter Aspekte der Welt oder des Universums zu beschreiben und zu erklären. Jedoch genügt es nicht, irgendeine Hypothese heranzuziehen. Es gibt eine grundlegende Bedingung, die jede Hypothese oder jedes System von Hypothesen erfüllen muß, bevor sie den Status eines wissenschaftlichen Gesetzes oder einer Theorie erhalten kann. Eine Hypothese muß, soll sie einen Beitrag zur Wissenschaft leisten, *falsifizierbar* sein. Bevor wir fortfahren, muß geklärt werden, wie der Terminus "falsifizierbar" im Falsifikationismus verwendet wird.

Nachfolgend einige Beispiele von einfachen Behauptungen, die im angesprochenen Sinne falsifizierbar sind:

1. Mittwochs regnet es nie.

2. Alle Stoffe dehnen sich bei Hitze aus.

3. Schwere Gegenstände, wie etwa Ziegelsteine, fallen, wenn man sie nahe der Erdoberfläche losläßt und sie auf kein Hindernis treffen, in gerader Linie nach unten.

4. Wenn ein Lichtstrahl von einem ebenen Spiegel reflektiert wird, ist der Einfallswinkel gleich dem Ausfallswinkel.

Behauptung (1) ist falsifizierbar, weil sie durch die Beobachtung falsifiziert werden kann, daß es an einem Mittwoch regnet. Behauptung (2) ist ebenfalls falsifizierbar. Sie kann durch eine Beobachtungsaussage falsifiziert werden, daß sich irgendein Stoff *x* nicht ausgedehnt hat, als er zum Zeitpunkt *t* erhitzt wurde. Um Aussage (2) zu falsifizieren, könnte man die Eigenschaft von Wasser nahe dem Gefrierpunkt betrachten. Aussagen (1) und (2) sind also beide falsifizierbar und falsch. Behauptungen (3) und (4) könnten, soweit wir wissen, wahr sein. Aber trotzdem sind sie falsifizierbar im besagten Sinne. Es ist logisch möglich, daß der nächste Ziegelstein, der fallengelassen wird, nach oben "fällt". Die Behauptung, "der Ziegelstein fällt aufwärts, wenn man ihn losläßt" beinhaltet keinen Widerspruch, obwohl es sein mag, daß eine solche Aussage noch niemals durch Beobachtung bestätigt wurde. Behauptung (4) ist falsifizierbar, weil es denkbar wäre, daß ein Lichtstrahl, der in einem schrägen Winkel auf einen Spiegel fällt, im rechten Winkel zum Spiegel reflektiert wird. Dies wird niemals eintreffen, wenn das Reflexionsgesetz wahr ist, aber wenn es eintreten würde, bedeutete dies keinen logischen Widerspruch. Behauptungen (3) und (4) sind falsifizierbar, auch wenn sie wahr sein mögen.

Eine Hypothese ist falsifizierbar, wenn eine logisch mögliche Beobachtungsaussage oder Menge von Beobachtungsaussagen existiert, die mit der Hypothese unvereinbar sind. Wenn diese als wahr nachgewiesen werden, würden sie die Hypothese falsifizieren.

Im folgenden einige Beispiele für Aussagen, die diesen Anforderungen nicht gerecht werden und die durchgängig nicht falsifizierbar sind:

5. Entweder es regnet oder es regnet nicht.

6. Alle Punkte auf einem euklidischen Kreis befinden sich gleichweit vom Mittelpunkt entfernt.

7. Bei Sportwetten kann Glück im Spiel sein.

Keine logisch mögliche Beobachtungsaussage könnte Aussage (5) widerlegen. Sie ist wahr, wie das Wetter auch immer sein mag. Behauptung (6) ist notwendigerweise wahr, weil der euklidische Kreis so definiert ist. Sind die Punkte auf einem Kreis nicht gleichweit von einem Fixpunkt entfernt, dann handelt es sich schlichtweg nicht um einen euklidischen Kreis. Die Aussage "Alle Junggesellen sind unverheiratet" ist aus dem selben Grund nicht falsifizierbar. Behauptung (7) ist ein Zitat aus einem Horoskop einer Zeitung. Sie ist ein typisches Beispiel für das Irreführende an Behauptungen von Wahrsagern. Diese Behauptung ist nicht falsifizierbar. Es läuft darauf hinaus, dem Leser weiszumachen, daß, wenn er heute wettet, er gewinnen könnte. Dies bleibt wahr, ob er nun wettet oder nicht, und auch wenn er tatsächlich wettet, bleibt die Aussage wahr, gleichgültig, ob er dabei gewinnt oder verliert.

Der Falsifikationismus fordert, daß wissenschaftliche Hypothesen in dem eben besprochenen Sinne falsifizierbar sein müssen. Denn nur durch das Ausscheiden einer Menge logisch möglicher Beobachtungsaussagen ist ein Gesetz oder eine Theorie aussagekräftig. Wenn eine Aussage nicht falsifizierbar ist, dann kann die Wirklichkeit alle möglichen Eigenschaften besitzen und sich wie auch immer verhalten, ohne mit der Aussage im Widerspruch zu stehen. Im Gegensatz zu den Aussagen (1), (2), (3) und (4) teilen uns die Aussagen (5), (6) und (7) nichts über die Wirklichkeit mit. Ein wissenschaftliches Gesetz oder eine wissenschaftliche Theorie sollte uns idealerweise bestimmte Informationen darüber vermitteln, wie sich die Wirklichkeit tatsächlich verhält, wobei (logisch) denkbare Möglichkeiten ausgeschlossen werden sollten, wie sie sich verhalten könnte, es aber tatsächlich nicht tut. Das Gesetz "Alle Planeten bewegen sich auf elliptischen Bahnen um die Sonne" ist insofern wissenschaftlich, als es die Aussage macht, daß sich Planeten tatsächlich auf elliptischen Bahnen bewegen und quadratische oder ovale Umlaufbahnen ausschließt. Gerade weil das Gesetz definitive Aussagen über die Umlaufbahnen von Planeten macht, besitzt es einen Informationsgehalt und ist falsifizierbar.

Ein flüchtiger Blick auf einige Gesetze, die als typische Komponenten wissenschaftlicher Theorien betrachtet werden können, zeigt uns, daß sie das Kriterium der Falsifizierbarkeit erfüllen. Es ist leicht einzusehen, daß Gesetze wie "Gegensätzliche magnetische Pole ziehen einander an" oder "Wird zu einer Base Säure gegeben, so entsteht Salz und Wasser" falsifizierbar sind. Jedoch geht der Falsifikationismus davon aus, daß sich einige Theorien in Wirklichkeit nur als wissenschaftliche Theorien ausgeben, während sie, oberflächlich betrachtet, den Anschein erwecken, die Eigenschaften guter wissenschaftlicher Theorien zu besitzen. Dies sind Theorien, die nicht falsifizierbar sind und die deswegen zurückgewiesen werden sollten. POPPER behauptete, daß zumindest einige Lesarten der marxistischen Geschichtstheorie, der Psychoanalyse von FREUD und der Individualpsychologie von ADLER an diesem Fehler kranken. Dieser Aspekt soll an der folgenden, etwas überzogenen Darstellung der ADLERschen Psychologie verdeutlicht werden.

Eine fundamentale Lehre in ADLERs Theorie ist die, daß die Motive menschlichen Handelns in irgendeiner Art von Minderwertigkeitsgefühlen zu suchen sind. In unserem Beispiel wird diese Sichtweise durch folgenden Vorfall belegt: Während ein Mann am Ufer eines gefährlichen Flusses steht, stürzt ganz in der Nähe ein Kind ins Wasser. Der Mann springt nun entweder ins Wasser und versucht, das Kind zu retten, oder aber er tut es nicht. Springt der Mann ins Wasser, dann wird der ADLERianer eine Begründung zur Hand haben, wie dies seine Theorie unterstützt. Der Mann mußte offensichtlich sein Gefühl der Minderwertigkeit dadurch überwinden, indem er trotz der Gefahr den Mut dazu aufbringt, ins Wasser zu springen. Wenn der Mann nicht ins Wasser springt, kann der ADLERianer genausogut den An-spruch erheben, daß dies ein Beleg für seine Theorie ist: Der Mann hat seine Minderwertigkeitsgefühle dadurch überwunden, indem er demonstriert, daß er die Stärke und Macht besitzt, gelassen am Ufer stehenzubleiben, während das Kind ertrinkt.

Wenn diese Karikatur kennzeichnend für die ADLERsche Theorie ist, dann ist diese Theorie nicht falsifizierbar.[1] So ist es mit jeder Art menschlichen Verhaltens und gerade deswegen sagt die Theorie über menschliches Verhalten überhaupt nichts aus. Gewiß, bevor ADLERs Theorie aus diesen Gründen zurückgewiesen wird, wäre es notwendig, statt eines Zerrbildes die näheren Einzelheiten der Theorie zu untersuchen. Aber es gibt eine Menge von soziologischen, psychologischen und theologischen Theorien, die den Verdacht aufkommen lassen, daß sie mit dem Anspruch, alles erklären zu wollen, eben gar nichts erklären. Die Existenz eines liebenden Gottes und das Eintreffen irgendeiner Katastrophe können in Einklang gebracht werden, wenn die Katastrophe so interpretiert wird, daß sie uns geschickt wird, um uns auf die Probe zu stellen oder uns zu bestrafen - was sich eben gerade in der entsprechenden Situation anbietet. Viele Beispiele aus dem

---

[1] Dieses Beispiel würde hinfällig werden, wenn es die Möglichkeit gäbe, die Art des Minderwertigkeitskomplexes, den der besagte Mann hat, unabhängig von seinem Verhalten am Flußufer nachzuweisen. Die Theorie bietet tatsächlich eine derartige Möglichkeit und das Beispiel zeichnet ein etwas unfaires Zerrbild.

Tierreich können als Beweise betrachtet werden, die die Annahme "Der Körper eines Tieres erfüllt optimal die jeweils an ihn gestellten Anforderungen" unterstützen. Theoretiker, die in dieser Weise vorgehen, werden von Falsifikationisten kritisiert. Wenn eine Theorie einen informativen Gehalt haben soll, dann muß sie die Möglichkeit bieten, falsifiziert zu werden.

3. Falsifizierbarkeit, Eindeutigkeit und Präzision

Eine gute wissenschaftliche Theorie oder ein gutes wissenschaftliches Gesetz ist allein deswegen falsifizierbar, weil sie eine definitive Aussage über die Wirklichkeit macht. Für den Falsifikationisten bedeutet dies gleichzeitig, daß eine Theorie mit zunehmender Falsifizierbarkeit auch im weitesten Sinne besser wird. Je umfassender die Ansprüche einer Theorie sind, umso größer ist die Zahl möglicher Gelegenheiten, um nachzuweisen, daß sich die Welt in Wirklichkeit nicht so verhält, wie es die Theorie besagt. Eine sehr gute Theorie ist eine Theorie, die sehr umfassende Aussagen über die Welt macht, die folglich in hohem Maße falsifizierbar ist und die stets einer Falsifizierung standhält.

Was damit gemeint ist, soll mit Hilfe eines einfachen Beispiels veranschaulicht werden. Betrachten wir die beiden folgenden Gesetze:

(a) Der Mars bewegt sich auf einer elliptischen Bahn um die Sonne.

(b) Alle Planeten bewegen sich auf einer elliptischen Bahn um ihre jeweilige Sonne.

Es bestehen wohl keine Zweifel, daß (b) als ein Stück wissenschaftliche Erkenntnis einen höheren Stellenwert hat als (a). Gesetz (b) umfaßt Gesetz (a) und geht darüber hinaus. Gesetz (b), das vorgezogen werden muß, ist falsifizierbarer als (a). Wenn Beobachtungen vom Mars Gesetz (a) falsifizieren würden, dann würden sie auch Gesetz (b) falsifizieren. Jegliche Falsifikation von (a) würde eine Falsifikation von (b) bedeuten, jedoch nicht umgekehrt. Ebenso sind Beobachtungsaussagen bezüglich der Umlaufbahnen von Venus, Jupiter etc., die (b) falsifizieren, für (a) irrelevant. Wenn wir in Anlehnung an POPPER diejenige Menge von Beobachtungsaussagen, die dazu dienen könnte, ein Gesetz oder eine Theorie zu falsifizieren, als *Falsifikationsmöglichkeiten* dieses Gesetzes oder dieser Theorie bezeichnen, dann können wir sagen, daß die Falsifikationsmöglichkeiten von (a) eine Menge darstellen, die eine Teilmenge der Falsifikationsmöglichkeiten von (b) darstellt. Gesetz (b) ist falsifizierbarer als Gesetz (a), was gleichzeitig bedeutet, daß es das umfassendere und somit das bessere Gesetz ist.

Ein historisches Beispiel bezieht sich auf das Verhältnis zwischen KEPLERs und NEWTONs Theorien des Sonnensystems. Als Theorie von KEPLER bezeichnen wir seine drei Gesetze der Planetenbewegungen. Falsifikationsmöglichkeiten dieser Theorie bestehen aus einer Menge von Aussagen zu den Planetenpositionen im Bezug zur Sonne zu bestimmten Zeiten. Die Theorie von NEWTON verdrängte als eine umfassendere und damit bessere Theorie die Theorie KEPLERs. Sie besteht aus NEWTONs Bewegungsgesetzen sowie seinem Gravitationsgesetz. Letzteres macht die Aussage, daß sich zwei Körper im Universum gegenseitig mit einer Kraft anziehen, die umgekehrt proportional zu dem Quadrat ihres Abstandes ist. Falsifikationsmöglichkeiten der NEWTONschen Theorie stellt z.B. die Menge von Aussagen über Planetenpositionen zu bestimmten Zeiten dar. Aber es gibt eine Vielzahl weiterer Falsifikationsmöglichkeiten, wie zum Beispiel Falsifikationen, die sich auf das Verhalten fallender Körper und auf Pendelbewegungen beziehen oder auf den Zusammenhang zwischen der Flut und dem Stand der Sonne und des Mondes. Es gibt weitaus mehr Möglichkeiten, die Theorie von NEWTON zu falsifizieren als die KEPLERsche. Und trotzdem konnte sich die NEWTONschen Theorie den Falsifikationsversuchen widersetzen und damit ihre Überlegenheit über die KEPLERsche Theorie durchsetzen.

Hoch falsifizierbare Theorien sollten weniger falsifizierbaren vorgezogen werden, vorausgesetzt, sie werden nicht tatsächlich falsifiziert. Diese Voraussetzung ist für den Falsifikationisten entscheidend. Theorien, die falsifiziert werden, müssen grundsätzlich zurückgewiesen werden. Wissenschaft besteht darin, hoch falsifizierbare Hypothesen vorzuschlagen sowie hartnäckig und ganz bewußt zu versuchen, sie zu falsifizieren. Um POPPER (1969, S.231) zu zitieren:

> "Deswegen gebe ich gerne zu, daß Falsifikationisten wie ich dem Versuch bei weitem den Vorzug geben, ein interessantes Problem durch eine kühne Vermutung zu lösen, *selbst (und ganz besonders dann), wenn sie sich bald als falsch erweisen sollte*, anstatt irrelevante Binsenwahrheiten herunterzuleiern. Wir ziehen diesen Weg vor, weil wir glauben, daß wir so aus unseren Fehlern lernen können; und daß wir viel über die Wahrheit gelernt haben werden, wenn wir herausfinden, daß unsere Vermutung falsch war". (Hervorhebungen i. Orig.)

Wir lernen aus unseren *Fehlern.* Der Fortschritt der Wissenschaft ist durch Versuch und Irrtum bedingt. Da die Ableitung universeller Gesetze und Theorien aus Beobachtungsaussagen als nicht möglich nachgewiesen wurde, jedoch die Deduktion ihrer Falschheit logisch möglich ist, wurden *Falsifikationen* die wichtigsten Meilensteine, die aufsehenerregendsten Leistungen und entscheidendsten Momente in der Entwicklung der Wissenschaft. Die Betonung der Falsifikation vom Standpunkt des eher extremen Falsifikationismus aus, die vielleicht unserer Intuition zunächst zuwiderläuft, wird in den späteren Kapiteln kritisiert.

Da Wissenschaft Theorien mit einem großen Informationsgehalt anstrebt, begrüßen es die Falsifikationisten, daß man kühne und spekulative Vermutungen anstellt. Es müssen unbesonnene Spekulationen angeregt werden, vorausgesetzt, daß sie falsifizierbar sind und zurückgewiesen werden, sobald sie falsifiziert werden. Diese Alles-oder-Nichts-Forderung steht im Widerspruch zu dem behutsamen Vorgehen, das von dem naiven Induktivisten vertreten wird. Letzterer läßt in der Wissenschaft lediglich solche Theorien zu, die als wahr oder wahrscheinlich wahr dargestellt werden können. Demnach sollten wir über gegenwärtig vorliegende Resultate aus Experimenten nur soweit hinausgehen, als uns dies legitime Induktionen erlauben. Im Gegensatz dazu erkennt der Falsifikationist die Begrenztheit der Induktion und die Theorieabhängigkeit von Beobachtung an. Die Geheimnisse der Natur können nur mit Hilfe von sinnvollen und begründeten Theorien aufgedeckt werden. Je größer die Zahl der vorgeschlagenen Theorien ist, die mit der Realität der Welt konfrontiert werden und je spekulativer solche Vermutungen sind, umso größer sind die Chancen für entscheidende Fortschritte in der

Wissenschaft. Es besteht keine Gefahr eines Zuviel an spekulativen Theorien, sofern jede Theorie, die sich in der Folge von Beobachtung oder anderer Überprüfung zur Beschreibung der Welt als inadäquat herausstellt, rigoros eliminiert wird.

Die Forderung, daß Theorien hoch falsifizierbar sein sollten, hat die positive Konsequenz, daß Theorien eindeutig und exakt aufgestellt werden müssen. Wenn eine Theorie derart vage formuliert ist, daß es nicht absolut eindeutig ist, was ausgesagt wird, dann kann sie jeweils so interpretiert werden, als ob sie mit den Ergebnissen aus Beobachtung und Experiment übereinstimmen würden. Auf diese Art und Weise könnte sie gegen Falsifikation verteidigt werden. GOETHE schrieb zum Beispiel über die Elektrizität:

> "Es ist . . . ein Nichts, ein Null, ein Nullpunkt, ein Gleichgültigkeitspunkt, der aber in allen erscheinenden Wesen liegt und zugleich der Quellpunkt ist, aus dem bei dem geringsten Anlaß eine Doppelerscheinung hervortritt, welche nur insofern erscheint, als sie wieder verschwindet. Die Bedingungen, unter welchen jenes Hervortreten erregt wird, sind nach Beschaffenheit der besonderen Körper unendlich verschieden".[2] (GOETHE, 1979, S.268f.; Originalausg. 1810)

Wenn wir dieses Zitat für bare Münze nehmen, ist es sehr schwierig zu erkennen, welcher experimentell-physikalische Versuchsaufbau dazu dienen könnte, diese Aussage zu falsifizieren. Gerade weil sie so vage und ungenau ist (zumindest derartig aus dem Kontext gerissen), ist sie nicht falsifizierbar. Dadurch, daß Politiker und Wahrsager ihre Aussagen derart vage formulieren, so daß sie zutreffen, was auch immer eintreten mag, kann man ihnen kaum den Vorwurf der Falschaussage machen. Die Forderung nach einem hohem Grad an Falsifizierbarkeit schließt solche Kunstgriffe aus. Der Falsifikationist fordert, daß Theorien mit ausreichender Eindeutigkeit formuliert werden, um sich damit auf das Risiko der Falsifikation einzulassen.

Eine ähnliche Situation besteht bezüglich der Präzision einer Theorie. Je genauer eine Theorie formuliert ist, umso falsifizierbarer wird sie. Wenn wir anerkennen, daß eine Theorie umso besser ist, je falsifizierbarer sie ist (vorausgesetzt, sie ist nicht falsifiziert worden), dann müssen wir auch anerkennen, daß sie auch umso besser ist, je genauer die Aussagen einer Theorie sind. "Planeten wandern in elliptischen Bahnen um die Sonne" ist genauer als "Planeten wandern in geschlossenen Bahnen um die Sonne" und damit falsifizierbarer. Eine ovale Kreisbahn würde die erste Aussage falsifizieren, nicht aber die zweite, wohingegen irgendeine Kreisbahn, die die zweite Aussage falsifiziert, ebenso die erste falsifizieren würde. Der Falsifikationist muß der ersten Aussage den Vorzug geben. Ebenso muß er die Aussage, daß die Lichtgeschwindigkeit in einem Vakuum $299{,}8 \times 10^6$ m/sec beträgt, der weniger genauen Aussage, daß sie ungefähr 300×10^6 m/sec beträgt, vorziehen, allein weil die erste Aussage falsifizierbarer ist.

Die eng miteinander verbundenen Forderungen nach Präzision und Eindeutigkeit einer Aussage ergeben sich beide problemlos aus der falsifikationistischen Sichtweise von Wissenschaft.

---

2 Siehe auch den Kommentar von POPPER zur Elektrizitätstheorie von HEGEL in "Conjectures and Refutations" (1969, S.332).

4. Falsifikationismus und wissenschaftlicher Fortschritt

Der Fortschritt der Wissenschaft, wie ihn der Falsifikationist sieht, kann folgendermaßen zusammengefaßt werden: Wissenschaft geht von Problemen aus und zwar von Problemen, die mit der Erklärung des Verhaltens bestimmter Aspekte der Welt oder des Universums zu tun haben. Falsifizierbare Hypothesen werden von Wissenschaftlern als Lösungen für diese Probleme vorgeschlagen. Die vorgeschlagenen Hypothesen werden dann kritisch betrachtet und überprüft. Einige Hypothesen werden recht schnell ausgeschieden, andere hingegen mögen sich als erfolgreicher erweisen. Diese müssen zum Gegenstand noch strengerer Kritik und Überprüfung werden. Wenn eine Hypothese, die erfolgreich einer Vielfalt rigoroser Überprüfungen standgehalten hat, schließlich falsifiziert wird, ist ein neues Problem aufgetaucht, das hoffentlich bereits ein Stück weiter vom gelösten Ausgangsproblem entfernt ist. Dieses neue Problem erfordert, daß neue Hypothesen aufgestellt werden, gefolgt von erneuter kritischer Überprüfung. In dieser Weise setzt sich der Prozeß unbegrenzt fort. Man kann niemals von einer Theorie behaupten, daß sie wahr ist, wie gut sie auch rigoroser Überprüfung standgehalten hat; aber es kann hoffentlich gesagt werden, daß eine gegenwärtige Theorie der vorangegangenen in dem Sinne überlegen ist, daß sie den Überprüfungen standhalten kann, durch die die vorherigen falsifiziert wurden.

Bevor wir auf einige Beispiele eingehen, die die falsifikationistische Vorstellung vom Fortschritt der Wissenschaft veranschaulichen, soll zunächst auf den Anspruch eingegangen werden, daß Wissenschaft von Problemen ausgeht. Einige Probleme, mit denen sich Wissenschaftler in der Vergangenheit auseinandergesetzt haben, lauten zum Beispiel: Wieso sind Fledermäuse in der Lage, nachts so ungemein geschickt zu fliegen, obwohl sie nur sehr kleine und schwache Augen haben? Warum zeigt ein einfaches Barometer bei großer Höhe über dem Meeresspiegel einen niedrigeren Wert als bei geringer Höhe? Warum haben sich die Photoplatten im Labor von RÖNTGEN immer wieder eingeschwärzt? Warum wird das Perihel des Merkur zunehmend größer? Diese Probleme gehen alle mehr oder weniger aus direkter *Beobachtung* hervor. Betrachtet man diese Tatsache, dann könnte man sich fragen, ob nicht für den Falsifikationisten ebenso wie für den naiven Induktivisten Wissenschaft mit Beobachtung beginnt? Die Antwort auf diese Frage muß definitiv verneint werden. Die oben zitierten Beobachtungen, aus denen sich die Probleme ableiten, sind lediglich problematisch *im Licht ganz bestimmter Theorien.* Die erste Beobachtung ist problematisch unter dem Aspekt der Theorie, daß lebende Organismen mit ihren Augen "sehen"; die zweite war für diejenigen problematisch, die GALILEIs Theorie befürworteten, weil dies im Widerspruch zu der Theorie stand, die von der "Kraft des Vakuums" ausging und die von ihnen als Erklärung dafür herangezogen wurde, warum die Quecksilbersäule eines Barometers nicht fällt; die dritte Beobachtung war problematisch für RÖNTGEN, weil zu der damaligen Zeit ganz selbstverständlich davon ausgegangen wurde, daß keine Strahlung oder Ausdünstung irgendeiner Art existierte, die den Behälter mit den Photoplatten durchdringen und diese schwärzen könnte; die vierte Beobachtung war insofern problematisch, weil sie mit NEWTONs Theorie unvereinbar war. Der Anspruch, daß Wissenschaft von Problemen ausgeht, steht vollkommen in Einklang mit dem Primat der Theorie über Beobachtung und Beobachtungsaussagen. Wissenschaft geht nicht von reiner Beobachtung aus.

Nach diesem Exkurs wollen wir zur falsifikationistischen Vorstellung vom Fortschritt der Wissenschaft kommen, der beschrieben wird als das Fortschreiten vom Problem zu spekulativen Hypothesen, zu ihrer kritischen Überprüfung, ihrer möglichen Falsifikation und von da aus zu neuen Problemen. Zwei Beispiele sollen diesen Prozeß zeigen. Das erste, ein sehr einfaches, bezieht sich auf das Problem des Nachtfluges von Fledermäusen, das zweite, ein etwas komplexeres, beschreibt den Fortschritt in der Physik. Wir beginnen mit dem Problem der Fledermäuse. Fledermäuse sind in der Lage, mühelos und mit hoher Geschwindigkeit zwischen den Ästen von Bäumen, Telegraphenleitungen etc. und aneinander vorbei zu fliegen und dabei Insekten zu fangen, und dies, obgleich sie schwache Augen haben und zudem noch meistens nachts fliegen. Dies wirft ein Problem auf, weil dies allem Anschein nach auch die plausible Theorie falsifiziert, daß Tiere, wie der Mensch auch, mit ihren Augen sehen. Als Falsifikationist wird man nun versuchen, das Problem so zu lösen, daß man eine Vermutung oder Hypothese aufstellt. Vielleicht sind Fledermäuse, obwohl sie anscheinend schwache Augen haben, trotzdem auf irgendeine Art und Weise, die wir noch nicht verstehen, in der Lage, nachts durchaus wirksam mit ihren Augen zu sehen. Diese Hypothese kann überprüft werden. Eine Anzahl von Fledermäusen wird in einem abgedunkelten Raum, in dem Hindernisse angebracht sind, freigelassen und es wird ihre Fähigkeit, den Hindernissen auszuweichen, auf irgendeine Art und Wiese gemessen. Den gleichen Fledermäusen werden dann die Augen verbunden und sie werden erneut im Testraum freigelassen. Vor dem Experiment kann der Experimentator den folgenden Schluß ziehen, wobei eine der Voraussetzungen zur Deduktion seiner Hypothese konkret wie folgt lautet: "Fledermäuse sind in der Lage, beim Fliegen Hindernissen auszuweichen, wobei sie auf ihre Augen angewiesen sind, und sie können dies nicht, ohne ihre Augen zu benutzen". Die zweite Voraussetzung ist eine Beschreibung der experimentellen Situation, einschließlich der Aussage "Dieser Stichprobe von Fledermäusen sind die Augen verdeckt, so daß sie ihre Augen nicht benutzen können". Aus diesen beiden Voraussetzungen kann der Experimentator deduktiv ableiten, daß die Stichprobe von Fledermäusen nicht in der Lage sein wird, die Hindernisse in dem Testlabor wirksam zu umfliegen. Das Experiment wird nun durchgeführt und es wird herausgefunden, daß die Fledermäuse Zusammenstöße ebenso wirksam vermeiden können wie zuvor. Die Hypothese wird falsifiziert. Es muß nun erneut eine Vermutung, eine Hypothese aufgestellt werden. Vielleicht schlägt ein Wissenschaftler vor, daß in irgendeiner Weise die Ohren der Fledermäuse an der Fähigkeit beteiligt sind, Hindernisse zu umfliegen. Als Versuch, diese Hypothese zu falsifizieren, kann das Experiment dienen, den Fledermäusen, bevor sie in dem abgedunkelten Testraum freigelassen werden, die Ohren zu verstopfen. Diesmal stellt sich heraus, daß die Fähigkeit der Fledermäuse, den Hindernissen auszuweichen, bedeutsam beeinträchtigt ist. Die Hypothese wurde bestätigt. Der Falsifikationist muß nun versuchen, seine Hypothese präziser zu fassen, so daß sie zunehmend falsifizierbarer wird. Es wird vorgeschlagen, daß die Fledermaus das Echo ihrer eigenen Laute hören könnte, das von festen Objekten widerhallt. Dies wird überprüft, indem den Fledermäusen die Fähigkeit genommen wird, Laute von sich zu geben, ehe sie im Testraum freigelassen werden. Erneut prallen die Fledermäuse gegen Hindernisse und erneut ist damit die Hypothese bestätigt. Der Falsifikationist scheint damit eine vorläufige Lösung für sein Problem gefunden zu haben, obgleich er nicht für sich beanspruchen kann, tatsächlich experimentell überprüft zu haben, wie Fledermäuse beim Fliegen Zusammenstöße vermeiden. Es könnten sich eine ganze Reihe von Faktoren herausstellen, die belegen, daß er sich geirrt hat. Vielleicht nehmen Fledermäuse Echos nicht mit ihren Ohren wahr, sondern mit sensitiven Regionen nahe der Ohren, deren Funktion durch das Zustopfen der Ohren ausgeschaltet wurde. Oder vielleicht nehmen unterschiedliche Arten von Fledermäusen Hindernisse in ganz unterschiedlicher Weise wahr, so daß die im Experiment verwendeten Fledermäuse nicht wirklich repräsentativ waren.

Der Fortschritt der Physik von ARISTOTELES über NEWTON bis EINSTEIN liefert ein Beispiel auf einer breiteren Ebene. Die falsifikationistische Beschreibung dieses Fortschritts sieht etwa folgendermaßen aus. Die aristotelische Physik war in gewissem Umfang recht erfolgreich. Sie konnte eine Vielfalt von Phänomenen erklären, so zum Beispiel, warum schwere Gegenstände auf den Boden fallen (sie suchen ihren natürlichen Platz im Zentrum des Universums), sie konnte den Mechanismus von Saugglocken und Vakuumpumpen erklären (die Erklärung beruhte auf der Unmöglichkeit des Vakuums) und so weiter. Aber letztendlich wurde die aristotelische Physik auf vielerlei Weise falsifiziert. Steine fielen von der Mastspitze eines sich gleichmäßig bewegenden Schiffes auf das Deck am Fuß des Mastes und nicht in einiger Entfernung des Mastes, wie dies die Theorie von ARISTOTELES vorhersagte. Es konnte beobachtet werden, daß die Jupitermonde den Jupiter umkreisten und nicht die Erde. Eine große Anzahl weiterer Falsifikationen sammelten sich im Laufe des 17. Jahrhunderts an. Die NEWTONsche Physik war jedoch, sobald sie einmal von GALILEI und NEWTON in einem Prozeß von Vermutungen entworfen und entwickelt war, der aristotelischen Theorie überlegen und ersetzte diese. NEWTONs Theorie konnte eine Erklärung für fallende Gegenstände geben, für die Funktionsweise von Saugglocken und Vakuumpumpen und alles andere, daß die aristotelische Theorie erklären konnte und wurde darüberhinaus Phänomenen gerecht, die für die aristotelische Theorie problematisch waren. Zusätzlich konnte NEWTONs Theorie Phänomene erklären, die durch die aristotelische Theorie nicht berührt wurden, wie etwa die Beziehung zwischen den Gezeiten und dem Stand des Mondes, oder die Variation der Schwerkraft in Abhängigkeit von der Höhe über dem Meeresspiegel. Über zwei Jahrhunderte lang war NEWTONs Theorie erfolgreich. Das heißt, Versuche, sie in bezug auf ein neues Phänomen, das mit ihrer Hilfe vorhergesagt würde, zu falsifizieren, blieben ohne Erfolg. Die Theorie führte sogar zu der Entdeckung eines neuen Planeten, des Planeten Neptun. Aber ungeachtet ihres Erfolges haben anhaltende Falsifizierungsversuche sich schließlich als erfolgreich herausgestellt. NEWTONs Theorie wurde auf unterschiedlichen Wegen falsifiziert. Sie war ebensowenig in der Lage, Details der Kreisbahn des Planeten Merkur zu erklären, wie die veränderliche Masse von sich schnell bewegenden Elektronen in einer Entladungsröhre. Physiker sahen sich herausfordernden Problemen gegenüber, und um die Jahrhundertwende vom 19. zum 20. Jahrhundert forderten diese Probleme neue spekulative Hypothesen, die zur Überwindung dieser Probleme in fortschrittlicher Weise entwickelt wurden. EINSTEIN wurde dieser Herausforderung gerecht. Seine Relativitätstheorie war in der Lage, die Phänomene zu erklären, die NEWTONs Theorie falsifizierten, während sie es gleichzeitig mit NEWTONs Theorie in den Bereichen aufnehmen konnte, in denen diese erfolgreich überprüft worden war. Darüberhinaus brachte EINSTEINs Theorie die Vorhersage spektakulärer Phänomene hervor. Seine spezielle Relativitätstheorie sagt vorher, daß die Masse eine Funktion der Geschwindigkeit sei und daß Masse in Energie transformierbar ist und umgekehrt. Seine allgemeine Relativitätstheorie sagt vorher, daß Lichtstrahlen in starken

Gravitationsfeldern gebeugt werden. Versuche, EINSTEINs Theorie im Hinblick auf das neue Phänomen zu widerlegen, mißlangen. Die Falsifikation der EINSTEINschen Theorie bleibt eine Herausforderung für die moderne Physik. Der Erfolg, falls er eintreten sollte, würde einen neuen Schritt nach vorne im Fortschritt der Physik bedeuten.

Dies stellt eine typische falsifikationistische Sichtweise vom Fortschritt der Physik dar. In späteren Kapiteln werden wir Veranlassung haben, ihre Richtigkeit und Gültigkeit in Zweifel zu ziehen. Aus dem vorangegangenen Abschnitt wird deutlich, daß das Konzept vom Fortschritt und der Entwicklung von Wissenschaft ein Konzept ist, das in der falsifikationistischen Vorstellung von Wissenschaft eine zentrale Rolle spielt. Dieser Frage wird im Einzelnen im folgenden Kapitel nachgegangen.

Weiterführende Literatur

Der klassische Text zum Falsifikationismus ist Poppers *Logik der Forschung* (1982). Poppers wissenschaftsphilosophische Auffassungen sind ausführlich in zwei Sammelbänden dargestellt, in *Objektive Erkenntnis* (1974) und *Conjectures and Refutations* (1969). Eine allgemeinverständliche Darstellung des Falsifikationismus liefert der Aufsatz "Induction and Intuition in Scientific Thought" von P. Medawar (1969). Weitere Literaturangaben zum Falsifikationismus finden sich im Anschluß an das fünfte Kapitel.

Zusammenfassende Fragestellungen

1. Was ist die *Kernthese des Falsifikationismus*?
2. Welche logischen Argumente werden beim Vergleich zwischen *Induktivismus* und *Falsifikationismus* für letzteren angeführt?
3. Wann ist gemäß dem *Falsifikationismus* eine Hypothese falsifizierbar?
4. Was bedeutet der *Informationsgehalt einer Theorie* für ihre Falsifizierbarkeit?
5. Gibt es Aussagen, die nicht falsifizierbar sind?
6. Warum sollten *hoch falsifizierbare* Theorien *minder falsifizierbaren* vorgezogen werden?
7. Was versteht man unter *Falsifikationsmöglichkeiten*?
8. Welche Voraussetzungen muß eine Theorie gemäß dem *Falsifikationismus* erfüllen, damit sie gegenüber einer vorangegangenen Theorie einen Fortschritt bedeutet?
9. Was bedeutet "behutsames Vorgehen", das vom naiven *Induktivismus* vertreten wird, im Vergleich zum Vorgehen des *Falsifikationismus*?

10. Wie folgt aus der Forderung nach höchster Falsifizierbarkeit einer Theorie die Forderung, daß eine Theorie *eindeutig und präzise* sein muß?
11. Beobachtungen sind nur im Licht bestimmter Theorien problematisch. Was heißt das?
12. Betrachtet der *Falsifikationismus* eine Theorie als wahr, wenn sie rigorosen Überprüfungen standgehalten hat?
13. Wie sieht der Falsifikationismus den *Prozeß des Fortschritts in der Wissenschaft*?

5

Der raffinierte Falsifikationismus, neuartige Vorhersagen und der Fortschritt der Wissenschaft

1. Relativer und absoluter Falsifizierbarkeitsgrad

In dem vorangegangenen Kapitel kamen bestimmte Bedingungen zur Sprache, die eine Hypothese erfüllen muß, damit sie wert ist, von einem Wissenschaftler untersucht zu werden. Eine Hypothese sollte falsifizierbar sein - je falsifizierbarer, desto besser - und dennoch nicht bereits falsifiziert worden sein. Raffinierte Falsifikationisten sind sich darüber im klaren, daß diese Bedingungen allein nicht ausreichend sind. Eine weitere Bedingung bezieht sich auf den Anspruch, daß sich die Wissenschaft weiterentwickeln sollte. Eine Hypothese, die vorgesehen ist, eine andere zu ersetzen, sollte daher falsifizierbarer sein als jene, die sie ersetzen soll.

Die Wissenschaftsauffassung des raffinierten Falsifikationisten, die den Fortschritt der Wissenschaft betont, richtet ihr Augenmerk weit mehr auf die relativen Verdienste konkurrierender Theorien als auf die Verdienste einzelner Theorien. Diese Sichtweise vermittelt im Gegensatz zu der eher statischen Darstellung der meisten naiven Falsifikationisten ein eher dynamisches Bild der Wissenschaft. Statt zu fragen: "Ist diese Theorie falsifizierbar?", "Wie falsifizierbar ist diese Theorie?" und "Ist diese Theorie falsifiziert worden?", wird nunmehr die Frage "Ist diese neu vorgeschlagenen Theorie ein tragfähiger Ersatz für die Theorie, die sie anficht?" vorgezogen. Im allgemeinen wird man darin übereinstimmen, daß auf den Vorschlag einer neuen Theorie erst dann eingegangen werde sollte, wenn sie falsifizierbarer als ihre konkurrierende Theorie ist und insbesondere, wenn sie ein neues Phänomen vorhersagt, das von der konkurrierenden Theorie nicht berührt wurde.

Der Akzent, der auf den Vergleich des Falsifizierbarkeitsgrades von aufeinanderfolgenden Theorien gelegt wird und der sich aus der Betonung von Wissenschaft als einer Menge ständig wachsender Erkenntnis ergibt, ermöglicht es, ein formales Problem zu vermeiden. Denn es ist tatsächlich sehr schwierig, genaue Angaben darüber zu machen, wie falsifizierbar nun gerade eine bestimmte Theorie ist. Ein absolutes Falsifizierbarkeitsmaß läßt sich nicht definieren, einfach deswegen, weil die Anzahl der Falsifikationsmöglichkeiten einer Theorie stets unendlich ist. Es fällt einem schwer, sich vorzustellen, wie die Frage: "Wie falsifizierbar ist das Gravitationsgesetz von NEWTON?" beantwortet werden könnte. Auf der anderen Seite ist es häufig möglich, den Falsifizierbarkeitsgrad von Gesetzen oder Theorien miteinander zu vergleichen. So ist zum Beispiel die Aussage "Alle Körper ziehen sich gegenseitig mit einer Kraft an, die sich umgekehrt proportional zu dem Quadrat ihres Abstandes verhält" falsifizierbarer als die Aussage "Die Planeten des Sonnensytems ziehen sich gegenseitig mit einer Kraft an, die sich umgekehrt proportional zu dem Quadrat ihres Abstandes verhält". Die zweite Aussage folgt aus der ersten. Alles, was die zweite Aussage falsifiziert, falsifiziert auch die erste Aussage, der umgekehrte Fall trifft jedoch nicht zu. Für den Falsifikationisten wäre es eine Idealvorstellung, wenn er behaupten könnte, daß die aufeinanderfolgenden Theorien, die gemeinsam die geschichtliche Entwicklung einer Wissenschaft bilden, aus falsifizierbaren Theorien bestehen, wobei jede Theorie aus dieser Reihe falsifizierbarer ist als ihre Vorgängerin.

2. Die Erhöhung der Falsifizierbarkeit und Ad hoc-Modifikationen

Die Forderung, daß in dem Maße, in dem sich eine Wissenschaft weiterentwickelt, auch ihre Theorien stets falsifizierbarer werden, folglich immer mehr Informationsgehalt besitzen und zunehmend umfassender werden, schließt Modifikationen der Theorien aus, die lediglich dazu dienen, die Theorie gegen eine bedrohliche Falsifikation zu schützen. Die Modifikation einer Theorie, wie das Hinzufügen einer zusätzlichen Annahme oder eine Veränderung irgendeiner bestehenden Annahme, die keine weiteren überprüfbaren Konsequenzen hat als die nicht modifizierte Theorie, werden *Ad hoc*-Modifikationen genannt. Im weiteren werden in diesem Abschnitt Beispiele angeführt, die den Begriff der *Ad hoc*-Modifikation erläutern sollen. Wir betrachten zunächst bestimmte *Ad hoc*-Modifikationen, die der Falsifikationist verwerfen würde, und anschließend werden wir diesen Beispielen Modifikationen gegenüberstellen, die keine *Ad hoc*-Modifikationen darstellen und die der Falsifikationist folglich begrüßen würde.

Wir beginnen mit einem recht trivialen Beispiel. Betrachten wir einmal die Verallgemeinerung "Brot ist nahrhaft". Wenn wir diese simple Theorie näher betrachten, kommen wir zu dem Schluß, daß auf übliche Weise angebauter Weizen, der auf übliche Weise zu Brot verarbeitet und auf übliche Weise verzehrt wird, für Menschen nahrhaft ist. Diese anscheinend harmlose Theorie wurde problematisch, als in einem französichen Dorf Weizen, der auf die übliche Weise angebaut und auf übliche Weise zu Brot verarbeitet wurde, die Ursache dafür war, daß die meisten Menschen, die von dem Brot gegessen hatten, ernstlich erkrankten und viele sogar starben. Die Theorie "Brot ist nahrhaft" wurde falsifiziert. Um diese Falsifikation zu vermeiden, kann die Theorie modifiziert werden, indem die Lesart dahingehend geändert wird, daß man sagt: "Brot, mit Ausnahme dieser bestimmten Menge Brot, die in dem besagten französichen Dorf produziert wurde, ist nahrhaft". Dies ist eine *Ad hoc*-Modifikation. Man kann die modifizierte Theorie nicht auf eine andere Art und Weise überprüfen als die ursprüngliche Theorie. Wenn ein Mensch ein Brot verzehrt, dann ist dies eine Überprüfung der ursprünglichen Theorie, wohingegen Überprüfungen der modifizierten Theorie auf den Verzehr eines Brotes beschränkt bleiben, das nicht zu der Menge des Brotes gehört, das in Frankreich zu derart verhängnisvollen Auswirkungen geführt hatte. Die modifizierte Hypothese ist weniger falsifizierbar als die ursprüngliche Hypothese. Der Falsifikationist lehnt deshalb derartige nachträgliche Modifikationen ab.

Das nächste Beispiel ist weniger tragisch aber dafür unterhaltsamer. Es ist ein Beispiel, welches sich auf einen tatsächlich zu Beginn des 17. Jahrhunderts ereigneten Disput zwischen GALILEI und einem seiner Gegner, einem Anhänger von ARISTOTELES, bezieht. Nachdem GALILEI den Mond sorgfältig mit Hilfe seines gerade neuentwickelten Fernrohres beobachtet hatte, konnte er berichten, daß der Mond keineswegs eine glatte Kugel sei, sondern daß die Mondoberfläche reich an Bergen und Kratern ist. Sein Gegner aus dem aristotelischen Lager mußte zugeben, daß es sich in der Tat so verhielt als er selbst die Beobachtungen wiederholte. Die Beobachtungen bedrohten jedoch eine Vorstellung, die für viele Anhänger von ARISTOTELES grundlegend war, nämlich daß alle Himmelskörper vollkommene Kugeln seien. GALILEIs Rivale verteidigte seine Theorie, die offensichtlich der Gefahr ausgesetzt war, falsifiziert zu werden, auf eine Art, die in bedenklicher Weise der Definition von *Ad hoc*-Modifikationen nahekommt. Er behauptete, daß es auf dem Mond eine unsichtbare Substanz gäbe, die die Krater auf eine Art füllen und die Berge bedecken würde, so daß der Mond doch vollkommen kugelförmig sei. Als GALILEI wissen wollte, wie das Vorhandensein dieser unsichtbaren Substanz festgestellt werden könnte, antwortete sein Gegner, daß es nun mal keine Möglichkeit gäbe, sie nachzuweisen. Es besteht wohl nicht der geringste Zweifel darüber, daß die modifizierte Theorie zu keinen neuen überprüfbaren Konsequenzen führte und so für einen Falsifikationisten völlig unannehmbar sein mußte. Es gelang einem gereizten GALILEI, diese Unzulänglichkeit seines Gegners auf seine bekanntermaßen geistreiche Art aufzudecken. Er kündigte an, daß er bereit sein würde zuzugeben, daß es auf dem Mond eine unsichtbare Substanz gibt, die nicht nachgewiesen werden könne, aber er bestehe darauf, daß sie sich nicht auf die Art und Weise verteile, wie dies sein Gegner behauptete, sondern daß sie sich in Wirklichkeit auf den Bergspitzen anhäufen würde, so daß diese in Wirklichkeit um noch vieles höher seien als sie durch das Fernrohr zu sein schienen. GALILEI gelang es, seinen Gegner in dem fruchtlosen Spiel des Erfindens von *Ad hoc*-Modifikationen zu überlisten.

Es soll noch ein weiteres Beispiel einer Hypothese aus der Geschichte der Wissenschaft angeführt werden, die möglicherweise auch *ad hoc* entstanden ist. Vor LAVOISIER war die Phlogistontheorie die anerkannte Theorie der Verbrennung. Nach dieser Theorie schieden Stoffe, wenn sie verbrannten, Phlogiston aus. Diese Theorie wurde durch die Entdeckung gefährdet, daß viele Stoffe nach der Verbrennung an Gewicht zunehmen. Eine Möglichkeit, die auf der Hand lag, war, sich vorzustellen, daß Phlogiston ein negatives Gewicht hat. Wenn diese Hypothese ausschließlich dadurch überprüft werden könnte, indem Stoffe vor und nach der Verbrennung gewogen werden, dann wäre sie *ad hoc*. Sie würde zu keinen neuen Überprüfungen führen.

Modifikationen einer Theorie, die den Versuch darstellen, eine Schwierigkeit zu überwinden, müssen nicht notwendigerweise *ad hoc* sein. Es folgen nun einige Beispiele von Modifikationen, die nicht *ad hoc* sind und die deswegen auch für den Falsifikationisten annehmbar sind.

Kehren wir zu der Falsifikation der Behauptung "Brot ist nahrhaft" zurück, um zu sehen, wie diese Behauptung auf eine annehmbare Art und Weise modifiziert werden kann. Sie würde annehmbar sein, wenn anstelle der ursprünglich falsifizierten Theorie die Behauptung "Brot ist nahrhaft bis auf Brote, die aus einem Weizen gemacht sind, der von einer bestimmten Sorte Schimmelpilz verdorben wurde" treten würde (gefolgt von einer näheren Beschreibung einiger Eigenschaften des Schimmelpilzes). Diese modifizierte Theorie ist nicht *ad hoc*, weil sie zu neuen Überprüfungen führt. Sie kann *unabhängig geprüft* werden, um einen Ausruck von POPPER zu verwenden (vgl. POPPER,

1974, S.213-229, insbes. S. 215). Mögliche Überprüfungen würden eine Untersuchung des mit Schimmel befallenen Weizens umfassen, aus dem das vergiftete Brot gebacken wurde. Auch könnte der Schimmel auf eigens präpariertem Weizen gezüchtet werden, um zu untersuchen, wie hoch der Nährwert des Brotes ist, das daraus gebacken wurde. Der Schimmel könnte chemisch analysiert werden, um das Vorhandensein von bekannten Giften festzustellen usw. Alle diese Überprüfungen, von denen viele keine Überprüfung der ursprünglichen Hypothese darstellen, könnten auf die Falsifikation der modifizierten Hypothese hinauslaufen. Wenn die modifizierte, falsifizierbarere Hypothese durch neue Überprüfungen nicht falsifiziert wird, dann haben wir etwas Neues gelernt und können einen Fortschritt verzeichnen.

Wenn wir uns einem weniger konstruierten Beispiel aus der Geschichte der Wissenschaft zuwenden, dann können wir die Reihe von Ereignissen betrachten, die zu der Entdeckung des Planeten Neptun führte. Beobachtungen von der Bewegung des Uranus im 19. Jahrhundert wiesen darauf hin, daß seine Umlaufbahn beträchtlich von der abwich, die man aufgrund der Gravitationstheorie von NEWTON vorhergesagt hatte. Die Theorie wurde damit vor ein Problem gestellt. Bei dem Versuch, dieses Problem zu lösen, vermuteten LEVERRIER in Frankreich und ADAMS in England, daß es in der Nähe von Uranus einen Planeten geben müsse, den man bis dahin nicht entdeckt hatte. Die Anziehungskraft zwischen dem Planeten, der vermutet wurde und dem Planeten Uranus wurde als Erklärung für die Abweichung von der anfänglich vorhergesagten Umlaufbahn herangezogen. Wie sich schließlich zeigte, war diese Vermutung nicht *ad hoc*. Es war möglich, die ungefähre Nähe des mutmaßlichen Planeten abzuschätzen, vorausgesetzt, er hatte eine ausreichende Größe und war tatsächlich verantwortlich für die Störung der Umlaufbahn des Uranus. Als dies feststand, war es möglich, die neue Vermutung zu überprüfen, indem das betreffende Himmelsgebiet mit Hilfe eines Fernrohres abgesucht wurde. Auf diese Art und Weise bekam GALLE zum ersten Mal den Planeten zu Gesicht, den man heute als Neptun kennt. Was man tat, um die Theorie von NEWTON gegen die Falsifikation zu schützen, war alles andere als *ad hoc*; es führte ganz im Gegenteil zu einer neuartigen Überprüfung dieser Theorie, die sie auf eine dramatische Weise bestand und die einen Fortschritt bedeutete.

3. Bewährung im Falsifikationismus

Als der Falsifikationismus im vorangegangenen Kapitel als eine Alternative zum Induktivismus eingeführt wurde, maßen wir der Falsifikation, d.h. der Tatsache, daß Theorien den Überprüfungen durch Beobachtungen und Experimente nicht standhalten, eine wesentliche Bedeutung bei. Es wurde behauptet, daß die logische Sachlage zwar die Feststellung erlaubt, daß eine Theorie im Licht der zur Verfügung stehenden Beobachtungsaussagen falsch ist, jedoch nicht, daß sie wahr ist. Ferner wurden Gründe angeführt, daß sich die Wissenschaft weiterentwickelt, indem kühne Vermutungen vorgeschlagen werden, die in hohem Maße falsifizierbar sind, gefolgt von rigorosen Versuchen, die neuen Vorschläge zu falsifizieren. Gleichzeitig war damit die Vorstellung verknüpft, daß dann bedeutende Fortschritte in der Wissenschaft gemacht werden, wenn diese kühnen Vermutungen falsifiziert werden. Gerade dies behauptet POPPER, der sich selbst als Falsifikationisten betrachtet, in der im 4. Kapitel auf Seite 46 angeführten

Textstelle. Wenn man jedoch ausschließlich auf das Falsifizieren angewiesen ist, würde man der Position des Falsifikationismus nicht gerecht werden. Das Beispiel, mit dem der vorige Abschnitt abschloß, enthält hierfür mehr als nur einen Hinweis. Der Versuch, die Theorie von NEWTON mit einer spekulativen Hypothese zu retten - ein Versuch, der unabhängig überprüfbar war - hatte Erfolg, weil die Hypothese durch die Entdeckung des Planeten Neptun bekräftigt wurde und nicht, weil sie falsifiziert wurde.

Es ist ein Fehler, die Falsifikation von hochfalsifizierbaren Vermutungen als Möglichkeit zu betrachten, mit der bedeutende Fortschritte in der Wissenschaft erzielt werden können.[1] Dies wird deutlich, wenn wir verschiedene extreme Möglichkeiten betrachten. Das eine Extrem stellen Theorien dar, die kühne und gewagte Vermutungen anstellen, während das andere Extrem behutsame Vermutungen sind, mit denen kein bedeutsames Risiko eingegangen wird. Wenn eine dieser beiden Arten von Vermutungen einer Überprüfung durch Beobachtung oder Experiment nicht standhält, dann wird sie falsifiziert. Hält eine Theorie jedoch einer derartigen Überprüfung stand, dann können wir sagen, daß sich eine Vermutung *bewährt* hat. Bedeutsame Fortschritte werden durch die *Bewährung* von *kühnen* Vermutungen oder durch die *Falsifikation* von *behutsamen* Vermutungen gekennzeichnet. Erstere sind schon einfach deswegen aufschlußreich und liefern einen wesentlichen Beitrag für die wissenschaftliche Erkenntnis, weil sie die Entdeckung von etwas bedeuten, von dem man zuvor nichts wußte oder das man für unwahrscheinlich hielt. Die Entdeckung des Neptun, der Radiowellen und EDDINGTONS Bestätigung von EINSTEINS gewagter Vorhersage, daß Lichtstrahlen in starken Gravitationsfeldern gebeugt werden, bilden alle einen entscheidenden Fortschritt dieser Art. Gewagte Vorhersagen wurden bestätigt. Die Falsifikation von behutsamen Vermutungen ist deswegen aufschlußreich, weil sie den Nachweis erbringt, daß das, was unproblematisch als Wahrheit betrachtet wurde, in Wirklichkeit falsch ist. Der Beweis von RUSSELL, daß die naive Mengenlehre, die scheinbar auf nahezu selbstevidenten Sätzen beruht, in sich widersprüchlich ist, ist ein Beispiel für eine aufschlußreiche Falsifikation einer Vermutung, die anscheinend kein Risiko in sich birgt. Hingegen lehrt uns die *Falsifikation* einer *kühnen* Vermutung oder die *Bewährung* einer *behutsamen* Vermutung nur wenig. Wenn eine kühne Vermutung falsifiziert wird, dann ist alles, was man daraus lernt, daß sich wieder eine verrückte Idee als falsch erwiesen hat. Die Falsifikation der Spekulation von KEPLER, daß die räumliche Lage der Planetenbahnen durch die platonischen Körper erklärt werden könnte, bildet zum Beispiel nicht gerade einen der bedeutsamsten Meilensteine in der Entwicklung der Physik. Ebenso ist die Bewährung von behutsamen Hypothesen nicht aufschlußreich. Derartige Bewährungen beweisen lediglich, daß eine gutbegründete Theorie, die für unproblematisch gehalten wurde, wieder einmal mit Erfolg Anwendung fand. So wäre zum Beispiel die Bewährung der Vermutung, daß sich Eisenstücke, die durch ein neues Verfahren aus Eisenerz gewonnen werden, ebenso wie andere Eisenstücke ausdehnen, wenn sie erhitzt werden, von nur geringer Bedeutung.

Der Falsifikationismus möchte *Ad hoc*-Hypothesen verwerfen und zu dem Entwerfen von kühnen Hypothesen als potentielle Verbesserungen falsifizierter Theorien ermutigen. Diese kühnen Hypothesen werden zu neuen überprüfbaren Vorhersagen führen, die sich aus der ursprünglich falsifizierten Theorie nicht ergeben. Während die Tatsache,

---

[1] Für eine ausführliche Diskussion dieses Punktes siehe A.F.CHALMERS (1973b).

daß eine Hypothese die Möglichkeit zu neuen Überprüfungen eröffnet, diese für die Forschung interessant macht, gilt sie jedoch solange nicht als eine Verbesserung der entsprechenden Theorie, zu deren Ersatz sie aufgestellt wurde, bis sie nicht wenigstens einigen Überprüfungen standgehalten hat. Dies ist gleichbedeutend mit der Forderung, daß eine neue und kühne Theorie, die entworfen wird, erst dann als angemessener Ersatz einer falsifizierten Theorie betrachtet werden kann, wenn sie einige neuartige Vorhersagen macht, die sich bewährt haben. Viele wilde und vorschnelle Spekulationen überstehen nachfolgende Überprüfungen nicht und können deshalb auch nicht als Beitrag zum Fortschritt der wissenschaftlichen Erkenntnis betrachtet werden. Die gelegentlich vorkommende wilde und vorschnelle Spekulation, die zu einer neuartigen und unerwarteten Vorhersage führt und sich dennoch bei Beobachtungen und im Experiment bewährt, gerät dadurch zu einem Glanzpunkt in der Geschichte des Fortschritts der Wissenschaft. Die Bewährung von neuartigen Vorhersagen, die sich aus kühnen Vermutungen ergeben, sind für die falsifikationistische Auffassung vom Fortschritt der Wissenschaft von großer Bedeutung.

4. Kühnheit, Neuartigkeit und Hintergrundwissen

Wir müssen noch etwas zu dem hinzufügen, was wir über die Adjektive "kühn" und "neuartig" gesagt haben, so wie sie auf Hypothesen bzw. auf Vorhersagen angewendet werden. Es sind beides geschichtlich relative Begriffe. Was in einem bestimmten Stadium der Wissenschaftsgeschichte als eine kühne Vermutung betrachtet wurde, braucht zu einem späteren Zeitpunkt nicht mehr länger kühn zu sein. Als MAXWELL 1864 seine "dynamische Theorie des elektromagnetischen Feldes" vorstellte, handelte es sich um eine kühne Vermutung. Die Vermutung war kühn, weil sie im Widerspruch zu Theorien stand, die zu dieser Zeit schon allgemein anerkannt waren. Diese Theorien gingen von der Annahme aus, daß elektromagnetische Systeme (Magneten, geladene Körper, ladungstragende Körper usw.) durch den leeren Raum unmittelbaren Einfluß aufeinander ausüben und daß die elektromagnetischen Kräfte sich nur mit einer endlichen Geschwindigkeit durch materielle Stoffe fortpflanzen. Die Theorie von MAXWELL kollidierte mit diesen allgemein anerkannten Annahmen, weil sie vorhersagte, daß Licht eine elektromagnetische Erscheinung ist und daß Wechselströme, wie später auch ersichtlich wurde, eine neue Art von Strahlung aussenden, die Radiowellen, die sich mit einer endlichen Geschwindigkeit durch den leeren Raum bewegen. Die Theorie von MAXWELL war 1864 kühn und die Vorhersage der Radiowellen, die daraus folgte, war eine *neuartige* Vorhersage. Heutzutage ist die Tatsache, daß die Theorie von MAXWELL eine genaue Beschreibung über das Verhalten einer ganzen Reihe elektromagnetischer Systeme geben kann, ein allgemein anerkannter Bestandteil wissenschaftlicher Erkenntnis. Aussagen über die Existenz und die Eigenschaften der Radiowellen werden nicht mehr als neuartige Vorhersagen betrachtet.

Wenn wir die Gesamtheit der wissenschaftlichen Theorien, die in einem bestimmten Stadium der Wissenschaftsgeschichte allgemein anerkannt und fest begründet sind, das *Hintergrundwissen* dieser Zeit nennen, dann können wir sagen, daß eine Vermutung dann kühn ist, wenn dasjenige, was sie behauptet, angesichts des Hintergrundwissens dieser Zeit unwahrscheinlich ist. Die allgemeine Relativitätstheorie von EINSTEIN war

1915 eine kühne Theorie, weil in dieser Zeit das Hintergrundwissen die Annahme enthielt, daß sich Licht in geraden Linien fortbewegt. Dies stand im Widerspruch zu einer Schlußfolgerung der allgemeinen Relativitätstheorie, nach der Lichtstrahlen in starken Gravitationsfeldern gebeugt werden. Die Astronomie von KOPERNIKUS war 1543 kühn, weil sie im Widerspruch zu der Hintergrundannahme stand, daß die Erde unbeweglich im Mittelpunkt des Weltalls steht. Heutzutage würde man diese Theorie nicht als kühn bezeichnen.

Genauso wie man Vermutungen in bezug auf das jeweilige Hintergrundwissen als kühn oder dergleichen betrachtet, so werden auch Vorhersagen als neuartig eingestuft, wenn sie Phänomene betreffen, die in dem Hintergrundwissen dieser Zeit nicht vorkommen oder vielleicht sogar dadurch ausdrücklich ausgeschlossen werden. Die Vorhersage über die Existenz des Planeten Neptun im Jahre 1846 war neuartig, weil das Hintergrundwissen dieser Zeit keinen Hinweis auf die Existenz eines derartigen Planeten enthielt. POISSON leitete 1818 aus der Wellentheorie des Lichtes von FRESNEL die Vorhersage ab, daß man, wenn man eine lichtundurchlässige Scheibe auf geeignete Art und Weise beleuchtet, in der Mitte der anderen Seite der Scheibe einen hellen Fleck beobachten kann. Die Vorhersage war neuartig, weil das Auftreten dieses hellen Flecks durch die Teilchentheorie des Lichts, die einen Teil des Hintergrundwissens dieser Zeit ausmachte, ausgeschlossen wurde.

Im vorigen Abschnitt wurde erörtert, daß bedeutende Beiträge zu dem Fortschreiten der wissenschaftlichen Erkenntnis dann zustande kommen, wenn entweder eine kühne Vermutung bestätigt oder wenn eine behutsame Vermutung falsifiziert wird. Der Gedanke des Hintergrundwissens versetzt uns in die Lage, zu erkennen, daß diese beiden Möglichkeiten gemeinsam als das Ergebnis eines einzigen Experiments auftreten. Hintergrundwissen besteht, gerade weil dieses Wissen fest begründet ist und als unproblematisch betrachtet wird, aus behutsamen Hypothesen. Die Bewährung einer kühnen Vermutung hat die Falsifikation eines Teils des Hintergrundwissens zur Folge, hinsichtlich dessen die Vermutung kühn war.

5. Ein Vergleich induktivistischer und falsifikationistischer Sichtweise von Bewährung

So wie die raffinierten Falsifikationisten Wissenschaft sehen, wird der Bewährung eine wichtige Rolle beigemessen. Dennoch ist es darum nicht falsch, diesen Standpunkt als "falsifikationistisch" zu bezeichnen. Auch der raffinierte Falsifikationist behauptet, daß man Theorien falsifizieren und verwerfen kann, wohingegen er jedoch in Abrede stellt, daß Theorien jemals wahr oder wahrscheinlich wahr sein können. Das Ziel der Wissenschaft bestehe darin, Theorien zu falsifizieren und sie durch bessere Theorien zu ersetzen, die offensichtlich eher in der Lage sind, Überprüfungen standzuhalten. Bewährungen einer neuen Theorie sind insofern bedeutsam, als sie erkennen lassen, daß sie eine Verbesserung der Theorie darstellen, die ersetzt wird. Letztere wird durch das Beweismaterial falsifiziert, das durch die neue Theorie hervorgebracht wurde und womit sich die neue Theorie bewährte. Wenn eine neu vorgeschlagene, kühne Theorie erfolgreich ihre rivalisierende Theorie verdrängt hat, dann wird sie zum neuen Gegenstand strenger Prüfungen werden, an dem sich weitere, kühn vorgeschlagene Theorien messen. Weil der Falsifikationist die Betonung auf den Fortschritt der Wissenschaft legt, hat er eine wesentlich andere Auffassung von Bewährung als der Induktivist. Die Bedeutung der Bewährung wird gemäß dem induktivistischen Standpunkt, der im ersten Kapitel beschrieben wurde, ausschließlich durch die logische Beziehung zwischen den bewährten Beobachtungsaussagen und der durch diese begründeten Theorie bestimmt. Die Beobachtung des Planeten Neptun durch GALLE verlieh der NEWTONschen Theorie ebensoviel Unterstützung wie neuere Beobachtungsaussagen. Der historische Kontext, in dem das Beweismaterial erworben wird, ist irrelevant. Wir sprechen dann von Bewährungen, wenn sie einer Theorie induktive Unterstützung verleihen. Die Unterstützung für eine Theorie und die Wahrscheinlichkeit, daß sie wahr ist, ist umso größer, je öfter sie sich bewährt hat. Diese ahistorische Bewährungstheorie würde sicherlich die Konsequenz haben, daß zahllose Beobachtungen von fallenden Steinen, Planetenpositionen etc. ein lohnendes wissenschaftliches Treiben auslösten, da sie zu einem Anstieg der Wahrscheinlichkeit des Wahrheitsgehaltes des Gravitationsgesetzes führen würden.

Hingegen ist aus falsifikationistischer Sicht die Bedeutung von Bewährungen sehr stark im Rahmen ihres historischen Kontexts zu sehen. Bewährt sich eine Theorie im Hinblick auf eine neue Vorhersage, so bedeutet dies für sie einen erheblichen Gewinn. Das heißt mit anderen Worten, daß eine Bewährung dann bedeutend sein wird, wenn dies eigentlich angesichts des Hintergrundwissens dieser Zeit als unwahrscheinlich erachtet wird. Bewährungen, die selbstverständlich sind, sind bedeutungslos. Wenn wir heute zur Bewährung der Theorie von NEWTON einen Stein zu Boden fallen ließen, dann leisten wir für die Wissenschaft keinen bedeutenden Beitrag. Wenn es uns hingegen morgen gelingen würde, daß sich eine spekulative Theorie bewährt, aus der hervorgeht, daß die Anziehungskraft zwischen zwei Körpern von ihren Temperaturen abhängt und wir damit zugleich die Theorie von NEWTON falsifizierten, dann hätten wir sehr wohl einen bedeutenden Beitrag zur wissenschaftlichen Erkenntnis geleistet. Die Gravitationstheorie von NEWTON und einige der Einschränkungen, die diese Theorie macht, sind Bestandteil des allgemein anerkannten Hintergrundwissens, wohingegen dies bei der Temperaturabhängigkeit der Anziehungskraft nicht der Fall ist. Es folgt nun noch ein weiteres Bespiel, welches belegt, daß der Falsifikationismus die Bewährung zu Recht aus einer historischen Perspektive betrachtet. Die Theorie von MAXWELL bewährte sich, als HERTZ die ersten Radiowellen nachwies. Die Theorie von MAXWELL bewährt sich zudem auch jedes Mal, wenn wir Radio hören. In beiden Fällen sagt die Theorie vorher, daß man Radiowellen nachweisen wird und in beiden Fällen verleiht der erfolgreiche Nachweis der Theorie eine induktive Unterstützung. Trotz alledem ist HERTZ berühmt geworden, da er sie erstmalig nachwies und sich die MAXWELLsche Theorie dabei bewährte, wohingegen von der Tatsache, daß wir sie immer wieder nachweisen, in der Wissenschaft zu Recht keine Notiz genommen wird. HERTZ trug zum wissenschaftlichen Fortschritt bei; wenn wir hingegen Radio hören, dann ist dies lediglich eine Art Zeitvertreib. Der historische Kontext macht den alleinigen Unterschied aus.

Weiterführende Literatur

Auf die Schriften von Popper wurde schon als einschlägige Literatur über den Falsifikationismus hingewiesen. Von besonderer Bedeutung für die Diskusssion über den Erkenntnisfortschritt sind *Conjectures and Refutations* (1969, Kapitel 10) und *Objektive Erkenntnis* (1974, 5. und 7. Kapitel). Feyerabend lieferte Beiträge zu dem raffinierten falsifikationistischen Programm. So zum Beispiel in "Erklärung, Reduktion und Empirismus" in *Probleme des Empirismus* (1981). I. Lakatos diskutiert verschiedene Phasen der Entwicklung des falsifikationistischen Programms und ihrer Beziehung zum induktivistischen Programm in "Falsifikation und die Methodologie wissenschaftlicher Forschungsprogramme" in *Kritik und Erkenntnisfortschritt*, hrsg. von I. Lakatos und A. Musgrave (1974). In *Beweise und Widerlegungen* (1979) überträgt er den falsifikationistischen Begriff auf den Fortschritt in der Mathematik. Interessante Diskussionen über den Fortschritt der Wissenschaft findet man in Noretta Koertge "Theory Change in Science" in *Conceptual Change*, hrsg. von G. Pearce und P. Maynard, in S. Amsterdamski *Between Science and Metaphysics* (1975) und in H.R. Post "Correspondence, Invariance and Heuristics" (1971).

Zusammenfassende Fragestellungen

1. Worin besteht der Unterschied zwischen dem *naiven* und dem *raffinierten* Falsifikationismus?
2. Warum gibt es kein absolutes Maß für die *Falsifizierbarkeit* einer Aussage?
3. Was versteht man unter einer *Ad hoc*-Modifikation?
4. Was versteht der *raffinierte Falsifikationist* unter der *Bewährung* einer Theorie?
5. Was versteht im Gegensatz dazu der Induktivist unter einer bewährten Theorie?
6. Welches Verhältnis besteht zwischen *Erkenntnisfortschritt* und der *Bewährung* bzw. der *Falsifikation* von *kühnen* bzw. *behutsamen* Hypothesen?
7. Wann ist eine Vermutung "*kühn*"?

6
Die Grenzen des Falsifikationismus

1. Die Theorieabhängigkeit von Beobachtung und die Fehlbarkeit von Falsifikation

Für den Falsifikationisten besteht wissenschaftliche Tätigkeit aus dem Versuch, Theorien zu falsifizieren, indem das Zutreffen von Beobachtungsaussagen nachgewiesen wird, die mit den Theorien unvereinbar sind. Der "raffinierte" Falsifikationist sieht die Unzulänglichkeit dieses Vorgehens und erkennt an, daß sowohl das Bestätigen von spekulativen, neuen Theorien, als auch das Falsifizieren von bewährten Theorien eine entscheidende Rolle spielt. Beide Falsifikationisten, der naive als auch der raffinierte, sind sich darüber einig, daß ein entscheidender qualitativer Unterschied zwischen dem Stellenwert von Bestätigung und Falsifikation besteht. Theorien können endgültig falsifiziert werden, sofern entsprechende Beweise vorliegen, hingegen können sie niemals als wahr oder wenigstens als wahrscheinlich wahr nachgewiesen werden - was für Belege auch immer dafür angeführt werden. Eine Theorie wird immer nur vorläufig anerkannt, wohingegen die Zurückweisung einer Theorie endgültig sein kann. Auf diesen Sachverhalt geht die Bezeichnung "Falsifikationismus" zurück.

Die Ansprüche des Falsifikationisten werden durch die Tatsache ernsthaft in Frage gestellt, daß Beobachtungsaussagen theorieabhängig und fehlbar sind. Dies wird unmittelbar deutlich, wenn man sich die logischen Grundlagen vor Augen führt, auf die sich die Falsifikationisten berufen, um ihre Position zu untermauern. Wenn wahre Beobachtungsaussagen gegeben sind, *dann* ist es möglich, daraus die Falschheit von allgemeinen Aussagen logisch abzuleiten; wohingegen es nicht möglich ist, daraus die Wahrheit irgendeiner allgemeinen Aussage abzuleiten. Dies ist sicherlich nichts Außergewöhnliches, aber es ist eine grundsätzliche Annahme, die auf der Voraussetzung beruht, daß vollständig sichere Beobachtungsaussagen zur Verfügung stehen. Dies trifft aber, wie wir im dritten Kapitel ausführlich dargelegt haben, nicht zu. Alle Beobachtungsaussagen sind fehlbar. Wenn eine allgemeine Aussage oder ein System von allgemeinen Aussagen, die eine Theorie oder einen Teilaspekt einer Theorie ausmachen, mit einer Beobachtungsaussage im Widerspruch stehen, ist es folgerichtig auch möglich, daß die Beobachtungsaussage falsch ist. Es ist durch nichts gerechtfertigt, daß es immer die Theorie sein muß, die zurückgewiesen wird, wenn sie mit Beobachtungsaussagen unvereinbar ist. Es kann aber auch sein, daß eine fehlbare Beobachtungsaussage zurückgewiesen wird und die fehlbare Theorie, mit der sie unvereinbar ist, beibehalten wird. Dieser Sachverhalt beschreibt genau die Situation, als die Theorie von KOPERNIKUS beibehalten wurde, während die mit ihr im Widerspruch stehenden Beobachtungen mit bloßem Auge, daß sich die Venus in ihre Größe im Laufe des Jahres nicht nennenswert ändert, zurückgewiesen wurde. Es ist das gleiche, wenn neuere Beschreibungen von der Umlaufbahn des Mondes beibehalten werden, während Beobachtungsaussagen bezüglich der Tatsache, daß der Mond nahe dem Horizont sehr viel größer ist als wenn er hoch am Himmel steht, als optische Täuschung betrachtet wird, selbst wenn die Ursachen dieser Täuschung nicht vollständig bekannt sind. In der Wissenschaft wimmelt es von Beispielen, daß Beobachtungsaussagen zurückgewiesen und die Theorien beibehalten werden, mit denen sie im Widerspruch stehen. Egal wie gut eine Aussage auch durch Beobachtungen belegt zu sein scheint, so kann die Möglichkeit doch niemals ausgeschlossen werden, daß neue theoretische Fortschritte die Unangemessenheit der Aussage aufzeigen werden. Aus diesem Grund können wir nie zu endgültigen Falsifikationen von Theorien gelangen.

2. POPPERs Position gerät ins Wanken

POPPER war sich der Probleme, die wir im ersten Abschnitt dieses Kapitels diskutiert haben, bereits zum Zeitpunkt der erstmaligen Veröffentlichung von *Logik der Forschung* im Jahre 1934 bewußt. Im fünften Kapitel des Buches, das überschrieben ist mit "Basisprobleme", entwickelte er eine Vorstellung von Beobachtung und Beobachtungsaussagen, die die Tatsache in Rechnung stellt, daß unfehlbare Beobachtungsaussagen nicht unmittelbar durch sensorische Wahrnehmung erreicht werden. In diesem Abschnitt soll zunächst POPPERs Ansatz zusammengefaßt werden, bevor dann erörtert wird, warum seine Argumente den Falsifikationismus nicht vor den Einwänden bewahren, die im ersten Abschnitt dieses Kapitels umrissen wurden.

POPPER betont die zentrale Unterscheidung zwischen öffentlichen Beobachtungsaussagen einerseits und der individuellen Wahrnehmungserfahrung einzelner Beobachter andererseits. Solche persönlichen Erfahrungen "erhält" man in gewissem Sinne durch den Prozeß der Beobachtung, aber es gibt keinen direkten Schritt von solchen individuellen Erfahrungen (die von individuellen Faktoren wie Erwartungen, Vorwissen etc. abhängig sind) zu einer Beobachtungsaussage, die die beobachtete Situation beschreibt. Eine allgemeinverständlich formulierte Beobachtungsaussage ist prüfbar und eine Modifikation oder Zurückweisung ist möglich. Einzelne Beobachter mögen bestimmte Beobachtungsaussagen anerkennen oder nicht. Ihre Entscheidungen dabei sind zum Teil durch relevante Wahnehmungserfahrungen *motiviert*, aber die Wahrnehmungserfahrung eines einzelnen Individuums ist auf keinen Fall hinreichend, um die Gültigkeit einer Beobachtungsaussage zu beweisen. Ein Beobachter mag zwar auf Grund seiner Wahrnehmung eine Beobachtungsaussage anerkennen, und doch kann diese Beobachtungsaussage falsch sein.

Dieser Sachverhalt kann mit folgenden Beispielen belegt werden. "Die Monde des Jupiter sind durch ein Teleskop sichtbar" und "Der Mars ist quadratisch und intensiv gefärbt" sind öffentliche Beobachtungsaussagen. Erstere könnte durchaus von GALILEI oder einem seiner Schüler geäußert worden sein, die zweite stammt aus KEPLERs Tagebuch (vgl. FEYERABEND, 1976, Anm. S.167). Beide sind öffentlich in dem Sinne, daß sie von jedem, der die Gelegenheit dazu wahrnimmt, erörtert und kritisiert werden können. Die Entscheidung der Anhänger GALILEIs, erstere zu verteidigen, wurde durch die Wahrnehmungserfahrung bei der Beobachtung des Jupiters mit dem Teleskop motiviert, und KEPLERs Entscheidung, die zweite Beobachtungsaussage zu notieren, basierte ebenso auf dessen Wahrnehmungserfahrungen bei der teleskopischen Beobachtung des Mars. Beide Beobachtungsaussagen sind nachprüfbar. GALILEIs Widersacher bestanden darauf, daß die Flecken, die GALILEI als Monde des Jupiter interpretiert hatte, Aberrationen seien, die der Funktionsweise des Teleskopes zugeschrieben werden müßten. GALILEI verteidigte seine Behauptung, daß man die Monde des Jupiters sehen könne, mit dem Argument, daß die Monde auch neben den anderen Planeten zu sehen sein müßten, wenn es sich lediglich um Aberrationen handeln würde. Die öffentliche Debatte setzte sich fort, und in diesem speziellen Fall konnte die Beobachtungsaussage bezüglich der Jupitermonde gegenüber ihrer Kritik bestehen, nachdem das Teleskop verbessert und die Theorie der Optik weiterentwickelt wurde. Schließlich entschieden sich die meisten Wissenschaftler, die Aussage anzuerkennen. Im Gegensatz dazu konnte KEPLERs Aussage bezüglich der Form und Farbe des Mars der Kritik und der Überprüfung nicht standhalten. Es wurde alsbald entschieden, die Aussage zu verwerfen.

Die Essenz der POPPERschen Position zur Beobachtungsaussage ist die, daß die Frage, inwiefern eine Beobachtungsaussage anerkannt werden kann, an ihrer Fähigkeit gemessen wird, Überprüfungen standzuhalten. Beobachtungsaussagen, die der Überprüfung nicht standhalten, werden verworfen, während jene Aussagen, die allen Überprüfungen standhalten, vorläufig beibehalten werden. Zumindest in seinen Werken betont POPPER die Rolle der von Einzelnen und Gruppen getroffenen Entscheidungen darüber, ob die von uns als "Beobachtungsaussagen" und von ihm selbst als "Basissätze"[1] bezeichneten Aussagen anerkannt oder verworfen werden. So schreibt er "Die Basissätze werden durch Beschluß, durch Konvention anerkannt, sie sind Festsetzungen" (POPPER, 1982, S.71), und weiter:

> ". . . jeder empirisch-wissenschaftliche Satz [muß] durch Angabe der Versuchsanordnung u. dgl. in einer Form vorgelegt werden, daß jeder, der die Technik des betreffenden Gebietes beherrscht, imstande ist, ihn nachzuprüfen. Kommt der Prüfende zu einer widersprechenden Auffassung, so genügt es nicht, daß er seine Zweifelserlebnisse schildert, auch nicht, daß er beteuert, er habe diese oder jene Wahrnehmungserlebnisse gehabt, sondern er muß eine Gegenbehauptung mit neuen Prüfungsanweisungen aufstellen. Tut er das nicht, so können wir ihn nur ersuchen, sich den fraglichen Vorgang doch nochmals - und besser - anzuschauen". (POPPER, 1982, S.65)

POPPER unterstreicht die bewußten Entscheidungen, die durch Einzelne getroffen werden und führt damit einen subjektiven Faktor ein, der zum Teil mit POPPERs späterer Betonung von Wissenschaft als einem "Prozeß ohne Subjekt" im Widerspruch steht. An dieser Stelle soll der Formulierung von POPPERs Position zur Beobachtungsaussage in einer weniger subjektiven Weise der Vorzug gegeben werden: Eine Beobachtungsaus-

---

[1] Zur eindeutigeren Klärung des Begriffes des Basissatzes als auch der mit diesem in enger Beziehung stehenden Begriffs des Protokollsatzes und des Beobachtungssatzes siehe POPPER (1982, Kap. V.: Basisprobleme). (Anm. d. Hrsg.)

sage wird in einem bestimmten Stadium der Entwicklung einer Wissenschaft vorläufig anerkannt, wenn sie in der Lage ist, allen Überprüfungen, die bei dem Stand der entsprechenden Wissenschaft zu diesem Stadium möglich sind, standzuhalten.

Gemäß der POPPERschen Position sind Beobachtungsaussagen, die die Grundlage darstellen, von der aus eine wissenschaftliche Theorie bewertet wird, ihrerseits fehlbar. POPPER unterstreicht diesen Punkt mit einer treffenden Metapher:

> "So ist die empirische Basis der objektiven Wissenschaft nichts "Absolutes"; die Wissenschaft baut nicht auf Felsengrund. Es ist eher ein Sumpfland, über dem sich die kühne Konstruktion ihrer Theorien erhebt; sie ist ein Pfeilerbau, dessen Pfeiler sich von oben her in den Sumpf senken - aber nicht bis zu einem natürlichen, "gegebenen" Grund. Denn nicht deshalb hört man auf, die Pfeiler tiefer hineinzutreiben, weil man auf eine feste Schicht gestoßen ist: wenn man hofft, daß sie das Gebäude eines Tages tragen werden, beschließt man, sich vorläufig mit der Festigkeit der Pfeiler zu begnügen". (POPPER, 1982, S.75f.)

Aber gerade die Tatsache, daß Beobachtungsaussagen fehlbar sind und ihre Annahmen lediglich vorläufig und offen für Revisionen, gefährdet die falsifikationistische Position. Theorien können nicht endgültig falsifiziert werden, weil die Beobachtungsaussagen, die die Grundlage für die Falsifikation darstellen, sich im Licht späterer Entwicklungen ihrerseits als falsch erweisen können. Das Wissen, das zur Zeit von KOPERNIKUS verfügbar war, erlaubte keine legitime Kritik an der Beobachtung, daß die Größe von Mars und Venus offensichtlich annähernd konstant bleiben, so daß die Theorie von KOPERNIKUS tatsächlich durch diese Beobachtung als falsifiziert erachtet werden konnte. Hundert Jahre später konnte die Falsifikation aufgrund neuerer Entwicklungen in der Optik rückgängig gemacht werden.

Endgültige Falsifikationen müssen aufgrund des Mangels an echter Sicherheit der Beobachtungsgrundlage, auf der sie beruhen, ausgeschlossen werden.

3. Die Komplexität realistischer Falsifikationen

"Alle Schwäne sind weiß" wird zweifellos falsifiziert, wenn ein Fall von einem nichtweißen Schwan nachgewiesen werden kann. Aber vereinfachte Darstellungen der Logik der Falsifikation wie diese verdecken eine ernsthafte Schwierigkeit des Falsifikationismus, die aus der Komplexität einer jeden realistischen Testsituation entsteht. Eine realistische wissenschaftliche Theorie wird eher aus der Gesamtheit einzelner allgemeiner Aussagen bestehen, als aus einer Einzelaussage wie "Alle Schwäne sind weiß". Ferner sind, wenn eine Theorie experimentell überprüft werden muß, mehr Aussagen beteiligt als die, aus denen die betreffende Theorie besteht. Die Theorie muß durch Hilfshypothesen erweitert werden, wie zum Beispiel durch Gesetze und Theorien, die den Gebrauch von benötigten Instrumenten bestimmen. Zusätzlich ist es notwendig, die sogenannten *Anfangsbedingungen* hinzuzufügen, wie zum Beispiel die Beschreibung des experimentellen Aufbaus, damit bestimmte Vorhersagen bezüglich der Gültigkeit dessen, was experimentell überprüft werden soll, abgeleitet werden können. Gehen wir zum Beispiel davon aus, daß eine astronomische Theorie durch Beobachtung der Positionen einiger Planeten mit Hilfe des Teleskops überprüft werden soll, dann muß die Theorie vorhersagen, wie das Teleskop justiert werden muß, damit man den Planeten beobachten kann. Die Prämissen, von denen die Vorhersage abgeleitet wird, beinhalten die sich aufeinander beziehenden Aussagen, aus denen die zu überprüfende Theorie besteht, die sogenannten Anfangsbedingungen wie frühere Positionen des Planeten und der Sonne, sowie Hilfshypothesen, die zum Beispiel Korrekturen ermöglichen, die aufgrund der Lichtbrechung des Planeten in der Erdatmosphäre vorgenommen werden müssen, etc. Wenn sich dann die Vorhersage, die sich aus diesem Labyrinth von Voraussetzungen ergibt, als falsch erweist (in unserem Beispiel, wenn der Planet nicht in der vorhergesagten Position erscheint), dann erlaubt uns die Logik der Situation allenfalls die Schlußfolgerung, daß mindestens eine der Voraussetzungen falsch gewesen sein muß. Die Identifikation der falschen Voraussetzung ist uns damit nicht möglich. Es kann sein, daß die Theorie, die überprüft werden sollte, falsch ist, aber ebenso kann es eine Hilfshypothese oder ein Teilaspekt der Beschreibung der Anfangsbedingungen sein, die für die falsche Vorhersage verantwortlich ist. Eine Theorie kann nicht endgültig falsifiziert werden, da die Möglichkeit nicht ausgeschlossen werden kann, daß einige Apsekte der komplexen Testsituation, nicht aber die Theorie selbst, die untersucht wird, für eine irrtümliche Vorhersage verantwortlich ist.

Im Folgenden einige Beispiele aus der Geschichte der Astronomie, die diesen Punkt veranschaulichen.

In einem oben angeführten Beispiel diskutierten wir, wie NEWTONs Theorie scheinbar aufgrund der Umlaufbahn des Planeten Uranus widerlegt wurde. In diesem Fall stellte sich heraus, daß nicht die Theorie falsch war, sondern die Beschreibung der Anfangsbedingungen, die den zu der Zeit noch nicht entdeckten Planeten Neptun außer Betracht ließ. Ein zweites Beispiel befaßt sich mit dem Einwand des dänischen Astronomen TYCHO BRAHÉ, der den Anspruch erhob, einige Jahrzehnte nach der erstmaligen Publikation der kopernikanischen Theorie, diese widerlegt zu haben. Wenn die Erde die Sonne umkreist, so argumentierte BRAHÉ, dann müßte sich die Richtung, aus der ein Fixstern von der Erde beobachtet wird, im Laufe des Jahres so verändern, wie sich die Erde von einer Seite der Sonne zur anderen bewegt. Aber als BRAHÉ versuchte, diese vorhergesagte Parallaxe mit seinen Instrumenten nachzuweisen, mißlang ihm dies, obgleich seine Instrumente zu den präzisesten und empfindlichsten zählten, die es zu jener Zeit gab. BRAHÉ zog daraus den Schluß, daß die kopernikanische Theorie falsch sei. Im nachhinein darf angenommen werden, daß es nicht die kopernikanische Theorie war, die für die falsche Vorhersage verantwortlich war, sondern eine der Hilfshypothesen von BRAHÉ. BRAHÉ schätzte die Entfernung der Fixsterne als viel zu gering ein. Wenn seine Schätzung durch eine realistischere ersetzt wird, dann stellt sich die vorhergesagte Parallaxe als zu gering heraus, als daß sie mit den Instrumenten von BRAHÉ hätte entdeckt werden können.

Ein drittes Beispiel ist rein hypothetisch. Es wurde von IMRE LAKATOS (1974, S. 98f.) konstruiert und lautet wie folgt:

> "Die Geschichte betrifft einen imaginären Fall planetarischer Unart. Ein Physiker in der Zeit vor EINSTEIN nimmt NEWTONs Mechanik und sein Gravitationsgesetz *N* sowie die akzeptierten Randbedingungen *A* und berechnet mit ihrer Hilfe die Bahn eines eben entdeckten kleinen Planeten *p*. Aber der Planet weicht von der berechneten Bahn ab. Glaubt unser

> NEWTONianer, daß die Abweichung von NEWTONs Theorie verboten war und daß ihr Beweis die Theorie *N* widerlegt? - Keineswegs. Er nimmt an, daß es einen bisher unbekannten Planeten *p*' gibt, der die Bahn von *p* stört. Er berechnet Masse, Bahn etc. dieses hypothetischen Planeten und ersucht dann einen Experimentalastronomen, seine Hypothese zu überprüfen. Aber der Planet *p*' ist so klein, daß selbst das größte vorhandene Teleskop ihn nicht beobachten kann: Der Experimentalastronom beantragt einen Forschungszuschuß um ein noch größeres Teleskop zu bauen. In drei Jahren ist das Instrument fertig. Wird der unbekannte Planet *p*' entdeckt, so feiert man diese Tatsache als einen neuen Sieg der NEWTONsche Wissenschaft. - Aber man findet ihn nicht. Gibt unser Wissenschaftler NEWTONs Theorie und seine Idee des störenden Planeten auf? - Nicht im mindesten! Er mutmaßt nun, daß der gesuchte Planet durch eine kosmische Staubwolke vor unseren Augen verborgen wird. Er berechnet Ort und Eigenschaften dieser Wolke und beantragt ein Forschungsstipendium, um einen Satelliten zur Überprüfung seiner Berechnungen abzusenden. Vermögen die Instrumente des Satelliten (darunter völlig neue, die auf wenig geprüften Theorien beruhen) die Existenz der vermuteten Wolke zu registrieren, dann erblickt man in diesem Ergebnis einen glänzenden Sieg der NEWTONschen Wissenschaft. Aber die Wolke wird nicht gefunden. Gibt unser Wissenschaftler NEWTONs Theorie, seine Idee des störenden Planeten und die Idee der Wolke, die ihn verbirgt, auf? Nein! Er schlägt vor, daß es im betreffenden Gebiet des Universums ein magnetisches Feld gibt, das die Instrumente des Satelliten gestört hat. Ein neuer Satellit wird ausgesandt. Wird das magnetische Feld gefunden, so feiern NEWTONs Anhänger einen sensationellen Sieg. Aber das Resultat ist negativ. Gilt dies als eine Widerlegung der NEWTONschen Wissenschaft? - Nein. Man schlägt entweder eine neue, noch spitzfindigere Hilfshypothese vor, oder . . . die ganze Geschichte wird in den staubigen Bänden der wissenschaftlichen Annalen begraben, vergessen und nie mehr erwähnt".

Wenn man diese Geschichte als durchaus plausibel betrachtet, dann illustriert sie sehr schön, wie eine Theorie immerzu vor der Falsifikation bewahrt werden kann, indem die Falsifikation einfach auf einige andere Bereiche des komplexen Netzwerkes von Annahmen gelenkt wird.

4. Die Unzulänglichkeit des Falsifikationismus vor dem Hintergrund historischer Beispiele

Eine für den Falsifikationisten etwas peinliche historische Tatsache ist die, daß gerade jene Theorien, die allgemein zu den besten wissenschaftlichen Theorien gezählt werden, niemals entwickelt worden wären, wenn sich Wissenschaftler strikt an die falsifikationistische Methodologie gehalten hätten. Sie wären bereits in ihren Anfängen widerlegt worden. Welche klassische wissenschaftliche Theorie man auch als Beispiel heranzieht, man kann - ob zu dem Zeitpunkt, zu dem sie zum ersten Mal vorgeschlagen wurde oder zu einem späteren Zeitpunkt - Beobachtungsaussagen finden, die zu dieser Zeit allgemein anerkannt waren, die aber mit der Theorie als unvereinbar angesehen wurden. Dennoch wurden diese Theorien nicht verworfen, was man für die Wissenschaft als einen glücklichen Umstand betrachten muß. Einige historische Beispiele, die diesen Sachverhalt belegen, seien im Folgenden angeführt.

In ihrem Anfangsstadium wurde NEWTONs Gravitationstheorie durch Beobachtungen der Umlaufbahn des Mondes falsifiziert. Es dauerte fast fünfzig Jahre um diese Falsifikation auf andere Ursachen als auf NEWTONs Theorie zurückzuführen. Später wurde bekannt, daß die gleiche Theorie mit näheren Einzelheiten der Umlaufbahn des Planeten Merkur im Widerspruch stand, wenn auch diesmal die Theorie deswegen nicht völlig aufgegeben wurde. Es stellte sich heraus, daß es niemals möglich war, diese Falsifikation in einer Weise zu beseitigen, die NEWTONs Theorie absicherte.

Ein zweites Beispiel, das LAKATOS (1974, S.137-149) zu verdanken ist, betrifft das BOHRsche Atommodell. Frühe Versionen der Theorie standen mit der Beobachtung im Widerspruch, daß Materie sich für eine Zeitspanne von länger als 10^{-8} Sekunden in einem statischen Zustand befindet. Gemäß der Theorie umkreisen negativ geladene Elektronen innerhalb eines Atoms den positiv geladenen Kern. Aber gemäß der klassischen elektromagnetischen Theorie, auf der BOHRs Theorie aufbaut, strahlen kreisende Elektronen Energie aus. Die Energiestrahlung hat zur Folge, daß ein kreisendes Elektron an Energie verliert und in den Kern stürzt. Quantitative Ausführungen des klassischen Elektromagnetismus räumten eine geschätzte Zeit von ca. 10^{-8} Sekunden für diesen Prozeß ein. Glücklicherweise hielt BOHR an seiner Theorie, ungeachtet ihrer Falsifikation, fest.

Ein drittes Beispiel betrifft die Theorie der Kinetik und birgt den Vorteil, daß die Falsifikation dieser Theorie bereits bei ihrer Entstehung von ihrem Urheber eingeräumt wurde. Als MAXWELL die ersten Details der kinetischen Gastheorie im Jahre 1859 veröffentlichte, bestätigte er im gleichen Aufsatz die Tatsache, daß die Theorie durch Messungen der spezifischen Wärme von Gasen falsifiziert wurde (MAXWELL, 1965a).[2] Achtzehn Jahre später kommentierte er die Konsequenzen der kinetischen Gastheorie folgendermaßen:

> "Zweifelsohne ist es zum Teil sehr befriedigend, was wir bei unserem heutigen Wissensstand über die Natur von Teilchen wissen, jedoch gibt es andere Aspekte, die uns wahrscheinlich aus unserer Selbstgefälligkeit aufschrecken lassen und uns vielleicht schließlich aus all den Hypothesen, in denen wir bisher Zuflucht fanden, in völlig bewußte Unwissenheit führen, was der Auftakt für jeden wirklichen Erkenntnisfortschritt ist". (MAXWELL, 1877, S.245f.)

Alle entscheidenden Entwicklungen innerhalb der kinetische Gastheorie fanden nach dieser Falsifikation statt. Auch diesmal kann man von Glück sprechen, daß die Theorie angesichts der Falsifikation durch die Messungen der spezifischen Wärme von Gasen nicht verworfen wurde, worauf zumindest der naive Falsifikationist hätte bestehen müssen.

Als ein viertes Beispiel soll die kopernikanische Revolution im folgenden Abschnitt detaillierter umrissen werden. Dieses Beispiel unterstreicht die Schwierigkeiten,

---

2 Nachdruck eines 1859 vor der *British Association* gehaltenen Vortrages, siehe insbesondere letzten Abschnitt.

die sich für den Falsifikationisten ergeben, wenn die Komplexität des Wechsels umfassender Theoriegebäude betrachtet wird. Das Beispiel soll gleichzeitig den Hintergrund für die Diskussion einiger neuerer und angemessenerer Ansätze darstellen, um das Wesen der Wissenschaft und ihrer Methoden zu charakterisieren.

5. Die kopernikanische Revolution

Im Europa des Mittelalters war es allgemein anerkannt, daß die Erde sich im Mittelpunkt eines endlichen Universums befindet und daß die Sonne, die Planeten und die Sterne um sie herumkreisen. Die Physik und Kosmologie, die den Rahmen für diese Astronomie boten, waren im Grunde bereits im vierten Jahrhundert v. Chr. von ARISTOTELES entwickelt worden. Im zweiten Jahrhundert n. Chr. erfand PTOLEMÄUS ein detailliertes astronomisches System, daß die Umlaufbahnen der Sonne und aller Planeten beschrieb.

In den frühen Jahrzehnten des 16. Jahrhunderts entwarf KOPERNIKUS eine neue Astronomie, eine Astronomie, die eine sich bewegende Erde beinhaltete, wodurch das aristotelische und ptolemäische System herausgefordert wurden. Gemäß der kopernikanischen Vorstellung befindet sich die Erde nicht im Mittelpunkt des Universums, sondern umkreist gemeinsam mit den anderen Planeten die Sonne. In der Zeit, als der kopernikanische Ansatz zunehmend bewiesen werden konnte, wurde das aristotelische Weltbild durch das NEWTONsche ersetzt. Einzelheiten der Geschichte dieses großen Theorienwechsels - ein Wechsel, der sich über anderthalb Jahrhunderte hinzog - unterstützt keineswegs die Methodologien, die von Induktivisten und Falsifikationisten vertreten werden und zeigt die Notwendigkeit eines anderen, differenzierteren wissenschaftstheoretischen Ansatzes auf, der auch den Fortschritt von Wissenschaft erklärt.

Als KOPERNIKUS im Jahr 1543 zum erstenmal Einzelheiten seiner neuen Astronomie veröffentlichte, gab es eine Menge von Argumenten, die gegen sie vorgebracht werden konnten - und auch vorgebracht wurden. In Relation zum wissenschaftlichen Standard jener Zeit waren die Argumente stimmig und KOPERNIKUS konnte seine Theorie dagegen nicht befriedigend verteidigen. Um sich diese Situation vorstellen zu können, ist es notwendig, mit bestimmten Aspekten des aristotelischen Weltbildes vertraut zu sein, auf dessen Anschauungen die Kritik gegen KOPERNIKUS beruhte. Ein kurzer Abriß einiger relevanter Punkte mag hier ausreichen.

Das aristotelische Universum wurde in zwei voneinander getrennte Bereiche unterschieden. Die sublunarische Region, die innere Region, reichte von der im Zentrum stehenden Erde bis genau in die Umlaufbahn des Mondes. Die superlunarische Region war der Rest des endlichen Universums, das sich von der Umlaufbahn des Mondes bis zur Sphäre der Sterne erstreckte, die die äußere Grenze des Universums markierten. Außerhalb dieser Sphäre existierte nichts, nicht einmal Raum. Nichtausgefüllter Raum ist im aristotelischen System nicht möglich. Alle Himmelskörper in der superlunarischen Region bestanden aus einem unvergänglichen Element, dem sogenannten Äther. Äther besaß eine natürliche Neigung, sich in vollkommenen Kreisen um den Mittelpunkt des Universums zu bewegen. Diese Grundannahme wurde in der ptolemäischen Astronomie modifiziert und erweitert. Da Beobachtungen von Planetenpositionen zu unterschiedlichen Zeitpunkten, mit kreisförmigen Umlaufbahnen, deren Mittelpunkt die Erde ist, nicht in Einklang gebracht werden konnten, führte PTOLEMÄUS weitere Bahnen, sogenannte Epizykel, in das System ein. Planeten bewegten sich demnach auf Kreisbahnen oder Epizykeln, deren Zentren sich auf Kreisbahnen um die Erde bewegten. Das System der Umlaufbahnen konnte durch die Annahme weiterer Epizykel zu den Epizykeln usf. in einer Weise verfeinert werden, daß das daraus resultierende System mit Beobachtungen von Planetenpositionen übereinstimmte und die Vorhersage zukünftiger Planetenpositionen zuließ.

Im Gegensatz zum geordneten, regelgeleiteten und unvergänglichen Charakter der superlunarischen Region war die sublunarische Region durch Veränderung, Wachstum und Zerfall, Entwicklung und Unstetigkeit gekennzeichnet. Alle Stoffe der sublunarischen Region stellten Mischungen aus den vier Elementen Luft, Erde, Feuer und Wasser dar. Die jeweils unterschiedliche Zusammensetzung der Elemente bestimmte die Eigenschaften der so gebildeten Stoffe. Jedes Element hatte seinen natürlichen Platz im Universum. Der natürliche Platz für die Erde war der Mittelpunkt des Universums, für Wasser die Erdoberfläche der Erde, für Luft der Bereich unmittelbar über der Erdoberfläche und für Feuer der obere Bereich der Atmosphäre, nahe der Umlaufbahn des Mondes. Folglich sollte jeder irdische Gegenstand einen natürlichen Platz in der sublunarischen Region haben, der von der relativen Zusammensetzung der vier Elementen abhing. Steine, die ihrer Natur nach im wesentlichen "Erde" sind, haben so ihren natürlichen Platz nahe dem Erdmittelpunkt, während Flammen, die ihrer Natur nach im wesentlichen "Feuer" sind, ihren natürlichen Platz nahe der Mondumlaufbahn haben usf. Alle Objekte haben die Tendenz, sich auf direktem Wege aufwärts oder abwärts zu ihrem natürlichen Platz hinzubewegen. Steine haben eine natürliche Bewegung nach unten, zum Mittelpunkt der Erde und Flammen eine natürliche Aufwärtsbewegung, weg vom Mittelpunkt der Erde. Jede Bewegung, die sich von der natürlichen Bewegung unterscheidet, muß eine Ursache haben. Zum Beispiel müssen Pfeile durch einen Bogen abgeschossen und Streitwagen durch Pferde gezogen werden.

Dieses also ist der *harte Kern* der aristotelischen Mechanik und Kosmologie, der von den Zeitgenossen KOPERNIKUS' vorausgesetzt und der für Argumente gegen eine sich bewegende Erde herangezogen wurde. Betrachten wir nun einige der stärkeren Argumente gegen das kopernikanische System.

Das Argument, das vielleicht die ernsthafteste Bedrohung für KOPERNIKUS darstellte, war das sogenannte Turmargument: Wenn die Erde sich in der Weise um ihre Achse drehte, wie KOPERNIKUS behauptete, dann würde jeder Punkt auf der Erdoberfläche in jeder Sekunde eine beträchtliche Distanz zurücklegen. Wenn von einem Turm, der auf der sich bewegenden Erde errichtet ist, ein Stein fallengelassen wird, dann wird er seine natürliche Bewegung vollziehen und sich zum Mittelpunkt der Erde hinbewegen. Währenddessen bewegt sich der Turm im gleichen Maße wie die Erde weiter. Folglich wird sich der Turm bereits weitergedreht haben, wenn der Stein die Oberfläche der Erde erreicht. Der Stein müßte deswegen in einer gewissen Entfernung vom Fuße des Turmes aufkommen. Aber in der Praxis geschieht dies nicht, hingegen trifft der Stein unmittelbar am Fuß des Turmes auf. Hieraus folgt also, daß die Erde sich nicht dreht und die kopernikanische Theorie falsch ist.

Ein weiteres Argument gegen KOPERNIKUS aus der Mechanik betrifft lose Objekte wie Steine, Philosophen etc., die sich auf der Erdoberfläche befinden. Wenn sich die Erde drehen würde, warum werden solche Objekte dann nicht von der Erdoberfläche geschleudert, wie Steine von der Felge eines sich drehenden Rades geschleudert werden? Und wenn die Erde sich nicht nur dreht, sondern sich auch als Ganzes um die Sonne dreht, warum verliert sie dabei nicht den Mond?

Einige Argumente gegen KOPERNIKUS beruhen auf astronomischen Überlegungen, die bereits weiter oben erwähnt wurden. Sie beziehen sich auf das Ausbleiben der Parallaxe in den beobachteten Positionen der Sterne und auf die Tatsache, daß Mars und Venus, mit bloßem Auge betrachtet, ihre Größe im Laufe des Jahres nicht nennenswert verändern.

Aufgrund der genannten und ähnlicher Argumente sahen sich die Verfechter der kopernikanische Theorie mit ernsthaften Schwierigkeiten konfrontiert. KOPERNIKUS selbst war in der Tradition der aristotelischen Metaphysik groß geworden und fand so keine angemessenen Argumente zur Verteidigung seiner Theorie.

Angesichts des Beweismaterials gegen KOPERNIKUS fragt man sich, was im Jahre 1543 für die kopernikanische Theorie sprach. "Nicht besonders viel", muß die Antwort lauten. Der hauptsächliche Vorteil der kopernikanischen Theorie lag in der Einfachheit, mit der sie eine Reihe von Besonderheiten der Planetenbewegungen erklärte, die mit der konkurrierenden ptolemäischen Theorie lediglich auf recht umständliche Weise erklärt werden konnten. Die Besonderheiten bestanden in der rückwärtsgerichteten Bewegung der Planeten und der Tatsache, daß Merkur und Venus im Gegensatz zu den anderen Planeten stets in Sonnennähe verbleiben. Ein Planet unterbricht (von der Erde aus gesehen) seine vorwärtsgerichtete Bewegung inmitten der Sterne und wandert für eine kurze Zeit denselben Weg in östliche Richtung zurück, um dann seinen Weg in westlicher Richtung fortzusetzen. Im ptolemäischen System wurden rückwärtsgerichtete Bewegungen durch speziell zu diesem Zweck konstruierte Epizykel erklärt - ein Schachzug, der als ziemlich *ad hoc* bezeichnet werden muß. Im kopernikanischen System sind derartige künstliche Bewegungen nicht notwendig. Eine rückwärtsgerichtete Bewegung stellt eine natürliche Folge der Tatsache dar, daß die Erde gemeinsam mit den Planeten vor dem Hintergrund der Fixsterne die Sonne umkreist. Eine ähnliche Erklärung gibt es zum Problem der gleichbleibenden Nähe von Merkur und Venus zur Sonne. Dies ist eine logische Folge des kopernikanischen Systems, wenn man sich einmal klargemacht hat, daß die Umlaufbahnen von Merkur und Venus sich innerhalb der Umlaufbahnen der Erde befinden. Im ptolemäischen System mußten die Umlaufbahnen der Sonne, von Merkur und Venus auf eine künstliche Art und Weise miteinander verbunden werden, um das erforderliche Resultat zu erhalten.

Es gab also bestimmte mathematische Eigenschaften der Theorie von KOPERNIKUS, die zu jener Zeit für seine Theorie sprachen. Abgesehen davon waren die beiden rivalisierenden Systeme mehr oder weniger ebenbürtig, soweit es das Maß an Einfachheit und die Übereinstimmung mit Beobachtungen von Planetenpositionen betraf. Kreisförmige Umlaufbahnen, deren Mittelpunkt die Sonne darstellte, konnten nicht mit der Beobachtung in Übereinstimmung gebracht werden, so daß KOPERNIKUS, wie auch PTOLEMÄUS, Epizykel hinzuziehen mußte. Dabei mußten für beide Systeme etwa die gleiche Anzahl von Epizykeln angenommen werden, um Umlaufbahnen zu erhalten, die mit bekannten Beobachtungen im Einklang standen. Im Jahre 1543 konnte das Argument der mathematischen Einfachheit, das für KOPERNIKUS sprach, nicht als ein entsprechender Ausgleich zu den mechanischen und astronomischen Argumenten betrachtet werden, die gegen ihn standen. Trotzdem faszinierte das kopernikanische System eine Reihe von mathematisch orientierten Naturphilosophen und ihre Anstrengungen, zur Verteidigung der kopernikanischen Theorie wurden in den folgenden hundert Jahren zunehmend erfolgreicher.

Derjenige, der am bedeutsamsten zur Verteidigung des kopernikanischen Systems beitrug, war GALILEI. Er tat dies auf zweierlei Arten. Zunächst benutzte er ein Teleskop um den Himmel zu beobachten und veränderte hiermit die Beobachtungsdaten, zu deren Erklärung die Theorie von KOPERNIKUS erforderlich war.[3] Zweitens hinterließ er die Anfänge einer neuen Mechanik, die die aristotelische Mechanik ersetzen sollte und die herangezogen wurde, um die gegen das kopernikanische System gerichteten Argumente aus der Mechanik zu entkräften.

Als GALILEI 1609 seine ersten Teleskope konstruierte und sie für die Himmelsbeobachtung erprobte, machte er dramatische Entdeckungen. Er sah, daß es eine Vielzahl von Sternen gibt, die für das bloße Auge nicht sichtbar sind. Er sah, daß der Jupiter Monde besitzt und daß die Mondoberfläche mit Bergen und Kratern überzogen ist. Er beobachtete ebenso, daß die augenscheinliche Größe von Mars und Venus, durch das Teleskop betrachtet, sich in der Weise veränderte, wie es mit der kopernikanischen Theorie vorhergesagt wurde. Später sollte GALILEI bestätigen, daß die Venus ebenso Phasen hat wie der Mond, wie es KOPERNIKUS ebenfalls vorhergesagt hatte, und was mit dem ptolemäischen System im Widerspruch steht. Die Monde des Jupiter entkräfteten das von den Verfechtern der aristotelischen Theorie vorgebrachte Argument gegen KOPERNIKUS, das auf der Tatsache beruhte, daß der Mond bei der sich angeblich drehenden Erde bleibt. Nun wurden die Aristoteliker mit dem gleichen Problem im Hinblick auf den Jupiter und seine Monde konfrontiert. Die der Erde ähnliche Oberfläche der Mondes untergrub die aristotelische Unterscheidung zwischen dem vollkommenen und unvergänglichen Himmel und der sich verändernden und vergänglichen Erde. Die Entdeckung der Venusphasen bedeutete einen Erfolg für die Anhänger von KOPERNIKUS und ein weiteres Problem für die Verfechter des ptolemäischen Weltbildes. Es läßt sich nicht leugnen, daß, nachdem die Beobachtungen, die GALILEI mit seinem Teleskop gemacht hatte, einmal anerkannt waren, die kopernikanische Theorie mit weniger Widerstand zu kämpfen hatte.

Die vorangegangenen Bemerkungen über GALILEI und das Teleskop werfen ein ernsthaftes *erkenntnistheoretisches* Problem auf. Warum sollten Beobachtungen durch ein Teleskop den Beobachtungen mit bloßem Auge vorgezogen werden? Für eine Antwort auf diese Frage könnte eine optische Theorie des Teleskops herangezogen werden, die die Vergrößerungseigenschaft erklärt und die gleichzeitig eine Beschreibung der unterschiedlichen Aberrationen liefert, die wir erwarten können. Aber GALILEI selbst zog für diesen Zweck keine Theorie der Optik heran. Die erste Theorie der Optik, die imstande war, in diesem Sinne eine theoretische Basis zu bieten, wurde von GALILEIs Zeitgenossen KEPLER im frühen 16. Jahrhundert entworfen. Diese Theorie wurde in den folgenden Jahrzehnten verbessert und erweitert. Ein zweiter Zugang zu unserer Frage hinsichtlich der Überlegenheit der teleskopischen Beobachtung gegenüber der mit bloßem Auge ist der, die Effektivität des Teleskops praktisch zu demonstrieren, etwa dadurch, es auf entfernt gelegene Türme, Schiffe o.ä. zu richten und zu zeigen, wie das

---

[3] Die Anmerkungen zu GALILEI und dem Teleskop sowie einige weitere Aspekte der Beurteilung der GALILEIschen Physik stammen aus FEYERABENDs provokativer Darstellung in "*Wider den Methodenzwang. Skizze einer anarchistischen Erkenntnistheorie*" (1976).

Instrument Gegenstände vergrößert und das Auflösungsvermögen erhöht. Es gibt jedoch eine Schwierigkeit bei dieser Art von Rechtfertigung des Teleskops in der Astronomie. Wenn irdische Objekte durch das Teleskop betrachtet werden, ist es möglich, den betrachteten Gegenstand von Aberrationen, die durch das Teleskop verursacht werden, zu unterscheiden, da der Beobachter mit dem Aussehen eines Turmes, Schiffes o.ä. vertraut ist. Dies aber trifft nicht zu, wenn ein Beobachter den Himmel erforscht und auf Phänomene stößt, die er nicht kennt. In dieser Hinsicht ist es bedeutsam, daß GALILEIs Beschreibung von der Mondoberfläche, wie er sie durch das Teleskop sah, einige Krater enthielt, die dort in Wirklichkeit nicht existieren. Vermutlich waren jene "Krater" Aberrationen, die auf die Funktionsweise von GALILEIs noch recht unvollkommenem Teleskop zurückzuführen sind. Dies soll genügen, um die Problematik der Rechtfertigung der Beobachtung mit dem Teleskop aufzuzeigen und darzulegen, daß dies keineswegs unproblematisch ist. GALILEIs Widersacher, die seine Entdeckungen in Frage stellten, waren nicht alles engstirnige und sture Reaktionäre. Rechtfertigungen erfolgten und wurden zunehmend angemessener, während gleichzeitig immer bessere Teleskope konstruiert und Theorien der Optik für ihre Funktionsweise entwickelt wurden. Dies alles aber brauchte seine Zeit.

Der bedeutendste wissenschaftliche Beitrag von GALILEI waren seine Arbeiten innerhalb der Mechanik. Er lieferte einige der Grundlagen der NEWTONschen Mechanik, die die aristotelische Mechanik ersetzen sollte. Er unterschied deutlich zwischen Geschwindigkeit und Beschleunigung und stellte die Behauptung auf, daß sich Objekte im freien Fall mit einer konstanten Beschleunigung bewegen, die unabhängig von ihrem Gewicht ist, wobei der zurückgelegte Weg dem Quadrat der Fallzeit proportional ist. Er bestritt die Behauptung von ARISTOTELES, daß jede Bewegung *verursacht* werden müsse und schlug stattdessen das Trägheitsgesetz vor, nach dem ein sich bewegender Gegenstand, der von keiner Kraft abhängig ist, sich unbeschränkt und mit konstanter Geschwindigkeit in Kreisbahnen um die Erde bewegt. Er analysierte die Bewegungen von Projektilen, indem er die Bewegung eines Geschosses in eine horizontale Komponente zerlegte, die sich mit einer konstanten Geschwindigkeit gemäß dem Trägheitsgesetz bewegt und in eine vertikale Komponente, die einer konstanten Beschleunigung nach unten unterliegt. Er zeigte, daß die resultierende Bahn des Projektils einer Parabel entspricht. Er entwickelte das Konzept der relativen Bewegung und bewies, daß die gleichförmige Bewegung eines Systems nicht auf mechanischem Weg, ohne Zugang zu irgendeinem Bezugspunkt außerhalb des Systems, ermittelt werden könnte.

Seine entscheidenden Entwicklungen brachte GALILEI nicht auf einmal hervor. Sie entstanden nach und nach über ein halbes Jahrhundert und wurden in seinem Buch *'Interredungen und mathematische Demonstrationen über zwei neue Wissenszweige, die Mechanik und die Fallgesetze betreffend'* (GALILEI, 1964), das erstmals 1638 veröffentlicht wurde, zusammengefaßt - fast ein Jahrhundert nach der Publikation des Hauptwerkes von KOPERNIKUS. GALILEI stellte seine neuen Konzepte wesentlich präziser und zunehmend klarer mit Hilfe von Beispielen und Gedankenexperimenten dar. Gelegentlich beschrieb GALILEI tatsächliche Experimente, zum Beispiel zum Verhalten von Kugeln auf schiefen Ebenen, auch wenn strittig ist, wieviele dieser Experimente tatsächlich durchgeführt wurden.

GALILEIs neue Mechanik versetzte das kopernikanische System in die Lage, einigen der oben erwähnten Einwände zu begegnen. Ein Gegenstand, der auf einer Turmspitze gehalten wird und der sich genauso wie der Turm in einer Kreisbewegung um den Erdmittelpunkt dreht, wird diese Bewegung zusammen mit dem Turm fortsetzen und wird, wenn man ihn fallenläßt, folglich direkt am Fuße des Turmes auftreffen, was auch unserer Erfahrung entspricht. GALILEI führte dieses Argument weiter und behauptete, daß die Richtigkeit seines Trägheitsgesetzes dadurch demonstriert werden könne, indem man einen Stein von der Mastspitze eines sich gleichförmig vorwärts bewegenden Schiffes fallenläßt und dann feststellt, daß dieser unmittelbar am Mastfuß auf dem Deck auftrifft, wenngleich GALILEI nicht den Anspruch erhoben hat, dieses Experiment tatsächlich durchgeführt zu haben. Mit der Erklärung, warum lose Gegenstände nicht von der Oberfläche der sich drehenden Erde geschleudert werden, war GALILEI weniger erfolgreich. Im nachhinein kann dies auf die Unzulänglichkeiten seines Trägheitsprinzips und seinen Mangel an einer klaren Konzeption von Gravitation als einer Kraft zurückgeführt werden.

Obgleich der Großteil des wissenschaftlichen Werkes von GALILEI entworfen wurde, um die kopernikanische Theorie zu stützen, entwickelte GALILEI selbst keine detaillierte Astronomie und scheint eher der aristotelischen Sichtweise mit seiner Präferenz für kreisförmige Umlaufbahnen angehangen zu haben. Es war GALILEIs Zeitgenosse KEPLER, dem in dieser Richtung ein entscheidender Durchbruch gelang, als er entdeckte, daß man sich jede Planetenbahn als eine Ellipse vorstellen muß, in deren Mittelpunkt sich die Sonne befindet. Diese Entdeckung machte das komplexe System von Epizykeln überflüssig, das von KOPERNIKUS als auch von PTOLEMÄUS für notwendig erachtet wurde.

Im ptolemäischen System mit der Erde als Mittelpunkt ist eine derartige Vereinfachung nicht möglich. KEPLER konnte auf Aufzeichnungen von Planetenpositionen von TYCHO BRAHÉ zurückgreifen, die weitaus genauer waren als die, über die KOPERNIKUS verfügen konnte. Nach einer gewissenhaften Analyse der Daten gelang KEPLER zu seinen drei Gesetzen der Planetenbewegungen, daß sich Planeten in elliptischen Bahnen bewegen, daß die Verbindungslinie zwischen dem Mittelpunkt der Sonne und dem des Planeten in gleicher Zeit gleiche Flächen überstreicht und daß die Quadrate der Umlaufzeiten der Planeten sich proportional zu den Kuben der mittleren Entfernungen von der Sonne verhalten.

GALILEI und KEPLER bemühten sich sicherlich beide darum, Belege für die kopernikanische Theorie zu liefern. Jedoch waren weitere Entwicklungen notwendig, bevor sie auf die sichere Grundlage einer umfassenden Physik gestellt werden konnte. NEWTON war in der Lage, die Werke von GALILEI, KEPLER und anderen zu nutzen, um eine umfassende Physik zu entwickeln, wie er sie in seiner *Philosophiae naturalis principia mathematica* (1687) veröffentlichte. Er fand ein klares Konzept der Kraft als eine Ursache von Beschleunigung anstelle von Bewegung; ein Konzept, das in Schriften von GALILEI und KEPLER in etwas diffuser Weise vorgestellt wurde. NEWTON ersetzte GALILEIs zirkuläres Trägheitsgesetz durch sein eigenes lineares Trägheitsgesetz, nach dem Körper sich in geradförmigen und gleichförmigen Bewegungen fortbewegen, sofern keine Kräfte auf sie einwirken. Ein weiterer bedeutsamer Beitrag von NEWTON war natürlich die Gravitationstheorie. Sie versetzte NEWTON in die Lage, eine Erklärung dafür zu liefern, warum KEPLERs Gesetz der Planetenbewegung und GALILEIs Gesetz des freien Falls annähernd zutreffend waren. Im System von NEWTON bildete die Wirklichkeit der Himmelskörper und der irdischen Körper eine Einheit - und alle Körper bewegen sich gemäß der NEWTONschen Axiome unter dem Einfluß von Kräften. Nachdem NEWTONs Physik einmal anerkannt war, war es möglich, sie im Einzelnen auf die Astronomie anzuwenden. Es war zum Beispiel möglich, die Details der Umlaufbahn des Mondes zu erforschen, wobei seine endliche Größe, die Erddrehung, die Schwankungen der Erde um die eigene Achse und so weiter berücksichtigt wurden. Es war ebenfalls möglich, die Abweichung der Planetenbewegungen von den Vorhersagen der KEPLERschen Gesetze zu untersuchen, die durch die endliche Masse der Sonne, interplanetarische Kräfte etc. bedingt sind. Derartige Entwicklungen sollten einige der Nachfolger NEWTONs für die nächsten Jahrhunderte beschäftigen.

Die Geschichte, die hier in groben Umrissen dargestellt wurde, sollte ausreichen, um aufzuzeigen, daß die kopernikanische Revolution nicht damit vollzogen war, einen Hut ein oder zweimal vom schiefen Turm von Pisa fallenzulassen. Es ist ebenso klar, daß weder die Induktivisten noch die Falsifikationisten eine wissenschaftliche Erklärung bieten können, die mit dieser geschichtlichen Entwicklung vereinbar wäre. Neue Konzepte von Kraft und Trägheit waren nicht das Ergebnis vorsichtiger Beobachtungen und Experimente, noch ergaben sie sich aus der Falsifikation kühner Vermutungen und der wiederholten Ablösung einer kühnen Vermutung durch eine andere. An frühen Formulierungen der Theorie, einschließlich unvollständig formulierten Konzepten, wurde festgehalten und sie wurden, ungeachtet augenfälliger Falsifikationen, weiterentwickelt. Erst nachdem ein neues physikalisches System entwickelt worden war - ein Prozeß, der die intellektuelle Arbeit vieler Wissenschaftler über mehrere Jahrhunderte in Anspruch nahm - konnten erfolgreich Übereinstimmungen der neuen Theorie mit Ergebnissen von Beobachtungen und Experimenten im Detail aufgezeigt werden. Kein einziger wissenschaftlicher Ansatz kann als annähernd angemessen bezeichnet werden, sofern er nicht Raum für derartige Faktoren bietet.

Weiterführende Literatur

Lakatos' Kritik an der alles andere als raffiniertesten Art von Falsifikationismus findet sich in seinem Aufsatz "Falsifikation und die Methodologie wissenschaftlicher Forschungsprogramme" in *Kritik und Erkenntnisfortschritt*, hrsg. von I. Lakatos und A. Musgrave (1974, S.89-189). Weitere klassische Kritikpunkte am Falsifikationismus finden sich in P. Duhem, *Ziel und Struktur der physikalischen Theorien* (1978) und in W.v.O. Quine "Zwei Dogmen des Empirismus" in seinem Buch *Von einem logischen Standpunkt* (1979, S.27-50). Historische Erklärungen der kopernikanischen Revolution, die für den falsifikationistischen Standpunkt nicht unproblematisch sind, sind in T. Kuhn *Die kopernikanische Revolution* (1959), in A. Koyré *Metaphysics and Measurement* (1968) sowie in P. Feyerabend *Wider den Methodenzwang. Skizze einer anarchistischen Erkenntnistheorie* (1976, veränderte Aufl. 1983) dargestellt. Der Aufsatz "Popper zum Abgrenzungs- und Induktionsproblem" von Lakatos (1982) beleuchtet kritisch den Anspruch der Falsifikationisten, das Induktionsproblem gelöst zu haben. Kuhn kritisiert den Falsifikationismus in *Die Struktur wissenschaftlicher Revolutionen* (1979) und in dem Aufsatz "Logik der Forschung oder Psychologie der wissenschaftliche Arbeit?" in *Kritik und Erkenntnisfortschritt*, hrsg. von Lakatos und Musgrave (1974, S.1-24).

Zusammenfassende Fragestellungen

1. Bei der Anerkennung von Beobachtungsaussagen werden Entscheidungen getroffen. Wodurch sind sie nach POPPER begründet?
2. Wann können Beobachtungsaussagen bzw. Basissätze nach POPPER als anerkannt bezeichnet werden?
3. Was bedeuten die Ergebnisse der Analyse der kopernikanischen Revolution für den *Induktivismus* bzw. *Falsifikationismus*?
4. Was versteht man unter *Anfangsbedingungen*?
5. Wozu werden *Hilfshypothesen* entworfen?
6. Welche Konsequenzen hat für den naiven Falsifikationisten der Umstand, daß eine Theorie immer in Verbindung mit *Anfangsbedingungen* und *Hilfshypothesen* überprüft wird?
7. Wodurch war die historische Situation gekennzeichnet, als KOPERNIKUS seine Theorie vorschlug?
8. Wie lautet das *Turmargument* und inwiefern stellte es die ernsthafteste Bedrohung der kopernikanischen Theorie dar?
9. Welche entscheidenden Schlüsse lassen sich aus der *Analyse der kopernikanischen Revolution* ziehen?

7
Theorien als Strukturen: I. Forschungsprogramme

1. Theorien als strukturiertes Ganzes

Die kurze Darstellung der kopernikanischen Revolution, die in dem vorangegangenen Kapitel gegeben wurde, macht deutlich, daß der induktivistische als auch der falsifikationistische Ansatz den Blick auf den größeren Zusammenhang vermissen lassen. Während sie ihr Augenmerk auf die Beziehung zwischen Theorien und individuellen Beobachtungsaussagen oder Reihen von Beobachtungsaussagen legen, gelingt es ihnen nicht, der Komplexität umfassender wissenschaftlicher Theorien Rechnung zu tragen. Weder die naiv-induktivistische Betonung der induktiven Ableitung von Theorien aus der Beobachtung, noch das falsifikationistische System von Vermutungen und Widerlegungen sind imstande, eine angemessene Beschreibung für die Entstehung und den Fortschritt wirklichkeitsnaher und komplexer Theorien zu liefern. Es ergibt sich ein angemesseneres Bild, wenn Theorien als eine Art strukturiertes Ganzes dargestellt werden.

Ein Grund, warum es erforderlich ist, Theorien als Strukturen zu betrachten, ergibt sich aus der genaueren Betrachtung der Wissenschaftsgeschichte. Die historische Betrachtung läßt erkennen, daß die Entwicklung und der Fortschritt der grundlegenden Wissenschaften eine Struktur aufweisen, die weder vom induktivistischen noch vom falsifikationistischen Erklärungsansatz berührt wird. Die paradigmatische Entwicklung der kopernikanischen Theorie über einen Zeitraum von mehr als einem Jahrhundert lieferte uns dafür bereits ein Beispiel. Weiter unten in diesem Kapitel werden wir noch anderen Beispielen begegnen. Das historische Argument ist jedoch nicht der einzige Grund für die Behauptung, daß Theorien in gewisser Weise ein strukturiertes Ganzes darstellen. Ein anderes, mehr allgemein philosophisches Argument ist eng mit der Theorieabhängigkeit der Beobachtung verbunden. Im dritten Kapitel wurde betont, daß Beobachtungsaussagen in der Sprache einer bestimmten Theorie formuliert werden müssen. Folglich sind die Aussagen und die Begriffe, die in einer Theorie verwendet werden, nur in dem Maße präzise und informativ, wie die Theorie, in deren Sprache sie formuliert wurden. So sind wir uns zum Beispiel sicherlich darüber einig, daß der NEWTONsche Begriff der Masse eine präzisere Bedeutung als beispielsweise der Begriff der "Demokratie" hat. Wir sind der Meinung, daß der Grund für die relativ genaue Bedeutung des erstgenannten Begriffs sich aus der Tatsache ableiten läßt, daß er eine spezifische, genau definierte Bedeutung in einer präzisen, strukturierten Theorie hat, nämlich in der NEWTONschen Mechanik. Hingegen wissen wir nur zu gut, daß Theorien, in denen der Begriff "Demokratie" vorkommt, verschwommen und vieldeutig sind. Wenn wir tatsächlich von diesem engen Zusammenhang, der zwischen der Genauigkeit der Bedeutung eines Terminus oder einer Aussage und der Rolle, die der Terminus oder die Aussage in einer Theorie spielt, ausgehen können, dann folgt hieraus unmittelbar, daß Bedarf an einheitlich strukturierten Theorien besteht.

Die Abhängigkeit der Bedeutung von Begriffen von der Struktur der Theorie, in der sie Verwendung finden sowie die Abhängigkeit der Genauigkeit ihrer Bedeutung von der Genauigkeit und dem Grad der Kohärenz der Struktur der Theorie, wird deutlicher, wenn man die begrenzten Möglichkeiten in Betracht zieht, wie Begriffe anderweitig ihre Bedeutung erhalten können. Eine Alternative ist die Auffassung, daß Begriffe ihre Bedeutung mittels einer *Definition* bekommen. Als grundlegendes Verfahren, mit dem Begriffsbestimmungen geleistet werden können, müssen Definitionen jedoch abgelehnt werden. Begriffe können nur über andere Begriffe definiert werden, deren Bedeutung bekannt ist. Wenn die Bedeutung dieser zur Definition herangezogenen Begriffe selbst wieder mittels Definition bestimmt werden muß, dann wird deutlich, daß uns dies zu einem *unendlichen Regreß* führt, es sei denn, daß die Bedeutung irgendwelcher Begriffe nicht auf andere Art und Weise festgelegt ist. Ein Wörterbuch hat wenig Sinn, wenn jemand nicht schon viele Wörter kennt. NEWTON konnte die Begriffe "Masse" oder "Kraft" nicht in vor-NEWTONscher Terminologie *definieren*. Er mußte notgedrungen die Terminologie des alten Begriffssystems überschreiten, um ein neues System entwickeln zu können. Eine zweite Alternative ist die, daß die Bedeutung von Begriffen mittels *ostensiver Definition* durch Zeigehandlung und Beobachtung festgelegt wird. Ein Kernproblem dieses Vorschlags wurde schon auf Seite 33f. in Verbindung mit dem Begriff "rot" diskutiert. Jemand wird weder ausschließlich durch Beobachtung zu dem Begriff der "Masse" gelangen, ganz gleich wie sorgfältig und genau er auch zusammenstoßende Billardkugeln, Gewichte an Federn, kreisende Planeten etc. untersucht hat, noch ist es möglich, anderen die Bedeutung der "Masse" mitzuteilen, indem man lediglich auf derartige Ereignisse hinweist. Oder ein anderes Beispiel: jedesmal, wenn ich versuche, meinem Hund durch ostensive Definition, durch Zeigehandlung, etwas beizubringen, dann schnüffelt er nur an meiner Hand. Die Behauptung, daß Begriffe zumindest zum Teil ihre Bedeutung aus der Rolle gewinnen, die sie in einer Theorie spielen, wird durch die folgenden historischen Beispiele unterstützt.

Im Gegensatz zu dem weitverbreiteten Mythos scheint GALILEI wenig Experimente ausgeführt zu haben. Viele der "Experimente", auf die er sich beruft, wenn er seine Theorie darlegt, sind Gedankenexperimente. Dies stellt für diejenigen Empiristen einen Widerspruch dar, die davon ausgehen, daß neue Theorien auf irgendeine Weise aus Tatsachen abgeleitet werden, es wird aber unmittelbar verständlich, wenn man sich vergegenwärtigt, daß präzises Experimentieren nur dann durchgeführt werden kann, wenn man im Besitz einer präzisen Theorie ist, die imstande ist, Vorhersagen in Form von präzisen Beobachtungsaussagen zu liefern. GALILEI lieferte einen bedeutenden Beitrag zum Aufbau einer neuen Mechanik, die sich in späteren Stadien als für eingehendes Experimentieren als tragfähig erwiesen hat. Es braucht uns nicht zu verwundern, daß seine Leistung eher aus Gedankenexperimenten, Analogien und anschaulichen Metaphern bestand als aus ausführlichem Experimentieren. Die typische Geschichte eines Begriffes, ob es sich nun um den Begriff "chemisches Element", "Atom" oder "das Unbewußte" handelt, beginnt zunächst einmal mit einer vagen Vorstellung des Begriffes, die dann erst allmählich in dem Maße deutlich wird, in dem die Theorie, von der er ein Bestandteil ist, eine präzisere und konsistentere Form annimmt. Die Entstehung des Begriffes "elektrisches Feld" liefert dafür ein besonders treffendes, wenn vielleicht auch etwas theoretisches Beispiel. Als dieser Begriff in den dreißiger Jahren des 19. Jahrhunderts von FARADAY zum ersten Mal eingeführt wurde, war er sehr vage und mit Hilfe von mechanischen Analogien und einer bildhaften Verwendung von Termini wie "Spannung", "Energie" und "Kraft" formuliert. Der Feldbegriff wurde in dem Maße zunehmend besser definiert, in dem die Beziehung zwischen dem elektrischen Feld und anderen elektromagnetischen Größen deutlicher bestimmt werden konnte. Als MAXWELL erst einmal seinen "Verschiebungsstrom" eingeführt hatte, war es möglich, mit der MAXWELLschen Gleichung innerhalb der Theorie ein hohes Maß an Kohärenz herbeizuführen. Die MAXWELLschen Gleichung wies deutlich eine Wechselbeziehung zwischen sämtlichen elektromagnetischen Feldgrößen nach. In diesem Stadium erreichte die Bedeutung des "elektrischen Feldes" in der klassischen elektromagnetischen Theorie ein hohes Maß an Eindeutigkeit und Präzision. Ferner bekamen in diesem Stadium die "Felder" auch ihre eigene Unabhängigkeit zugesprochen und der Äther, den man als notwendig erachtet hatte, um den Feldern eine mechanische Grundlage zu geben, wurde überflüssig.

Bisher haben wir zwei Gründe dafür angeführt, warum Theorien als eine bestimmte Art organisierter Struktur betrachtet werden müssen: Die Tatsache, daß historische Untersuchungen dies deutlich werden lassen und die Tatsache, daß Begriffe nur mittels einer konsistenten, strukturierten Theorie eine präzise Bedeutung erlangen. Ein dritter Grund folgt aus dem Anspruch, daß sich die Wissenschaft weiterentwickelt. Es ist klar, daß die Wissenschaft effizientere Fortschritte machen wird, wenn Theorien so strukturiert sind, daß sie eindeutige Anhaltspunkte und Vorschriften enthalten, wie sie entwickelt und ausgebaut werden sollen. Es sollten offene Strukturen sein, die ein *Forschungsprogramm* bietet. Die NEWTONschen Mechanik lieferte ein derartiges Programm für die Physiker des 18. und 19. Jahrhunderts, ein Programm, das die gesamte physische Welt in der Terminologie mechanischer Systeme erklärte, die unterschiedliche Kräfte enthielten und sich an den Bewegungsgesetzen von NEWTON orientierten. Man könnte dieses konsistente Programm mit der modernen Soziologie vergleichen, die sich mit fast nichts anderem als mit empirischen Einzeldaten beschäftigt, um den falsifikationistischen, wenn nicht sogar den induktivistischen Kriterien einer guten Wissenschaft zu genügen und die doch jämmerlich in ihrem Streben versagt, mit der Physik gleichzuziehen. Ich meine, und dabei folge ich LAKATOS, daß der entscheidende Unterschied in der jeweiligen Kohärenz dieser beiden Theorien liegt. Moderne soziologische Theorien versagen dabei, ein konsistentes Programm zu liefern, das zukünftige Forschung leiten kann.

2. Die LAKATOSschen Forschungsprogramme

Der Rest dieses Kapitels soll der Zusammenfassung eines bemerkenswerten Versuchs gewidmet sein, Theorien als organisierte Strukturen zu analysieren, der "Methodologie wissenschaftlicher Forschungsprogramme" von IMRE LAKATOS (1974). LAKATOS entwickelte seine Darstellung der Wissenschaft als einen Versuch, den Falsifikationismus von POPPER zu verbessern und die Einwände gegen ihn zu überwinden.

Ein Forschungsprogramm ist nach LAKATOS eine Struktur, die sowohl auf positive als auch auf negative Art und Weise einen Leitfaden für zukünftige Forschung bietet. Die *negative Heuristik* eines Programms enthält die Bedingung, daß die Grundannahmen, die dem Programm zugrunde liegen, ihr *harter Kern*, weder verworfen noch verändert werden dürfen. Dieser harte Kern wird gegen die Falsifikation durch einen *Schutzgürtel* aus Hilfshypothesen, Anfangsbedingungen etc. geschützt. Die *positive Heuristik* enthält grobe Richtlinien, die angeben, wie das Forschungsprogramm entwickelt werden könnte. Eine derartige Entwicklung eines Forschungsprogramms bringt es mit sich, daß der harte Kern bei dem Versuch, Erklärungen für bereits bekannte Phänomene zu liefern und neue Phänomene vorherzusagen, durch weitere Annahmen ergänzt wird. Forschungsprogramme sind *progressiv* oder *degenerativ*, je nachdem ob sie erfolgreich zu der Entdeckung neuartiger Phänomene führen oder aber ob ihnen dies immer wieder mißlingt. Damit der Leser sich nicht von dieser neuen Terminologie erschlagen fühlt, sei das Ganze nocheinmal in einfachen Worten erklärt.

Der harte Kern eines Programms ist mit Abstand das kennzeichnendste Merkmal eines Programms. Der harte Kern besteht aus einigen sehr allgemeinen, theoretischen Hypothesen, die die Grundlage bilden, von der aus das Programm entwickelt werden muß. Einige Beispiele: Der harte Kern der Astronomie von KOPERNIKUS würde aus den Annahmen bestehen, daß die Erde und die Planeten um eine feststehende Sonne kreisen und daß die Erde sich in einem Tag um ihre eigene Achse dreht. Der harte Kern der NEWTONschen Physik besteht aus den Bewegungsgesetzen sowie dem Gesetz der Massenanziehungskraft. Der harte Kern des historischen Materialismus von MARX würde die Annahmen enthalten, daß soziale Veränderung vom Standpunkt des Klassenkampfes aus erklärt werden muß, wobei die Art der Klassen und die näheren Einzelheiten des Kampfes letztlich durch die ökonomische Basis bestimmt werden.

Der harte Kern eines Programms wird "aufgrund der methodologischen Entscheidung seiner Protagonisten" (LAKATOS, 1974, S.130) unfalsifizierbar gemacht. Wenn die Übereinstimmung zwischen einem ausgearbeiteten Forschungsprogramm und den Beobachtungsdaten unzulänglich ist, dann sollte dies nicht den Annahmen aus denen der harte Kern besteht, zugeschrieben werden, sondern einem anderen Teil der theoretischen Struktur. Das Netz von Annahmen, aus denen dieser andere Teil der Struktur besteht, ist das, was LAKATOS den Schutzgürtel nennt. Dieser Schutzgürtel besteht nicht nur aus expliziten Hilfshypothesen, die den harten Kern ergänzen, sondern auch aus Annahmen, die der Beschreibung der Anfangsbedingungen und ebenso den Beobachtungsaussagen zugrunde liegen. So mußte zum Beispiel der harte Kern des Forschungsprogrammes von KOPERNIKUS erweitert werden, indem den anfänglich kreisförmigen Planetenbahnen zahlreiche Epizykel hinzugefügt wurden, und es bestand ebenso die Notwendigkeit, die früher allgemein anerkannte Bestimmung der Entfernung zwischen den Sternen und der Erde zu verändern. Falls das beobachtete Verhalten der Planeten sich von dem Verhalten unterschied, das in einem bestimmten Stadium ihrer Entwicklung von dem kopernikanischen Forschungsprogramm vorhergesagt wurde, dann konnte der harte Kern des Programms dadurch geschützt werden, daß Epizykel verändert oder neue hinzugefügt wurden. Schließlich mußten dann doch andere Annahmen, die zunächst implizit waren, betrachtet und verändert werden. Der harte Kern wurde geschützt, indem man die der Beobachtung zugrundeliegende Theorie veränderte, so daß man zum Beispiel die Beobachtungen mit dem bloßen Auge durch Beobachtungen ersetzte, die mithilfe eines Fernrohrs gemacht wurden. Schließlich wurden auch mit der Entdeckung neuer Planeten die Anfangsbedingungen verändert.

Die negative Heuristik eines Programms entspricht der Forderung, daß während der Entwicklung eines Programms der harte Kern eines Programms unverändert und unangetastet bleiben muß. Jeder Wissenschaftler, der den harten Kern verändert, schließt sich selber aus diesem bestimmten Forschungsprogramm aus. TYCHO BRAHÉ schloß sich aus dem kopernikanischen Forschungsprogramm aus und rief mit der Behauptung, daß alle Planeten außer der Erde die Sonne umkreisen, während die Sonne selbst um die feststehende Erde kreist, ein neues Forschungsprogramm ins Leben. Die Betonung, die LAKATOS auf das konventionelle Element legt, das der Arbeit innerhalb eines Forschungsprogramms anhaftet, nämlich, daß Wissenschaftler *Entscheidungen treffen* müssen, den harten Kern des Forschungsprogramms anzuerkennen, hat vieles mit dem Standpunkt von POPPER hinsichtlich der Basissätze gemeinsam, der im zweiten Abschnitt des vorigen Kapitels diskutiert wurde. Der Hauptunterschied ist der, daß sich bei POPPER sämtliche Entscheidungen auf die Anerkennung von Einzelaussagen beziehen, während bei LAKATOS dieses Vorgehen auch auf *allgemeine Aussagen*, aus denen der harte Kern besteht, ausgedehnt wurde. Die Bedenken gegen die Betonung, die LAKATOS auf die expliziten Entscheidungen einzelner Wissenschaftler legt, sind dieselben, die in Verbindung mit POPPER angeführt wurden. Dieses Problem soll in späteren Kapiteln ausführlicher diskutiert werden.

Die positive Heuristik, der Aspekt eines Forschungsprogramms, der die Wissenschaftler eher auf das hinweist, was sie tun sollten, als auf das, was sie nicht tun sollten, ist ungleich problematischer und schwieriger zu charakterisieren als die negative Heuristik. Die positive Heuristik weist darauf hin, wie der harte Kern ergänzt werden muß, damit er imstande ist, reale Phänomene zu erklären und vorherzusagen. Mit LAKATOS' eigenen Worten: "Die positive Heuristik besteht aus einer partiell artikulierten Reihe von Vorschlägen oder Hinweisen, wie man die 'widerlegbaren Fassungen' des Forschungsprogramms verändern und entwickeln soll und wie der 'widerlegbare' Schutzgürtel modifiziert und raffinierter gestaltet werden kann" (LAKATOS, 1974, S.131). Die Entwicklung eines Forschungsprogramms beinhaltet nicht nur das Hinzuziehen geeigneter Hilfshypothesen, sondern auch die Entwicklung geeigneter mathematischer und experimenteller Techniken. Es war zum Beispiel beim kopernikanischen Programm von Anfang an klar, daß für eine Weiterentwicklung und ausführliche Anwendung des Programms geeignete mathematische Techniken erforderlich sind, um epizyklische Bewegungen adäquater zu beschreiben, sowie verbesserte Techniken der astronomischen Beobachtung und geeignete Theorien, die die Anwendung einer Reihe von Instrumenten bestimmen.

LAKATOS veranschaulicht den Begriff der positiven Heuristik mit der Darstellung der Anfänge der NEWTONschen Gravitationstheorie (vgl. LAKATOS, 1974, S.132f.).

NEWTON kam zuerst zu dem Gesetz, daß die Anziehung umgekehrt proportional zu dem Quadrat des Abstandes zweier Körper ist, indem er die ellipsenförmige Bewegung eines punktförmigen Planeten um eine feststehende punktförmige Sonne betrachtete. Es war klar, daß falls die Gravitationstheorie in der Praxis auf die Planeten bezogen werden sollte, das Programm dieses idealisierten Modells sich zu einem realistischeren Modell weiterentwickeln müßte. Aber diese Entwicklung hatte die Lösung theoretischer Probleme zur Folge und konnte nicht ohne erhebliche theoretische Arbeit zustande gebracht werden. NEWTON selber machte, mit einem bestimmten Programm vor Augen, d.h. geleitet von einer positiven Heuristik, einen beträchtlichen Fortschritt. Er zog zuerst die Tatsache in Betracht, daß sich sowohl eine Sonne, als auch ein Planet unter dem Einfluß ihrer gegenseitigen Anziehung bewegen. Dann berücksichtigte er die endliche Größe der Planeten und betrachtete sie als Kugeln. Nachdem er das mathematische Problem, das hierdurch auftrat, gelöst hatte, ging NEWTON dazu über, sich zum Beispiel auf solche problematischen Sachverhalte zu konzentrieren, die sich aus der Tatsache ergeben, daß ein Planet sich dreht und daß es sowohl eine Anziehungskraft zwischen den einzelnen Planeten, als auch zwischen jedem Planeten und der Sonne gibt. Als NEWTON mit seinem Programm so weit fortgeschritten war und dabei einen Weg gegangen war, der sich gleich von Anfang an als mehr oder weniger vorgegeben dargestellt hatte, befaßte er sich mit der Übereinstimmung zwischen seiner Theorie und seinen Beobachtungen. Als sich herausstellte, daß es hierbei an Übereinstimmung mangelte, konnte er sich zum Beispiel darauf beziehen, daß die entsprechenden Planeten nicht der idealen Kugelform entsprechen, usw. Neben dem theoretischen Programm, das in der positiven Heuristik enthalten ist, drängte sich auch ein eindeutig definiertes experimentelles Programm geradezu auf. Dieses Programm enthielt die Entwicklung von genaueren Fernrohren mitsamt den Hilfshypothesen, die für ihre Verwendung in der Astronomie erforderlich waren, wie beispielsweise Theorien, die die Brechung des Lichts in der Atmosphäre berücksichtigten. Die ursprüngliche Fassung des Programms von NEWTON implizierte, daß es versucht werden sollte, einen Apparat zu konstruieren, der empfindlich genug ist, um die Anziehungskraft der Erde auf einer Laborwaage zu messen (Experiment von CAVENDISH).

Das in der Gravitationstheorie von NEWTON stillschweigend vorausgesetzte Programm bot einen deutlichen heuristischen Leitfaden. LAKATOS gibt als ein weiteres überzeugendes Beispiel eine recht ausführliche Darstellung der Atomtheorie von BOHR (vgl. LAKATOS, 1974, S.137-149). Was bei diesen Beispielen der Entwicklung eines Forschungsprogramms besonders auffällt, ist das verhältnismäßig späte Stadium, in dem Beobachtungsüberprüfungen relevant werden. Dies steht im Einklang mit den Erläuterungen über GALILEIs Entwicklung der Ursprünge der Mechanik im vorigen Abschnitt. Die ersten Ausarbeitungen eines Forschungsprogrammes finden trotz offensichtlicher Falsifikationen durch Beobachtungen statt oder diese werden zumindest nicht beachtet. Es muß einem Forschungsprogramm die Gelegenheit gegeben werden, seine gesamte Leistungsfähigkeit unter Beweis zu stellen. Ein ausreichend raffinierter und geeigneter Schutzgürtel muß entwickelt werden. In unserem Beispiel der kopernikanischen Revolution beinhaltete dies die Entwicklung einer geeigneten Mechanik und Optik. Wenn ein Programm sich soweit entwickelt hat, daß es Beobachtungsüberprüfungen unterzogen werden kann, dann sind nach LAKATOS eher die Bewährungen als die Falsifikationen entscheidend[1]. An ein Forschungsprogramm wird die Anforderung gestellt, daß es mindestens zeitweilig erfolgreich neuartige Vorhersagen treffen kann, die sich dann auch bewähren. Der Begriff 'neuartige' Vorhersage wurde im vierten Abschnitt des fünften Kapitels diskutiert. Die NEWTONsche Theorie erfuhr derartige einschneidende Erfolge, als GALLE zum erstenmal den Planeten Neptun beobachten konnte und CAVENDISH zum erstenmal die Erdanziehungskraft auf einer Laborwaage ermittelte. Derartige Erfolge sind kennzeichnend für den progressiven Charakter dieses Programms. Hingegen gelang es der Astronomie von PTOLEMÄUS während des ganzen Mittelalters nicht, neuartige Phänomene vorherzusagen. Zur Zeit von NEWTON war die Theorie von PTOLEMÄUS ohne Frage ein degeneratives Programm.

Aus dem vorhergegangenen Überblick ging hervor, daß es zwei Möglichkeiten gibt, den Wert eines Forschungsprogramms zu beurteilen. Erstens sollte ein Forschungsprogramm ein gewisses Maß an Kohärenz besitzen, das die Ausarbeitung eines bestimmten Programms für zukünftige Forschung mit sich bringt. Zweitens sollte ein Forschungsprogramm zumindest gelegentlich zu der Entdeckung neuartiger Phänomene führen. Ein Forschungsprogramm muß beide Bedingungen erfüllen, damit es als wissenschaftlich bezeichnet werden kann. LAKATOS sieht den Marxismus und die Psychoanalyse von FREUD als Programme, die zwar das erste Kriterium, jedoch nicht das zweite Kriterium erfüllen, und die moderne Soziologie als ein Programm, das vielleicht das zweite, jedoch nicht das erste Kriterium erfüllt.

3. Die Methodologie innerhalb eines Forschungsprogramms

Innerhalb des Systems von LAKATOS muß man die wissenschaftliche Methodologie unter zwei Gesichtspunkten diskutieren. Einer betrifft die Arbeit, die innerhalb eines einzelnen Forschungsprogramms geleistet wird, der andere den Vergleich der Verdienste konkurrierender Forschungsprogramme. Die Arbeit innerhalb eines einzelnen Forschungsprogramms umfaßt die Erweiterung und Veränderung des Schutzgürtels durch verschiedene neue Hypothesen. Welche Arten von Veränderungen und Ergänzungen können von einer guten wissenschaftlichen Methodologie zugelassen und welche müssen als nicht-wissenschaftlich ausgeschlossen werden? LAKATOS gab eine eindeutige Antwort auf diese Frage. Jeder Schritt ist zulässig, solange er nicht *ad hoc* ist, in dem Sinne, in dem es im zweiten Abschnitt des fünften Kapitels diskutiert wurde. Veränderungen oder Ergänzungen des Schutzgürtels eines Forschungsprogramms müssen unabhängig überprüfbar sein. Einzelne Wissenschaftler oder Gruppen von Wissenschaftlern sind aufgefordert, den Schutzgürtel nach ihren Vorstellungen zu entwickeln, vorausgesetzt, daß die Schritte, die sie unternehmen, die Möglichkeit neuer Überprüfungen bieten und damit die Möglichkeit neuer Entdeckungen. Ziehen wir, um dies zu erläutern, ein Beispiel aus der Entwicklung der Theorie von NEWTON heran, das wir schon öfters betrachtet haben, und halten wir uns die Situation vor Augen, der sich LEVERRIER und

[1] An dieser Stelle bezieht sich der Begriff der "Bewährung" in gleicher Art und Weise wie in den vorangegangenen Kapiteln vielmehr auf die Ergebnisse experimenteller Überprüfungen, die eine Theorie unterstützen, als auf den Beweis einer Theorie. LAKATOS verwendet dort, wo hier der Begriff der "Bewährung" verwendet wird, den der "Verifikation".

ADAMS gegenüber sahen, als sie sich mit der eigenwilligen Umlaufbahn des Uranus beschäftigten. Diese beiden Wissenschaftler entschieden sich dafür, den Schutzgürtel des Programms zu verändern, indem sie behaupteten, daß die Anfangsbedingungen unangemessen seien. Ihr detaillierter Vorschlag war insofern wissenschaftlich, als er unabhängig überprüfbar war, und er führte dann schließlich auch zu der Entdeckung des Planeten Neptun. Aber auch andere mögliche Antworten auf das Problem könnten nach LAKATOS vollkommen wissenschaftlich sein. Ein anderer Wissenschaftler hätte eine Veränderung der optischen Theorie vorschlagen können, die für die Anwendung der in der Untersuchung verwendeten Fernrohre hätte maßgeblich sein können. Dieser Vorschlag wäre wissenschaftlich gewesen, wenn er zum Beispiel die Vorhersage einer neuen Art der Abweichung enthalten hätte, deren Existenz auch durch optische Experimente hätte überprüft werden können. Ein anderes Vorgehen hätte vielleicht die Annahmen des Schutzgürtels zum Beispiel hinsichtlich der Lichtbrechung in der Erdatmosphäre aufgegriffen. Ein derartiger Schritt wäre berechtigt gewesen, wenn er die Möglichkeit neuer Arten experimenteller Überprüfungen eröffnet hätte, die vielleicht zu der Entdeckung einiger unerwarteter Eigenschaften der Erdatmosphäre geführt hätten.

Zwei unterschiedliche Vorgehensweisen werden durch die Methodologie von LAKATOS ausgeschlossen. Erstens werden *Ad hoc*-Hypothesen, Hypothesen, die nicht unabhängig überprüfbar sind, ausgeschlossen. In unserem Beispiel wäre etwa die Behauptung in diesem Sinne unwissenschaftlich gewesen, daß die eigenwillige Umlaufbahn des Planeten Uranus deshalb problematisch ist, weil es seiner natürlichen Bewegung entspricht. Die andere Vorgehensweise, die ausgeschlossen wird, verletzt, wie wir bereits erwähnten, den *harten Kern*. Ein Wissenschaftler, der versucht hätte, die Umlaufbahn des Uranus mit der Behauptung zu erklären, daß die Kraft zwischen Uranus und Sonne einer anderen Gesetzmäßigkeit als der des umgekehrten Quadrates folgt, hätte sich außerhalb des Forschungsprogramms von NEWTON begeben.

Die Tatsache, daß jeder Bereich eines komplexen theoretischen Systems für eine mögliche Falsifikation verantwortlich sein kann, stellt die Falsifikationisten, die uneingeschränkt auf die Methode der Vermutungen und Widerlegungen vertrauen, vor ein ernstliches Problem. Für den Falsifikationisten endet die Unfähigkeit, den Ursprung der Schwierigkeiten ausfindig zu machen, in einem planlosen Chaos. Der wissenschaftliche Ansatz von LAKATOS ist hinreichend gegliedert, um dieser Konsequenz zu entgehen. Die Ordnung wird durch die Unverletzlichkeit des harten Kerns und durch die positive Heuristik, die damit einhergeht, aufrechterhalten. Das freimütige Entwickeln sinnvoller Vermutungen innerhalb dieses Rahmens wird zu Fortschritt führen, vorausgesetzt, daß sich einige der Vorhersagen, die sich aus diesen Vermutungen ergeben, gelegentlich als erfolgreich erweisen. Entscheidungen, um Hypothesen aufrechtzuerhalten oder zu verwerfen, werden unmittelbar durch die Ergebnisse der experimentellen Überprüfungen bestimmt. Die Hypothesen, die einer experimentellen Überprüfung standhalten, werden vorläufig aufrechterhalten. Die Hypothesen, die den Überprüfungen nicht standhalten, werden verworfen, obgleich manche dieser Entscheidungen im Licht anderer sinnvoller, unabhängig überprüfbarer Hypothesen vielleicht sogar widerrufen werden müßten. Die Frage, welche Bedeutung während der Überprüfung einer Hypothese der Beobachtung zukommt, wirft innerhalb eines Forschungsprogramms so gut wie keine Probleme auf, da der harte Kern und die positive Heuristik dazu dienen, eine ausreichend stabile Beobachtungssprache zu definieren.

4. Forschungsprogramme im Vergleich

Obschon der jeweilige Wert konkurrierender Hypothesen innerhalb eines Forschungsprogramms in mehr oder weniger direkter Art und Weise bestimmt werden kann, ist der Vergleich konkurrierender Forschungsprogramme wesentlich problematischer. Vereinfacht gesagt sollte man den jeweiligen Wert der Forschungsprogramme nach dem Ausmaß beurteilen, in dem sie progressiv oder degenerativ sind. Ein degeneratives Programm wird einem progressiveren Platz machen, genauso wie die Astronomie von PTOLEMÄUS letztendlich der Theorie von KOPERNIKUS Platz gemacht hat.

Eine Hauptschwierigkeit, was das Kriterium der Anerkennung und Zurückweisung eines Forschungsprogramms betrifft, ist eng mit dem Zeitfaktor verbunden. Wieviel Zeit muß verstreichen, bis man entscheiden kann, daß ein Progamm wirklich degeneriert ist, daß es unfähig ist, zu der Entdeckung neuer Phänomene zu führen? Das auf den Seiten 67-68 wiedergegebene Gleichnis von LAKATOS über den "imaginären Fall planetarischer Unart" weist auf diese Schwierigkeit hin. In dieser hypothetischen Entwicklung innerhalb der NEWTONschen Astronomie konnte man nie ganz sicher sein, ob man nicht schon unmittelbar vor einem großen Erfolg stehen würde. Um ein wirklich historisches Beispiel zu nennen: Es dauerte über zwanzig Jahre, bis man herausfand, daß die Vorhersage von KOPERNIKUS über die Phasen der Venus richtig war und sogar einige Jahrhunderte, ehe die Vorhersage der Fixsternparallaxe von KOPERNIKUS bestätigt wurde. Wegen der Ungewißheit des Erfolgs zukünftiger Versuche, ein Forschungsprogramm weiterzuentwickeln und zu überprüfen, kann man nie von einem Forschungsprogramm sagen, daß es zweifelsfrei degeneriert sei. Es ist immer noch möglich, daß irgendeine kreative Veränderung seines Schutzgürtels zu einer spektakulären Entdekkung führt, die das Programm wieder zum Leben erweckt und eine progressive Phase des Programms einleitet.

Die Geschichte der Elektrizitätstheorien bietet ein Beispiel für das wechselnde Geschick konkurrierender Forschungsprogramme. Ein Programm, die sogenannte "Fernwirkungstheorie", betrachtete Elektrizität als eine Art Flüssigkeit oder als irgendwelche Teilchen, die elektrisch geladenen Körpern innewohnen und durch elektrische Stromkreise fließen. Man ging davon aus, daß zwei durch eine gewisse Distanz voneinander getrennte elektrische Elemente durch den leeren Raum hinweg unmittelbar Einfluß aufeinander ausüben, und zwar mit einer Kraft, die von dem Abstand und den Bewegungen der Elemente abhängt. Das andere Programm war die von FARADAY ins Leben gerufene Feldtheorie. Sie ging davon aus, daß man elektrische Phänomene eher als Wirkungen im Medium um die elektrisch geladenen Körper und Stromkreise erklären kann, als durch das Verhalten einer in ihr enthaltenen Substanz. Vor den Erfolgen von FARADAY war die Fernwirkungstheorie progressiv. Sie führte zu der Entdeckung, daß eine Leidener Flasche Elektrizität speichern kann und dazu, daß CAVENDISH das Gesetz entdeckte, daß die anziehenden und abstoßenden Kräfte geladener Körper sich umgekehrt proportional zu dem Quadrat ihres Abstandes verhalten. Dennoch wurde die Fernwirkungstheorie von der Feldtheorie abgelöst, als FARADAY in den dreißiger Jahren des 19. Jahrhunderts die Entdeckung der elektromagnetischen Induktion sowie die Entwicklung des Elektromotors, des Dynamos und des Transformators gelang. Die Feldtheorie machte sogar noch bemerkenswertere Fortschritte, als HERTZ einige Jahrzehnte später die von dem Programm vorhergesagten Radiowellen erzeugte. Dennoch war die Fernwirkungstheorie noch nicht endgültig widerlegt. Aus diesem Programm entstand der Begriff des Elektrons. Das Elektron wurde in der ersten Hälfte des 19. Jahrhunderts in groben Umrissen von dem Theoretiker W. WEBER, einem Anhänger der Fernwirkungstheorie, und 1892 präziser von H. A. LORENTZ vorhergesagt und schließlich von J. J. THOMPSON - später auch noch von anderen - experimentell entdeckt. Für die Entwicklung des klassischen Elektromagnetismus wäre es sehr von Nachteil gewesen, wenn man schon früh in dem Jahrhundert aufgrund der überlegenen Fortschritte, die das feldtheoretische Programm machte, die Fernwirkungstheorie aufgegeben hätte. Im übrigen weist die Wechselwirkung zwischen den beiden Programmen und die Tatsache, daß der klassische Elektromagnetismus als ein Kompromiß entstand, der die Felder aus dem einen Programm und die Elektronen aus dem anderen übernahm, darauf hin, daß Forschungsprogramme nicht so eigenständig sind, wie der LAKATOSschen Ansatz nahelegt.

Innerhalb des LAKATOSschen Ansatzes kann man also niemals uneingeschränkt behaupten, daß ein Forschungsprogramm "besser" sei als ein konkurrierendes Programm. LAKATOS gibt selber zu, daß man über den jeweiligen Wert zweier Programme erst "im nachhinein" entscheiden kann. Weil es ihm nicht gelang, einen eindeutigen Maßstab für das Aufstellen irgendeines konsistenten Forschungsprogramms anzubieten oder für die Wahl zwischen zwei konkurrierenden Programmen, ist man geneigt, sich FEYERABEND anzuschließen, der sagt, daß LAKATOS Methodologie so aufgebaut ist, als möchte er "diese Maßstäbe als *verbale Ornamente* beibehalten, als ein Andenken an glücklichere Zeiten, als man noch glaubte, ein komplexes und oft katastrophales Unternehmen wie die Wissenschaft aufgrund einiger einfacher und rationaler Regeln lenken zu können" (FEYERABEND, 1974, S.208). Der Sachverhalt, der hiermit angeschnitten wurde, soll im neunten Kapitel ausführlicher behandelt werden.

Weiterführende Literatur

Die maßgebliche Quelle ist I. Lakatos "Falsifikation und die Methodologie wissenschaftlicher Forschungsprogramme" in *Kritik und Erkenntnisfortschritt*, hrsg. von I. Lakatos und A. Musgrave (1974). Einige historische Fallstudien aus der Perspektive des Lakatosschen Ansatzes sind: E. Zahar, "Why did Einstein's Programme Supersede Lorentz's?" (1973), I. Lakatos, "Warum hat das kopernikanische Forschungsprogramm das Ptolemäische überrundet?" (1982) und die Studien in *Method and Appraisal in the Physical Sciences*, hrsg. von Colin Howson (1976). Die meisten Artikel von Lakatos wurden von John Worrall und Gregory Currie (1982) in zwei Bänden gesammelt und herausgegeben. In welchem Umfang die Forschungsprogramme von Lakatos eigenständig sind, wird kritisch beleuchtet in Noretta Koertge, "Inter-theoretic Criticism and the Growth of Science" (1971). Die Standpunkte von Lakatos und Kuhn werden in D. Bloor, "Two Paradigms of Scientific Knowledge?" (1971) vom Kuhnschen Standpunkt aus miteinander verglichen. Alan Musgrave geht in "Logical versus Historical Theories of Confirmation" (1974) näher auf den Begriff der neuartigen Vorhersage ein.

Zusammenfassende Fragestellungen

1. Meistens wird angenommen, daß die *Genauigkeit* von *Theorien* und *Aussagen* von der Genauigkeit abhängt, wie die in ihr enthaltenen Begriffe definiert sind. Trifft dies zu?
2. Welche Möglichkeiten der *Definition von Begriffen* gibt es?
3. Was ist eine "*ostensive Definition*"?
4. Was versteht man unter dem "*unendlichen Regreß*"?
5. Was versteht man unter einem *Forschungsprogramm*?
6. Wann ist ein Forschungsprogramm *progressiv* bzw. *degenerativ*?
7. Was ist eine *negative Heuristik*, was eine *positive*?
8. Welche Funktion erfüllt ein *Schutzgürtel*?
9. Welchen Forderungen muß ein Forschungsprogramm genügen, damit es im Sinne von LAKATOS als wissenschaftlich bezeichnet werden kann?
10. Was sind nach LAKATOS *Ad hoc-Modifikationen*? Warum sind sie nicht zulässig?
11. Wodurch ist der *Wert eines Forschungsprogramms* definiert? Inwieweit erfüllt die FREUDsche Psychoanalyse die entsprechenden Kriterien?
12. Warum ist nach FEYERABEND die Methodologie von LAKATOS nicht mehr als ein *"verbales Ornament"*?

8
Theorien als Strukturen: II. KUHNs Paradigmen

1. Einleitende Bemerkungen

Eine zweite Betrachtungsweise von wissenschaftlichen Theorien als einer Art komplexer Strukturen hat in den letzten Jahren große Beachtung gefunden. Sie wurde von THOMAS S. KUHN entwickelt, der ihre erste Version erstmals 1962 mit *Die Struktur wissenschaftlicher Revolutionen* (1979) veröffentlichte. KUHN begann seine akademische Laufbahn als Physiker und wandte sich dann der Wissenschaftsgeschichte zu. Dabei wurden seine Vorstellungen vom Wesen der Wissenschaft zutiefst erschüttert. Er erkannte, daß traditionelle Beschreibungen der Wissenschaft, ob nun aus induktivistischer oder falsifikationistischer Sicht, dem Vergleich mit der historischen Wirklichkeit nicht standhalten konnten. KUHN entwickelte seine Wissenschaftstheorie in der Folge als einen Versuch, den historischen Gegebenheiten, so wie er sie sah, gerecht zu werden. Ein Grundzug seiner Theorie ist die Betonung des revolutionären Charakters wissenschaftlichen Fortschritts, wobei eine Revolution die endgültige Aufgabe einer theoretischen Struktur bedeutet, die durch eine andere, mit ihr unvereinbaren Struktur ersetzt wird. Ein weiteres, wichtiges Merkmal der KUHNschen Theorie ist die entscheidende Rolle, die die soziologischen Bedingungen der "Scientific communities" spielen.

Die Ansätze von LAKATOS und KUHN haben einiges gemeinsam. Insbesondere beanspruchen beide, daß ihre philosophischen Entwürfe der Kritik gewachsen sind, die sich aus der Wissenschaftsgeschichte ergeben. KUHNs Ansatz ist älter als die Methodologien wissenschaftlicher Forschungsprogramme von LAKATOS und ich halte es durchaus für gerechtfertigt, zu behaupten, daß LAKATOS auf einige Ergebnisse KUHNs zurückgegriffen hat. Der Ansatz von LAKATOS wurde in diesem Buch zuerst vorgestellt, weil er am ehesten als der Höhepunkt des POPPERschen Programms betrachtet werden kann, als direkte Antwort auf die Begrenztheit des POPPERschen Falsifikationismus sowie als Versuch ihrer Überwindung. Der Hauptunterschied zwischen KUHN einerseits und POPPER und LAKATOS andererseits ist die Betonung, die KUHN auf soziologische Faktoren legt. KUHNs "Relativismus" wird später diskutiert und kritisiert. In diesem Kapitel möchte ich mich auf eine einfache Zusammenfassung desKUHNschen Ansatzes beschränken.

KUHNs Vorstellung über den Fortschritt von Wissenschaft kann mit dem folgenden offenen Ablaufschema zusammengefaßt werden:

Vor-Wissenschaft --- normale Wissenschaft --- Krise ---
Revolution --- Neue Normalwissenschaft --- Neue Krise . . .

Die wenig organisierten und unterschiedlichen Aktivitäten, die der Bildung einer Wissenschaft vorausgehen, werden schließlich strukturiert und bekommen eine Richtung, wenn ein einziges *Paradigma* von der Gemeinschaft der Wissenschaftler anerkannt wird. Ein Paradigma besteht aus den allgemeinen theoretischen Annahmen und Gesetzen sowie den Techniken für ihre Anwendung, die die "Scientific community" einer bestimmten Wissenschaft anerkennt. Wissenschaftler, die innerhalb eines Paradigmas arbeiten - ganz gleich, ob es sich um NEWTONsche Mechanik, die Wellenoptik, die analytische Chemie oder um sonst irgendetwas handelt - praktizieren, was KUHN *normale Wissenschaft* nennt. Bei dem Versuch, das Verhalten einiger relevanter Aspekte der Wirklichkeit, so wie es sich als das Ergebnis von Experimenten darstellt, zu erklären, entwickeln die Normalwissenschaftler ihr Paradigma und konkretisieren es. Dabei stoßen sie unvermeidlich auf Schwierigkeiten und augenfällige Falsifikationen. Wenn derartige Schwierigkeiten überhand nehmen, entwickelt sich daraus eine *Krise*. Eine Krise wird überwunden, wenn ein völlig neues Paradigma auftaucht und mehr und mehr Anhänger unter den Wissenschaftlern bekommt, bis schließlich das ursprüngliche, problembeladene Paradigma aufgegeben wird. Der sprunghafte Wechsel löst eine *wissenschaftliche Revolution* aus. Das neue Paradigma, vielversprechend und unbelastet von scheinbar unüberwindbaren Schwierigkeiten, bestimmt nun neue normalwissenschaftliche Forschungsaktivitäten, bis es ebenso in ernsthafte Schwierigkeiten gerät und sich eine neue Krise ergibt, gefolgt von einer neuen Revolution.

Betrachten wir nun nach diesem kurzen Überblick die einzelnen Komponenten des KUHNschen Ansatzes im Detail.

2. Paradigmen und normale Wissenschaft

Eine voll entwickelte Wissenschaft wird durch ein einziges Paradigma geleitet.[1] Das Paradigma bestimmt den Standard für legitime Forschung innerhalb der betreffenden Wissenschaft. Es koordiniert und bestimmt das Vorgehen beim Problemlösen, beim "Rätsel-lösen" in der normalen Wissenschaft. Die Existenz eines Paradigmas, das in der Lage ist, die Tradition einer normalen Wissenschaft zu fördern, ist das Charakteristikum, das nach KUHN Wissenschaft von Nicht-Wissenschaft unterscheidet. Die NEWTONsche Mechanik, die Wellenoptik und der klassische Elektromagnetismus bildeten - und bilden vielleicht heute noch Paradigmen und können aus diesem Grund alle drei als wissenschaftlich bezeichnet werden. Die moderne Soziologie läßt über weite Strecken ein Paradigma vermissen und verdient aus diesem Grund kaum die Bezeichnung "wissenschaftlich".

---

[1] Nach der 1. Auflage von *"Die Struktur wissenschaftlicher Revolutionen"* hat KUHN eingeräumt, daß er den Terminus "Paradigma" ursprünglich in einem zweideutigen Sinne verwandt hat. In dem Postskriptum zu der zweiten, revidierten und ergänzten Auflage unterscheidet er zwischen einer umfassenderen Bedeutung des Terminus, wofür er die Bezeichnung *"disziplinäres System"* ("disciplinary matrix") einführt, und einer Bedeutung im engeren Sinne, für die er den Terminus *"Musterbeispiel"* ("exemplar") heranzieht. Hier wird weiterhin der Begriff "Paradigma" dafür verwendet, was KUHN als "disziplinäres System" bezeichnet. - In seinem Postskriptum nimmt KUHN Bezug auf die Kritik am Paradigmenbegriff von MASTERMAN (1974). (Anm. d. Hrsg.)

Wie weiter unten begründet wird, gehört es zum Wesen eines Paradigmas, sich einer exakten Definition zu widersetzen. Trotzdem ist es möglich, einige der typischen Komponenten, die ein Paradigma ausmachen, zu beschreiben. Zu den Komponenten gehören explizit formulierte Gesetze und theoretische Annahmen, vergleichbar mit den Bestandteilen des harten Kerns eines Forschungsprogramms nach LAKATOS. So bilden NEWTONs Bewegungsgesetze einen Teil des NEWTONsche Paradigmas und MAXWELLs Gleichungen stellen einen Teil des Paradigmas dar, das die klassische elektromagnetische Theorie ausmacht. Ferner umfassen Paradigmen standardmäßige Wege der Anwendung grundlegender Gesetze auf eine Vielzahl unterschiedlicher Situationen. Zum Beispiel beinhaltet das NEWTONsche Paradigma Methoden der Anwendung der NEWTONschen Gesetze auf die Planetenbewegungen, auf Pendelbewegungen, auf das Zusammenstoßen von Billardkugeln usw. Das Paradigma umfaßt ebenso das Instrumentarium sowie die instrumentellen Techniken, die notwendig sind, um die Gesetze des Paradigmas auf die Realität anzuwenden. Bezieht man sich in der Astronomie auf das NEWTONschen Paradigmas, so umfaßt dies sowohl die Anwendung einer Vielzahl bewährter Arten von Teleskopen sowie Techniken zu ihrem Gebrauch, als auch die Variationsbreite an Techniken zur Korrektur der mit Hilfe der Teleskope gesammelten Daten. Eine weitere Komponente von Paradigmen sind allgemeine metaphysische Prinzipien, die die Arbeiten innerhalb eines Paradigmas leiten. Während des 19. Jahrhunderts wurde das NEWTONsche Paradigma von einer Annahme geleitet, die etwa wie folgt lauten könnte: "Die ganze physische Welt ist als ein mechanisches System zu erklären, das gemäß den Bewegungsgesetzen von NEWTON unter dem Einfluß vielfältiger Kräfte funktioniert". Das kartesianische Programm im 17. Jahrhundert beinhaltete das Prinzip: "Es gibt keinen vollständig leeren Raum und das physische Universum ist vergleichbar mit einem großen Uhrwerk, in dem alle Kräfte den Charakter eines Stoßes haben". Schließlich beinhalten alle Paradigmen eine Reihe sehr allgemeiner methodologischer Vorschriften, wie die Vorschriften "Ein Paradigma muß der Realität angepaßt werden" oder "Fehlgeschlagene Versuche, das Paradigma der Realität anzupassen, müssen als ernsthafte Probleme betrachtet werden".

Normale Wissenschaft beinhaltet ausführliche Versuche, ein Paradigma mit dem Ziel auszuarbeiten, seine Anpassung an die Realität zu verbessern. Ein Paradigma soll immer hinlänglich unpräzise und offen sein, so daß noch genug Raum für derartige Forschungsarbeit verbleibt.[2] KUHN stellt normale Wissenschaft als ein Rätsel-lösen dar, welches sich nach den Regeln des betroffenen Paradigmas richtet.[3] Die Rätsel sind sowohl theoretischer als auch experimenteller Natur. So bestehen zum Beispiel innerhalb des NEWTONschen Paradigmas typische theoretische "Rätsel" darin, mathematische Techniken zu entwickeln, die sich auf die Bewegungen von Planeten beziehen, die von mehr als einer Anziehungskraft bestimmt werden, wie auch auf die Entwicklung von

---

[2] Vgl. den etwas präziseren Begriff der positiven Heuristik vonLAKATOS.

[3] In der von KUHN verwendeten Bedeutung sind Rätsel jene besondere Problemkategorie, die zur Erprobung von Scharfsinn oder Geschicklichkeit dienen kann. Es ist kein Kriterium der Güte eines solchen "Rätsels", daß seine Lösung in sich interessant oder wichtig ist. Im Gegenteil, die wirklich drängenden Probleme, z.B. ein Heilmittel gegen Krebs oder das Konzept für einen dauerhaften Frieden sind oft überhaupt keine "Rätsel", weil sie vielleicht gar keine Lösung haben. Nicht der innere Wert ist das Kriterium für ein Rätsel, sondern das sichere Vorhandensein einer Lösung (vgl.KUHN, 1979, S.50 f.). (Anm. d Hrsg.)

geeigneten Vorstellungen zur Anwendung der NEWTONschen Gesetze auf die Bewegung von Flüssigkeiten. Zu den experimentellen "Rätseln" gehören die Präzisierung teleskopischer Beobachtungen sowie die Entwicklung experimenteller Techniken, die imstande sind, verläßliche Messungen der Gravitationskonstanten zu liefern. Normalwissenschaftler müssen von der Voraussetzung ausgehen, daß ein Paradigma die Mittel bietet, um die "Rätsel" zu lösen, die innerhalb ihres Rahmens formuliert werden. Scheitert ein Wissenschaftler daran, ein "Rätsel" zu lösen, wird dies eher als ein Scheitern des Wissenschaftlers betrachtet, als daß das Paradigma in Frage gestellt wird. "Rätsel", die sich einer Lösung widersetzen, werden eher als *Anomalien* anstatt als Falsifikationen des Paradigmas betrachtet. KUHN erkennt an, daß alle Paradigmen einige Anomalien beinhalten (z.B. die kopernikanische Theorie und die scheinbare Größe der Venus oder das NEWTONsche Paradigma und die Umlaufbahn des Merkur) und weist jede Art von Falsifikationismus zurück.

Ein Normalwissenschaftler muß dem Paradigma, in dem er arbeitet, in gewisser Weise unkritisch gegenüberstehen. Nur so ist er in der Lage, seine Kräfte auf die ausführliche Ausarbeitung des Paradigmas zu konzentrieren und die esoterische Arbeit zu leisten, die zur Erforschung der Wirklichkeit notwendig ist. Es ist der Mangel an Widersprüchlichkeiten zwischen Grundannahmen, der die voll entwickelte normale Wissenschaft von den relativ desorganisierten Aktivitäten unfertiger *Vor-Wissenschaft* unterscheidet. Nach KUHN ist letztere durch totale Widersprüchlichkeit und ständige Debatten über Grundannahmen charakterisiert, und zwar in einem solchen Maße, daß es unmöglich ist, zu detaillierter fachwissenschaftlicher Arbeit zu gelangen. Es gibt fast ebenso viele Theorien wie Wissenschaftler, und jeder Theoretiker ist gezwungen, von vorn anzufangen und seinen eigenen speziellen Ansatz zu rechtfertigen. KUHN führt als Beispiel die Optik vor NEWTON an. Vom Altertum bis NEWTON gab es mannigfaltige Theorien über die Natur des Lichtes. Bevor NEWTON seine eigene Theorie aufstellte und verteidigte konnte keine allgemeine Übereinkunft erzielt werden und es gab keine detaillierte, allgemein anerkannte Theorie. Nicht nur, daß rivalisierende Theoretiker der vorwissenschaftlichen Periode sich über grundlegende theoretische Annahmen uneinig waren, sondern dies betraf bereits die Arten der beobachtbaren Phänomene, die für ihre jeweiligen Theorien relevant waren. Soweit KUHN die Rolle anerkennt, die ein Paradigma bei der Ausrichtung der Forschung auf beobachtbare Phänomene und ihrer Interpretation spielt, bezieht er sich im Großen und Ganzen auf die Zusammenhänge, die im dritten Kapitel als die Theorieabhängigkeit der Beobachtung beschrieben wurde.

KUHN betont, daß ein Paradigma mehr umfaßt als allein das, was in expliziten Regeln und Anweisungen ausgedrückt werden kann. Er beruft sich auf WITTGENSTEINs Diskussionen des "Spiel"-Begriffs, um seine Vorstellungen zu erläutern. WITTGENSTEIN erörtert, warum es nicht möglich ist, notwendige und hinreichende Bedingungen dafür aufzustellen, daß eine Aktivität ein Spiel ist. Wenn man es versucht, findet man beständig Aktivitäten, die unter diese Definition fallen, aber die man nicht zu Spielen rechnen kann, oder Aktivitäten, die die Definition ausschließt, aber die man sehr wohl zu Spielen rechnen würde. KUHN behauptet, daß für Paradigmen die gleiche Situation besteht. Wenn man versucht, eine exakte und explizite Charakterisierung einiger Paradigmen zu geben, dann zeigt sich regelmäßig, daß einige Arbeiten, die innerhalb eines Paradigmas geleistet werden, nicht der Charakterisierung entsprechen. Dennoch betont KUHN, daß diese Situation ebensowenig das Paradigmen-Konzept unhaltbar macht, wie die gleiche

Situation in bezug auf das Spiel den legitimen Gebrauch dieses Konzepts ausschließt. Obgleich es keine vollständige und explizite Charakterisierung gibt, erwerben einzelne Wissenschaftler durch ihre wissenschaftliche Ausbildung Wissen über ein Paradigma. Durch das Lösen von Standardproblemen, dem Ausführen von Standardexperimenten und schließlich der Durchführung von eigenständigen Forschungsarbeiten unter der Anleitung eines innerhalb des Paradigmas bereits geübten Praktikers wird ein angehender Wissenschaftler mit den Methoden, den Techniken und den Standards des betreffenden Paradigmas vertraut. Er wird genausowenig in der Lage sein, explizit Rechenschaft über die Methoden und Fertigkeiten, die er erworben hat, abzulegen, wie ein Schreinermeister in der Lage ist, vollständig zu beschreiben, was hinter seinen Fertigkeiten steckt. Vieles vom Wissen des Normalwissenschaftlers ist im Sinne von MICHAEL POLANYI (1969, 1973) *stillschweigendes Wissen.*

Aufgrund der Art seiner Ausbildung - die aus Gründen der Effizienz so sein muß, wie sie ist - ist ein typischer Normalwissenschaftler nicht in der Lage, die genaue Art des Paradigmas, in dem er arbeitet, zu formulieren und ist sich so auch des Paradigmas nicht bewußt. Daraus folgt jedoch nicht, daß ein Wissenschaftler nicht den Versuch machen kann, die Voraussetzungen seines Paradigmas zu formulieren, wenn die Notwendigkeit gegeben ist. Diese Notwendigkeit ergibt sich, wenn ein Paradigma durch ein rivalisierendes Paradigma bedroht wird. Unter diesen Umständen muß der Versuch unternommen werden, die allgemeinen Gesetze, die metaphysischen und methodologischen Grundsätze etc., die das Paradigma ausmachen, herauszufinden, um sie gegen die alternativen Gesetze, Prinzipien etc., die das neue Paradigma beinhaltet, zu verteidigen. Im nächsten Abschnitt wollen wir mit der Zusammenfassung des KUHNschen Ansatzes fortfahren und erörtern, auf welche Weise ein Paradigma ins Wanken gerät und durch ein rivalisierendes Paradigma ersetzt wird.

3. Krise und Revolution

Der Normalwissenschaftler arbeitet voller Vertrauen innerhalb eines gut definierten Bereiches, der durch ein Paradigma vorgeschrieben wird. Das Paradigma bietet ihm eine Anzahl definierter Probleme zusammen mit Methoden, von denen er überzeugt ist, daß sie für die Problemlösung angemessen sind. Wenn er das Paradigma für irgendwelche Mißerfolge bei der Problemlösung verantwortlich machen würde, wäre das so, als wenn ein Schreiner seinen Werkzeugen Vorwürfe machen würde. Trotzdem können sich Mißerfolge ereignen, und sie können schließlich einen bedenklichen Grad erreichen, woraus eine ernsthafte Krise für das Paradigma erwächst. Diese Krise kann zur Widerlegung des Paradigmas sowie zu seiner Verdrängung durch ein mit diesem nicht zu vereinbarenden, alternativen Paradigma führen.

Die bloße Existenz ungelöster "Rätsel" innerhalb eines Paradigmas macht noch keine Krise aus. KUHN räumt ein, daß Paradigmen stets Schwierigkeiten beinhalten, daß stets Anomalien existieren. Nur unter einer besonderen Konstellation von Umständen können sich Anomalien in einer Art und Weise entwickeln, daß sie das Vertrauen in ein Paradigma untergraben. Eine Anomalie wird als besonders bedrohlich betrachtet, wenn sie die entscheidenden Grundlagen eines Paradigmas berührt und dazu beständig den Versuchen der Normalwissenschaft widersteht, sie zu beseitigen. Als Beispiel zitiert

KUHN die Probleme, die gegen Ende des 19. Jahrhunderts mit dem Äther und der Erdbewegung in bezug auf die MAXWELLsche elektromagnetische Theorie verbunden waren. Ein anderes Beispiel stellen etwa die Probleme dar, die sich durch das Auftreten von Kometen für den geordneten und vollkommenen aristotelischen Kosmos aus verbundenen kristallinen Sphären ergaben. Anomalien werden auch dann als ernsthaft betrachtet, wenn sie in bezug auf dringliche soziale Erfordernisse wichtig sind. Die Probleme, die die ptolemäische Astronomie bedrängten, waren dringlich im Hinblick auf ihre Erfordernisse für die Kalenderreform zur Zeit von KOPERNIKUS. Auch ist die Zeitspanne bedeutsam, in der eine Anomalie den Versuchen widersteht, sie zu beseitigen. Ferner ist die Anzahl ernsthafter Anomalien ein bedeutsamer Faktor, der Einfluß auf den Beginn einer Krise hat.

Nach KUHN erfordert die Analyse der charakteristischen Faktoren einer Krisenperiode in der Wissenschaft ebensosehr die Kompetenz eines Psychologen wie die eines Historikers. Sobald gesehen wird, daß Anomalien ernsthafte Probleme für ein Paradigma aufwerfen, beginnt "eine Periode ausgesprochener fachwissenschaftlicher Unsicherheit" (KUHN, 1979, S.80). Versuche, das Problem zu lösen, werden zunehmend radikaler, und die durch das Paradigma gegebenen Regeln zur Lösung von Problemen werden allmählich gelockert. Die Normalwissenschaftler beginnen, sich auf philosophische und metaphysische Debatten einzulassen und versuchen, ihre Neuerungen, die vom Standpunkt des Paradigmas einen zweifelhaften Status besitzen, mit Hilfe philosophischer Argumente zu verteidigen. Manche Wissenschaftler beginnen sogar, offen ihre Unzufriedenheit und ihr Unbehagen dem herrschenden Paradigma gegenüber zum Ausdruck zu bringen. KUHN zitiert die Reaktion von WOLFGANG PAULI auf das, was er als wachsende Krise in der Physik um 1927 sah. Ein erbitterter PAULI gesteht einem Freund: "Zur Zeit ist die Physik wieder einmal furchtbar durcheinander. Auf jeden Fall ist sie für mich zu schwierig und ich wünschte, ich wäre Filmschauspieler oder etwas ähnliches und hätte von der Physik nie etwas gehört" (KUHN, 1979, S.97). Wenn ein Paradigma erst in einem derartigen Ausmaß geschwächt und unterwandert wurde, daß seine Befürworter ihr Vertrauen in das Paradigma verlieren, ist die Zeit reif für die Revolution.

Die Gefahr einer Krise wird gesteigert, wenn sich ein rivalisierendes Paradigma einstellt. "Das neue Paradigma oder ein ausreichender Hinweis auf eine spätere Aktualisierung [taucht] ganz plötzlich, manchmal mitten in der Nacht, im Geist eines tief in die Krise verstrickten Wissenschaftlers auf" (KUHN, 1979, S.102). Das neue Paradigma unterscheidet sich vollständig von dem alten und ist mit ihm unvereinbar. Die radikalen Unterschiede sind dabei ganz verschiedener Natur.

Jedes Paradigma betrachtet die Welt als aus unterschiedlichen Bestandteilen zusammengesetzt. Das aristotelische Paradigma sieht das Universum als in zwei getrennte Bereiche geteilt, in die unvergängliche und unveränderliche superlunarische Region und die vergängliche und Veränderungen unterworfene sublunarische Region. Spätere Paradigmen betrachten das gesamte Universum als aus der gleichen materiellen Grundsubstanz zusammengesetzt. Die Chemie vor LAVOISIER etwa besagte, daß es eine Substanz namens Phlogiston gäbe, welche entweicht, wenn ein Stoff verbrannt wird. Aus dem neuen Paradigma LAVOISIERs folgte, daß es einen derartigen Stoff nicht gibt, wohingegen die Existenz des Sauerstoffs betont wird, der eine ganz andere Rolle bei der Verbrennung spielt. Die MAXWELLsche elektromagnetische Theorie beinhaltete die Existenz eines Äthers, der jeden Raum einnimmt, wohingegen EINSTEINs radikale

Umgestaltung der Theorie den Äther eliminierte.

Rivalisierende Paradigmen erachten unterschiedliche Arten von Fragen als legitim oder bedeutsam. Fragen über das Gewicht von Phlogiston waren für Phlogiston-Theoretiker entscheidend, für LAVOISIER indessen müßig. Fragen über die Masse von Planeten waren für die Anhänger NEWTONs fundamental, für Aristoteliker dagegen ketzerisch. Das Problem der Geschwindigkeit der Erde in Relation zum Äther, das für die Physik vor EINSTEIN zutiefst bedeutsam war, wurde durch EINSTEIN aufgehoben. So wie unterschiedliche Paradigmen unterschiedliche Arten von Fragen aufwerfen, so umfassen sie unterschiedliche und sich gegenseitig ausschließende Standards. Eine nicht weiter erklärbare Fernwirkung konnten die Anhänger der NEWTONsche Theorie zulassen, von den Kartesianern wäre sie kurzerhand als Metaphysik oder als okkult abgetan worden. Bewegung ohne ersichtliche Ursache war für ARISTOTELES unsinnig, für NEWTON axiomatisch. Die Umwandlung von Elementen hat einen entscheidenden Stellenwert in der modernen Atomphysik (wie auch in der mittelalterlichen Alchemie), aber steht völlig im Gegensatz zu den Zielen des DALTONschen Programms. Eine Reihe von Ereignissen, die innerhalb der modernen Mikrophysik beschrieben werden können, umfassen eine Unbestimmtheit, die imNEWTONschen Programm keinen Platz hatte.

Die Art und Weise, wie ein Wissenschaftler einen bestimmten Aspekt der Welt sieht, wird durch das Paradigma bestimmt, in dem er arbeitet. KUHN betont, daß Anhänger rivalisierender Paradigmen im gewissen Sinne "in verschiedenen Welten leben". Er führt als Beleg dafür die Tatsache an, daß Veränderungen am Himmel erst dann von westlichen Astronomen beobachtet, aufgezeichnet und diskutiert wurden, nachdem KOPERNIKUS seine Theorie vorgeschlagen hatte. Vorher wurde mit dem aristotelischen Paradigma die Auffassung vorgegeben, daß es in der superlunarischden Region keine Veränderungen gibt und dementsprechend wurden auch keine Veränderungen wahrgenommen. Jene Veränderungen, die bemerkt wurden, wurden als Störungen der oberen Atmospäre erklärt. Weitere Beispiele von KUHN wurden unter anderem bereits im dritten Kapitel besprochen.

KUHN vergleicht den Wechsel der Gefolgschaft der einzelnen Wissenschaftler von einem Paradigma zu einem mit diesem unvereinbaren, alternativen Paradigma mit einem "Gestaltwandel" oder einer religiösen Konversion. Es gibt also kein logisches Argument, das die Überlegenheit des einen Paradigmas über das andere beweist und das darüber hinaus einen vernunftgeleiteten Wissenschaftler zwingen könnte, den Wandel zu vollziehen. Ein Grund, warum ein solcher Beweis nicht möglich ist, ist die Tatsache, daß an dem Urteil eines Wissenschaftlers über den Wert einer wissenschaftlichen Theorie eine Vielzahl von Faktoren beteiligt sind. Die Entscheidung des einzelnen Wissenschaftlers hängt von der Priorität ab, die er einem der unterschiedlichen Faktoren einräumt. Die Faktoren umfassen solche Kriterien wie Einfachheit, die Dringlichkeit sozialer Notwendigkeiten, die Fähigkeit, spezielle Arten von Problemen zu lösen etc. So hätte der eine Wissenschaftler von der kopernikanischen Theorie aufgrund der Einfachheit bestimmter, ihr innewohnender mathematischer Grundzüge angetan sein können, ein anderer mag ihr wegen der Möglichkeit der Kalenderreform zugeneigt gewesen sein. Ein dritter wiederum mag von der Annahme der kopernikanischen Theorie dadurch abgeschreckt worden sein, weil sie mit der irdischen Mechanik eng verbunden ist und weil er sich möglicherweise der Probleme bewußt war, die die kopernikanische Theorie für diese aufwirft. Ein weiterer mag die kopernikanische Theorie aus religiösen Gründen abgelehnt haben.

Ein zweiter Grund, warum es keinen logisch zwingenden Beweis für die Überlegenheit eines Paradigmas über ein anderes gibt, ergibt sich aus der Tatsache, daß die Vertreter rivalisierender Paradigmen unterschiedliche Standards, metaphysische Prinzipien etc. anerkennen. Nach den eigenen Standards beurteilt, mag Paradigma A als dem Paradigma B überlegen beurteilt werden, während bei einer Voraussetzung der Standards des Paradigmas B das Urteil gegenteilig ausfallen würde. Die Schlußfolgerung eines Beweises ist nur dann zwingend, wenn die Voraussetzungen akzeptiert werden. Anhänger rivalisierender Paradigmen erkennen die jeweiligen Voraussetzungen gegenseitig nicht an und so sind auch die gegenseitigen Beweise für sie nicht stringent. Aus diesen Gründen vergleicht KUHN wissenschaftliche Revolutionen mit politischen Revolutionen. Genauso wie "politische Revolutionen . . . darauf aus [sind], politische Institutionen auf Weisen zu ändern, die von jenen Institutionen verboten werden" und demzufolge "die eigentliche politische Auseinandersetzung versagt", so erweist sich die Wahl zwischen "konkurrierenden Paradigmen als eine Wahl zwischen unvereinbaren Lebensweisen der Gemeinschaft" und kein Argument kann "logisch oder auch nur probabilistisch zwingend" sein (KUHN, 1979, S.105f.). Das heißt jedoch nicht, daß es nicht eine ganze Reihe von Argumenten gibt, die nicht zu den oben erwähnten Faktoren gehören und die die Entscheidungen der Wissenschaftler beeinflussen. Aus KUHNs Sicht ist es eine Aufgabe für Forscher aus den Reihen der Soziologen und Psychologen, die Faktoren aufzudecken, warum Wissenschaftler einen Paradigmenwechsel vollziehen.

Es gibt eine ganze Reihe von miteinander in Beziehung stehenden Gründen, wann und warum ein Paradigma mit einem anderen konkurriert; es gibt keinen logisch zwingenden Beweis, der vorschreibt, daß ein von der Vernunft geleiteter Wissenschaftler das eine für das andere aufgeben sollte. Es gibt kein einziges Kriterium, nach dem ein Wissenschaftler die Vorzüge oder Möglichkeiten eines Paradigmas beurteilen muß, und ferner erkennen Verfechter konkurrierender Programme unterschiedliche Standards an und sehen die Welt sogar auf ganz unterschiedliche Weise, wie sie sie auch in unterschiedlichen Sprachen beschreiben. Das Ziel von und Diskussionen und Streitgesprächen zwischen Anhängern rivalisierender Paradigmen sollte es vielmehr sein, zu überzeugen anstatt irgendetwas logisch zwingend beweisen zu wollen.

Damit ist in dem vorangegangenen Abschnitt wohl der Sachverhalt, der hinter KUHNs Aussage steht, daß rivalisierende Paradigmen *inkommensurabel* sind, zusammengefaßt.

Eine wissenschaftliche Revolution bedeutet die Preisgabe eines Paradigmas und die Übernahme eines neuen, nicht nur durch einen einzelnen Wissenschaftler, sondern durch die entsprechende "Scientific community" als Ganzes. Wenn mehr und mehr einzelne Wissenschaftler aus ganz unterschiedlichen Gründen zu dem neuen Paradigma übergewechselt sind, gibt es eine "wachsende Verlagerung der fachwissenschaftlichen Bindungen" (KUHN, 1979, S.169). Wenn die Revolution erfolgreich ist, dann wird diese Verlagerung sich ausbreiten, so daß sie die Mehrheit der "Scientific community" umfaßt und nur noch ein paar Andersdenkende übrigbleiben. Diese sind aus der neuen "Scientific community" ausgeschlossen und werden vielleicht in einem philosophischen Institut Zuflucht suchen. Auf jeden Fall werden sie schließlich aussterben.

4. Die Funktion von normaler Wissenschaft und Revolutionen

Gewisse Aspekte der KUHNschen Schriften mögen den Eindruck erwecken, daß seine Erklärung des Wesens der Wissenschaft rein *deskriptiv* ist, d.h., daß er nichts weiter anstreben würde als die Beschreibung von wissenschaftlichen Theorien oder Paradigmen sowie die Aktivitäten von Wissenschaftlern. Wäre dies der Fall, dann würde KUHNs Ansatz als Wissenschaftstheorie einen nur geringen Wert besitzen. Gegen eine vermeintliche Wissenschaftstheorie, die lediglich auf Deskription beruht, könnten die gleichen Einwände erhoben werden wie gegen die Erklärung des naiven Falsifikationisten, wie man zu wissenschaftlichen Theorien gelangt. Bevor der deskriptive Ansatz nicht durch eine Theorie ergänzt wird, bietet er keine Richtlinien dafür, welche Aktivitäten und Ergebnisse beschrieben werden sollen. Insbesondere müssen die Aktivitäten und Ergebnisse derjenigen Wissenschaftler, für die ihre Arbeit primär Broterwerb ist, in genauso detaillierter Form dokumentiert werden, wie die Leistungen eines EINSTEIN oder eines GALILEI.

Es ist jedoch ein Fehler, KUHNs Charakterisierung von Wissenschaft so zu betrachten, als sei sie allein aus der Beschreibung der Arbeit von Wissenschaftlern hervorgegangen. KUHN betont, daß sein Ansatz eine Theorie der Wissenschaft darstellt, da er eine Erklärung der *Funktion* der unterschiedlichen Komponenten umfaßt. Nach KUHN erfüllen normale Wissenschaft und Revolutionen wichtige Funktionen, so daß Wissenschaft entweder diese oder gewisse anderen Charakteristika umfassen muß, die die gleichen Funktionen erfüllen können. Wir wollen diese Funktionen näher betrachten.

Perioden der normalen Wissenschaft bieten Wissenschaftlern die Möglichkeit, die esoterischen Details einer Theorie zu entwickeln. Während sie innerhalb eines Paradigmas, dem Fundament, das als absolut gültig betrachtet wird, sind sie in der Lage, die anspruchsvolle experimentelle und theoretische Arbeit zu leisten, die notwendig ist, um die Anpassung des Paradigmas an die Wirklichkeit in zunehmendem Maße zu verfeinern. Das Vertrauen in die Angemessenheit des Paradigmas versetzt Wissenschaftler in die Lage, ihre Energie eher in Versuche zu stecken, die detaillierten "Rätsel" zu lösen, die sich innerhalb ihres Paradigmas stellen, anstatt sich in Streitgesprächen über die Legitimation ihrer fundamentalen Annahmen und Methoden aufzureiben. Für den Normalwissensenschaftler ist es notwendig, in gewissem Sinne "unkritisch" zu sein. Wenn alle Wissenschaftler an jedem Aspekt des Rahmens, in dem sie forschen, immerzu Kritik übten, würde nie ins Detail gehende Forschung geleistet werden können.

Wenn alle Wissenschaftler Normalwissenschaftler wären und blieben, dann würde eine Einzelwissenschaft sich auf ein einziges Paradigma einschießen und sich danach nicht weiterentwickeln. Dies wäre vom KUHNschen Standpunkt aus ein schwerwiegender Fehler. Ein Paradigma verkörpert einen speziellen konzeptuellen Rahmen, mit dem die Welt betrachtet und beschrieben wird sowie eine Anzahl experimenteller und theoretischer Techniken, um dieses Paradigma an die Gegebenheiten der Realität anzupassen. Aber es gibt keinen *A priori*-Grund dafür, daß man erwarten kann, daß irgendein Paradigma vollkommen ist oder zumindest das beste, das zur Verfügung steht. Es gibt keine induktiven Prozeduren, um zu vollkommen angemessenen Paradigmen zu gelangen. Folglich sollte Wissenschaft die Möglichkeit beinhalten, aus einem Paradigma in ein anderes, besseres auszubrechen. Dies ist die Funktion von Revolutionen. Alle Paradigmen sind in gewissem Maße unzureichend, soweit es die Anpassung an die Realität betrifft. Wenn das Paradigma eine zu geringe Übereinstimmung mit der Wirklichkeit aufweist, d.h., wenn sich eine Krise entwickelt, dann wird der revolutionäre Schritt, das Ersetzen des gesamten Paradigmas durch ein anderes für den Fortschritt der Wissenschaft entscheidend.

Fortschritt durch Revolutionen ist KUHNs Alternative zu dem kumulativen Fortschritt, der für den Induktivismus charakteristisch ist. Gemäß diesem Ansatz wächst wissenschaftliche Erkenntnis kontinuierlich, je mehr und je interessantere Beobachtungen gemacht werden, die es ermöglichen, neue Konzepte zu formulieren, alte weiterzuentwickeln und neue gesetzmäßige Beziehungen zwischen ihnen zu entdecken. Von KUHNs Standpunkt aus ist dies falsch, weil es die Rolle ignoriert, die ein Paradigma bei der Lenkung von Beobachtung und Experiment spielt. Gerade weil ein Paradigma einen derartig tiefgreifenden Einfluß auf die Wissenschaft hat, die in ihrem Rahmen betrieben wird, muß ein Paradigmenwechsel revolutionär sein.

Eine weitere Funktion, die für KUHNs Ansatz spricht, darf nicht unerwähnt bleiben. Wie oben bereits erwähnt wurde, sind KUHNs Paradigmen nicht so genau umrissen, daß sie durch ein explizites System von Regeln ersetzt werden könnten. Verschiedene Wissenschaftler oder Forschergruppen mögen das Paradigma in etwas unterschiedlicher Weise interpretieren und anwenden. Mit derselben Situation konfrontiert, treffen nicht alle Wissenschaftler dieselbe Entscheidung oder wenden dieselbe Strategie an. Dies hat den Vorteil, daß die Anzahl an Strategien, die erprobt werden, sich vervielfältigen. Risiken sind dementsprechend auf die gesamte "Scientific community" verteilt und auf lange Sicht erhöhen sich die Erfolgschancen. Wie sonst könnte die "Scientific community" als Ganzes auf mehrere Möglichkeiten setzen? (Vgl. KUHN, 1974b, S.233).

Weiterführende Literatur

Kuhns Hauptwerk ist *Die Struktur wissenschaftlicher Revolutionen* (1979). Die zweite, revidierte und erweiterte Auflage dieses Buches beinhaltet ein Postskriptum, in dem Kuhn seine Vorstellungen in gewissem Maße weiterentwickelt und modifiziert hat. Seine Modifikation der ursprünglichen Darstellung vom Paradigma wird ausführlicher in dem Aufsatz "Neue Überlegungen zum Begriff des Paradigma" in *Die Entstehung des Neuen* (Kuhn, 1977, S.389-420) diskutiert. Der Band *Kritik und Erkenntnisfortschritt*, hrsg. von I. Lakatos und A. Musgrave (1974), enthält Aufsätze, in denen der Poppersche und Kuhnsche Ansatz miteinander konfrontiert werden. Kuhn vergleicht seine Position mit der von Popper in "Logik der Forschung oder Psychologie der wissenschaftlichen Arbeit?" (S.1-24) und erwidert die Kritik seitens Poppers und Vertretern dessen Ansatzes in "Bemerkungen zu meinen Kritikern" (S.233-270). Eine Sammlung von Essays von Kuhn ist *Die Entstehung des Neuen: Studien zur Struktur der Wissenschaftsgeschichte* (1977), hrsg. von L. Krüger. Wieweit Kuhns Position vornehmlich soziologisch orientiert ist, wird in seinem Aufsatz "Bemerkungen zum Verhältnis von Wissenschaft und Kunst" in *Die Enstehung des Neuen* (Kuhn, 1977, S.446-460) überaus deutlich. D. Bloor verteidigt Kuhn gegen Lakatos in "Two Paradigms of Scientific Knowledge?" (1971). J. Sneeds Versuch, Kuhns Sichtweise zu axiomatisieren sowie eine Diskussion dieses Ansatzes von Kuhn und W. Stegmüller finden sich in dem Kongreßband *Historical and Philosophical Dimensions of Logic, Methodology and Philosophy of*

Science. Part Four of the Proceedings of the Fifth International Congress of Logic, Methodology and Philosophy of Science, London, Ontario, Canada, 1975, hrsg. von R.E. Butts und J. Hintikka (1977).

Zusammenfassende Fragestellungen

1. Was sind die *Grundzüge des* KUHN*schen Ansatzes*?
2. Wodurch ist nach KUHN der *Verlauf des wissenschaftlichen Fortschritts* charakterisiert?
3. Was sind die *grundlegenden Merkmale* eines Paradigmas?
4. Was versteht KUHN unter *normaler Wissenschaft*?
5. Wie kommt es nach KUHN zu einer *Krise* in einer Wissenschaft?
6. Wie genau ist ein Paradigma definiert, und was folgt für den wissenschaftlichen Fortschritt aus der Tatsache, daß verschiedene Wissenschaftler ein Paradigma unterschiedlich interpretieren?
7. Worin sieht KUHN die *Funktion der normalen Wissenschaft*?
8. Wie kommt es nach KUHN zu einem *revolutionären Paradigmenwechsel*?
9. Worin sieht KUHN die *Funktion* von *wissenschaftlichen Revolutionen*?

9

Rationalismus versus Relativismus

In den vorangegangenen zwei Kapiteln haben wir eine Zusammenfassung zweier zeitgenössischer Analysen der Wissenschaft gegeben, die sich grundlegend voneinander unterscheiden. LAKATOS und KUHN legen unterschiedliche Akzente bei der Unterscheidung zwischen Wissenschaft und Nicht-Wissenschaft. Die Konfrontation der Auffassungen von KUHN einerseits und denen von LAKATOS und auch POPPER andererseits hat zu einer Debatte über zwei gegensätzliche Standpunkte angeregt, die mit den Begriffen "Rationalismus" bzw. "Relativismus" verbunden sind. Es geht in dieser Debatte um das Problem der Bewertung der Theorienwahl und um die Mittel und Wege, Wissenschaft von Nicht-Wissenschaft abzugrenzen. In diesem Kapitel zunächst zwei Standpunkte beschrieben werden, die die beiden Extrempositionen dieser Debatte darstellen. Auf der einen Seite der Rationalismus und auf der anderen Seite der Relativismus. Anschliessend soll darauf eingegangen werden, inwiefern es berechtigt ist, LAKATOS und KUHN als Rationalisten oder Relativisten zu bezeichnen.

In dem letzten Abschnitt dieses Kapitels werden einige Bedenken gegen die Art der Debatte erhoben.

1. Rationalismus

Der extreme Rationalist behauptet, daß es ein einziges, zeitloses Kriterium gibt, mit dem man den jeweiligen Wert konkurrierender Theorien beurteilen kann. Ein Induktivist könnte zum Beispiel als allgemeines Kriterium das Ausmaß induktiver Unterstützung heranziehen, die eine Theorie von allgemein anerkannten Tatsachen erhält, wohingegen ein Falsifikationist sein Kriterium mit dem Ausmaß der Falsifizierbarkeit von nicht falsifizierten Theorien begründen könnte. Was auch immer die näheren Einzelheiten einer rationalistischen Formulierung sind, ein wichtiger Aspekt ist in jedem Fall ihre Allgemeingültigkeit und ihr ahistorischer Charakter. Wenn man den jeweiligen Wert der Physik von ARISTOTELES und DEMOKRIT, der Astronomie von PTOLEMÄUS und KOPERNIKUS, der Psychoanalyse von FREUD und des Behaviorismus oder der Urknalltheorie und statischer Modelle des Weltalls beurteilt, bezieht man sich jeweils auf ein allgemeingültiges Kriterium. Für den extremen Rationalisten werden die Entscheidungen in der Wissenschaft von diesem allgemeinen Kriterium geleitet. Der rationale Wissenschaftler wird die Theorien verwerfen, die diesem Kriterium nicht gerecht werden, und wenn er zwischen zwei konkurrierenden Theorien zu wählen hat, dann wird er sich für die Theorie entscheiden, die dem Kriterium am ehesten gerecht wird. Der typische Rationalist vertraut darauf, daß Theorien, die die Forderungen des allgemeinen Kriteriums erfüllen, wahr, annähernd wahr oder wahrscheinlich wahr sind.[1] Das Zitat auf Seite 16 beschreibt, wie ein "übermenschlicher" Wissenschaftler, d.h. ein Wissenschaftler, der stets rational handelt, gemäß einem induktivistischen Rationalismus vorgehen würde.

Die Unterscheidung zwischen Wissenschaft und Nicht-Wissenschaft stellt für den Rationalisten kein Problem dar. Es werden nur die Theorien als wissenschaftlich bezeichnet, die vom Standpunkt des allgemeinen Kriteriums als eindeutig beurteilt werden können und die einer Überprüfung standhalten. Somit kann ein induktiver Rationalist ausschließen, daß Astrologie eine Wissenschaft ist, weil man sie nicht induktiv aus den Beobachtungstatsachen ableiten kann, wohingegen ein Falsifikationist ausschließen kann, daß der Marxismus eine Wissenschaft darstellt, da er nicht falsifizierbar ist. Für den typischen Rationalisten ist es selbstverständlich, daß nur der Erkenntnis Bedeutung beigemessen werden kann, die sich in Übereinstimmung mit dem allgemeinen Kriterium entwickelt. Dies ist insbesondere der Fall, wenn man davon ausgeht, daß dieses Verfahren zur Wahrheit führt. Wahrheit, Rationalität und folglich Wissenschaft werden als etwas betrachtet, daß *per se* gut ist.

2. Relativismus

Der Relativist bestreitet, daß es einen allgemeingültigen ahistorischen Maßstab für Rationalität gibt, mit dem sich beurteilen läßt, ob die eine Theorie besser ist als die andere. Was hinsichtlich wissenschaftlicher Theorien als besser oder schlechter erachtet wird, ist von Individuum zu Individuum oder von Gesellschaft zu Gesellschaft verschieden. Das Ziel der Suche nach Erkenntnis hängt davon ab, was von dem Einzelnen oder von der jeweiligen Gemeinschaft als wichtig oder nützlich erachtet wird. Bezeichnenderweise wird zum Beispiel in der westlichen kapitalistischen Gesellschaft der materiellen Kontrolle über die Natur ein hoher Stellenwert beigemessen, wohingegen in Kulturen, in denen Erkenntnis vor allem dazu dienen soll, dem Menschen Gefühle der Zufriedenheit oder des Friedens zu vermitteln, diesem Ziel ein geringerer Stellenwert beigemessen wird.

Der Ausspruch des alten griechischen Philosophen PROTAGORAS "Der Mensch ist das Maß aller Dinge" macht die relativistische Position deutlich, die sich auf das Individuum bezieht, wohingegen die Äußerung von KUHN (1979, S.106), daß es "keine höhere Norm als die Billigung durch die jeweilige Gemeinschaft" gibt, einen Relativismus zum Ausdruck bringt, der sich auf Gemeinschaften bezieht.[2] Charakterisierungen vom Fortschritt und den Spezifizierungen der Kriterien, mit denen der Wert der Theorien beurteilt werden kann, hängen immer vom Einzelnen oder der Gemeinschaft ab, die diese Kriterien anerkennen.

---

[1] Der recht problematische Begriff der Wahrheit wird ausführlicher im dreizehnten Kapitel diskutiert.

[2] Inwieweit dieser Satz KUHNs grundlegende Sichtweise zum Ausdruck bringt, wird im vierten Abschnitt diskutiert.

Die Entscheidungen und die Wahlen, die Wissenschaftler oder Gruppen von Wissenschaftlern treffen, orientieren sich an ihren jeweiligen Wertvorstellungen. In einer gegebenen Entscheidungssituation gibt es kein allgemeines Kriterium, das dem "rationalen" Wissenschaftler eine logisch zwingende Entscheidung vorschreibt. Um die Theorienwahl eines bestimmten Wissenschaftlers zu verstehen, muß man aus seiner Sicht begründen, worauf dieser Wissenschaftler Wert legt, wohingegen die Theorienwahlen einer Gemeinschaft von ihren gemeinsamen Wertvorstellungen abhängen und somit aus soziologischer Sicht betrachtet werden müssen. Die Erklärung von BORIS HESSEN (1971), der die Anerkennung der Physik von NEWTON im 17. Jahrhundert als eine Antwort auf den technologischen Bedarf jener Zeit versteht, kann als eine relativistische Erklärung betrachtet werden, die die Funktion der Gesellschaft betont, wohingegen die Behauptung von FEYERABEND (1978a, S.50), daß es der "interne Zusammenhang aller Teile des (kopernikanischen) Systems, gemeinsam mit seinem Glauben an das grundlegende Wesen kreisförmiger Bewegungen ist, der KOPERNIKUS die Behauptung aufstellen ließ, daß es die Bewegung der Erde wirklich gibt", eine Äußerung ist, die einem Relativismus entspricht, der den Einzelnen in den Vordergrund stellt.[3]

Da für den Relativisten die Kriterien, mit denen der Wert einer Theorie beurteilt wird, von den Wertvorstellungen und Interessen der Einzelnen oder der Gemeinschaft abhängen, die diese Theorie in Erwägung ziehen, variiert die Unterscheidung zwischen Wissenschaft und Nicht-Wissenschaft entsprechend. So war eine Theorie der Gezeiten, die auf der Anziehungskraft des Mondes beruhte, für die Anhänger von NEWTON gute Wissenschaft, für GALILEI würde sie jedoch an okkulten Mystizismus gegrenzt haben; während in der heutigen Gesellschaft die MARXsche Theorie der historischen Veränderung für die einen gute Wissenschaft ist, stellt sie für andere lediglich Propaganda dar. Der Unterschied zwischen Wissenschaft und Nicht-Wissenschaft ist für den extremen Relativisten viel willkürlicher und weniger wichtig als für den Rationalisten. Ein Relativist wird abstreiten, daß es eine einzige Kategorie "Wissenschaft" gibt, die wirklich anderen Formen der Erkenntnis überlegen ist, obschon es sehr wohl sein kann, daß Einzelne oder Gemeinschaften dem großen Wert beimessen, was in der Regel als Wissenschaft bezeichnet wird. Wenn "Wissenschaft" (der Relativist könnte geneigt sein, an dieser Stelle Anführungszeichen zu verwenden) in unserer Gesellschaft ein hohes Ansehen genießt, dann kann man dies nur verstehen, wenn man unsere Gesellschaft genauestens untersucht und nicht nur einfach das Wesen der Wissenschaft.

Betrachten wir nun, vor dem Hintergrund dieser groben Skizzierung des Rationalismus und des Relativismus, die Ansätze von LAKATOS und KUHN.

---

[3] Das Zitat von FEYERABEND stammt aus "*Science in a Free Society*" (1978). Das 1980 erschienene Buch von FEYERABEND "*Erkenntnis für freie Menschen*" hat gemäß dem Vorwort von FEYERABEND etwa den gleichen Inhalt wie "*Science in a Free Society*", aus dem obiges Zitat stammt; die Probleme sind jedoch deutlicher erklärt und die Behauptungen ausführlicher begründet. Dafür fehlen hingegen die Kapitel über die kopernikanische Revolution, ARISTOTELES und den kritischen Realismus. (Anm. d. Hrsg.)

3. LAKATOS als Rationalist

Einige Schriften von LAKATOS weisen darauf hin, daß er offenbar einen Standpunkt verteidigen möchte, der in etwa dem Standpunkt entspricht, der hier als Rationalismus bezeichnet wurde. Dem Standpunkt, der hier als Relativismus vorgestellt wurde und den er KUHN unterstellt, steht er offenbar mit großem Widerwillen gegenüber. Nach LAKATOS (1974, S.91) "betrifft [diese Auseinandersetzung] unsere zentralen intellektuellen Werte". LAKATOS weist ausdrücklich darauf hin, daß "das Hauptproblem der Wissenschaftstheorie . . . das Problem der Aufstellung *allgemeiner* Bedingungen für die Wissenschaftlichkeit einer Theorie" ist, ein Problem, welches "eng mit dem Problem der Vernünftigkeit der Wissenschaft zusammen[hängt]" und dessen "Lösung uns einen Leitfaden dafür in die Hand geben [sollte], wann die Anerkennung einer wissenschaftlichen Theorie vernünftig ist und wann nicht" (LAKATOS, 1982d, S.182f.; Hervorhebung i. Orig.). Nach LAKATOS erlaubt uns ein relativistischer Standpunkt, nach dem es keine höhere Norm gibt als die der betreffenden Gemeinschaft, keine Möglichkeit, diese Norm zu kritisieren. "Wenn man . . . eine Theorie nur aufgrund der Anzahl, des Glaubens und der Lautstärke ihrer Anhänger beurteilen kann", dann läge "Wahrheit . . . in der Macht" (LAKATOS, 1974, S.91). Wissenschaftlicher Wandel wird zur "Angelegenheit der Massenpsychologie" und wissenschaftlicher Fortschritt ist im wesentlichen "eine Sache der Mode" (LAKATOS, 1974, S.172). In Ermangelung rationaler Kriterien, die bei der Wahl von Theorien behilflich sein könnten, ähnelte der Theorienwandel immer mehr einer Art religiöser Bekehrung (vgl. LAKATOS, 1974, S.91).

Die Rhetorik von LAKATOS läßt dann auch keinerlei Zweifel daran bestehen, daß er einen rationalistischen Standpunkt verteidigen möchte und einen relativistischen Standpunkt mißbilligt. Es soll nun eingehender erörtert werden, in welchem Ausmaß es ihm gelingt, seinen rationalistischen Standpunkt erfolgreich zu verteidigen.

Der allgemeine Maßstab für die Bewertung von Theorien ergibt sich aus seinem Grundsatz, daß "die Methodologie wissenschaftlicher Forschungsprogramme für die Approximation der Wahrheit in unserer tatsächlichen Welt besser geeignet ist als jede andere Methodologie" (LAKATOS, 1982c, S.176). Durch den Wettbewerb verschiedener Forschungsprogramme macht die Wissenschaft Fortschritte. Ein Forschungsprogramm ist besser als ein konkurrierendes Forschungsprogramm, wenn es progressiver ist, wobei der progressive Charakter von dem Maß an Kohärenz und von dem Umfang abhängt, in dem es erfolgreich zu neuartigen Vorhersagen geführt hat, so wie dies im siebten Kapitel diskutiert wurde. Das Ziel der Wissenschaft ist Wahrheit und nach LAKATOS bietet die Methodologie der Forschungsprogramme das geeignete Mittel, um das Ausmaß beurteilen zu können, in dem es uns gelungen ist, dieses Ziel zu erreichen.

"Ich [LAKATOS] gebe Kriterien des Fortschritts und der Stagnation innerhalb eines Programmes an sowie Regeln für die 'Elimination' ganzer Forschungsprogramme" (LAKATOS, 1982b, S.118). Indem Maßstäbe für die Rationalität definiert werden, könnte "die Methodologie der Forschungsprogramme . . . uns also helfen, Gesetze zu formulieren, zur Eindämmung . . . *intellektueller Pollution*" (LAKATOS, 1974, S.170; Hervorhebung d. d. Hrsg.). Derartige Äußerungen lassen erkennen, daß LAKATOS bestrebt war, ein allgemeines Kriterium einzubringen, um Forschungsprogramme im besonderen und wissenschaftlichen Fortschritt im allgemeinen zu beurteilen.

Obgleich LAKATOS ein allgemeines Kriterium für Rationalität oder Wissenschaftlichkeit im Sinn hatte, betrachtete er dieses Kriterium jedoch nicht allein als ein Ergebnis der Logik oder als irgendwie gottgegeben. Er betrachtete es als eine überprüfbare Vermutung. Ob eine Vermutung angemessen ist, muß überprüft werden, indem sie mit der Geschichte der Wissenschaft konfrontiert wird. Konkret bedeutet dies im Fall von LAKATOS und seinen Anhängern, daß ihr geschichtstheoretisches Konzept der Geschichte der Physik gegenübergestellt wird.[4] Allgemein sollte als Maßstab für die Bewertung einer vorgeschlagenen Methodologie (und die damit in Zusammenhang stehende Charakterisierung von Fortschritt) das Ausmaß herangezogen werden, in dem sie imstande ist, "guter" Wissenschaft und ihrer Geschichte gerecht zu werden. Auf den ersten Blick scheint man sich mit dieser Vorgehensweise im Kreis zu bewegen. Die Methodologie bestimmt, welche Theorien aus der Geschichte der Physik gute Physik darstellt, obwohl die Methodologie gerade in bezug auf diese guten Theorien überprüft werden müßte. Wenn man jedoch die näheren Einzelheiten der Darstellung von LAKATOS und die Erläuterungen hierzu von WORRALL berücksichtigt, dann kann man feststellen, daß sich dies nicht ganz so verhält. In der Geschichte der Wissenschaft gibt es tatsächlich Ansatzpunkte, die die Methodologie von LAKATOS unterstützen oder aber in Zweifel ziehen. Die Theorie von LAKATOS kann dadurch belegt werden, wenn gezeigt werden kann, daß Ereignisse in der Geschichte der Wissenschaft zwar nicht vom Standpunkt konkurrierender Theorien erklärt werden können, jedoch ohne weiteres vom Standpunkt der Methodologie der Forschungsprogramme. WORRALLs Studie über den Sachverhalt, daß im frühen 19. Jahrhundert die Wellentheorie von THOMAS YOUNG verworfen und an der Korpuskulartheorie festgehalten wurde, unterstützt zum Beispiel LAKATOS' Methodologie. Die Zurückweisung der Theorie von YOUNG wirft, vom Standpunkt konkurrierender Methodologien aus betrachtet, einige Probleme auf - zu ihrer Erklärung wurden Theorien angeführt, die von vornherein unglaubwürdig waren, wie z.B. die blinde Verehrung für NEWTON. WORRALL zeigt also eine vollständige Übereinstimmung mit der Methodologie von LAKATOS auf. Eine zweite Möglichkeit, mit der die Methodologie von LAKATOS unterstützt werden könnte, ist etwa die folgende. Die Methodologie könnte dazu dienen, ein Programm zu identifizieren, das zwar eifrige Unterstützung von der *Scientific community* erhält, das jedoch nicht in Übereinstimmung mit der Methodologie der Forschungsprogramme steht. Anschließend könnte aufgezeigt werden, daß äußere Ursachen im Spiel waren, wie zum Beispiel das Eingreifen einer Regierung oder eines industriellen Monopols. Wenn ein Ereignis in der Geschichte der Wissenschaft nicht mit der Methodologie von LAKATOS übereinstimmt und wenn man keine zufriedenstellende, unabhängig unterstützende äußere Erklärung dafür finden kann, dann stellt dies insbesondere dann Beweismaterial gegen die Methodologie dar, wenn eine konkurrierende Methodologie das historische Beispiel auf überlegenere Art und Weise erklären kann.

LAKATOS schlägt mithin ein allgemeines Kriterium für Rationalität vor, das zunächst einmal eine Vermutung darstellt und dann im Hinblick auf die Geschichte der Wissenschaft überprüft werden muß. Außerdem erhebt er den Anspruch, daß sein Kriterium den Überprüfungen durch die Ereignisse in der Geschichte der Physik der

---

[4] Zur Überprüfung der Methodologie von LAKATOS anhand der Geschichte der Physik siehe "Die Geschichte der Wissenschaft und ihre rationalen Rekonstruktionen" (LAKATOS, 1982b) sowie JOHN WORRALL (1976, 5. Abschnitt).

etwa letzten zweihundert Jahre besser standgehalten hat als konkurrierende Kriterien, die vorgeschlagen wurden. Die historischen Fallstudien, die von LAKATOS und seinen Anhängern durchgeführt wurden, verleihen dieser letzten Behauptung ein beträchtliches Maß an Unterstützung.

Einige Äußerungen von LAKATOS erwecken den Eindruck, als ob sein Kriterium für Rationalität bei der Wahl von Theorien behilflich sein sollte. Man gewinnt diesen Eindruck aus den Zitaten, die weiter oben angeführt wurden und die darauf hinweisen, daß LAKATOS hoffte, Richtlinien geben zu können, mit denen Forschungsprogramme eliminiert und der "intellektuellen Pollution" entgegengetreten werden könnte. Entgegen diesen Bemerkungen ist die Methodologie von LAKATOS jedoch nicht imstande, Wissenschaftlern Anleitungen zu liefern, und LAKATOS gestand dies auch ein.[5] Insbesondere folgt aus der Methodologie von LAKATOS nicht, daß die Wissenschaftler progressive Programme übernehmen und degenerierte völlig aufgeben sollten. Es ist jederzeit möglich, daß ein degeneriertes Programm ein Comeback erleben kann. " 'Klugheit' gibt es nur im nachhinein . . . Man *muß* einsehen, daß auch ein weit zurückgebliebener Gegner noch immer ein Comeback erleben kann. Kein Vorteil für eine Seite darf jemals als absolut endgültig angesehen werden". Folglich "kann [man] rational an einem degenerierten Programm festhalten, bis es von einem Rivalen überholt ist, *und sogar noch nachher*" (LAKATOS, 1982b, S.119-123; Hervorhebungen i. Orig.). Obwohl die Methodologie von LAKATOS eine Definition dessen umfaßt, was Fortschritt in der modernen Physik ausmacht, bietet sie dennoch denjenigen keine Richtlinien, die einen ähnlichen Fortschritt anstreben. Seine Methodologie ist "eher imstande, den Historiker der Wissenschaft zu leiten, als den Wissenschaftler selbst" (LAKATOS, 1982c, S.165). LAKATOS versäumte so auch, einen rationalistischen Erklärungsansatz für Wissenschaft zu bieten, obgleich aus vielen seiner Bemerkungen deutlich wird, daß er dies eigentlich intendierte.

Nach LAKATOS ist ein Forschungsgebiet eine Wissenschaft, wenn es mit der Methodologie der wissenschaftlichen Forschungsprogramme in Übereinstimmung steht, und es ist keine Wissenschaft, wenn dies nicht zutrifft. Dabei darf man jedoch nicht vergessen, daß dies eine Vermutung darstellt, die erst noch im Hinblick auf die Geschichte der Physik überprüft werden muß. Es ist offensichtlich, daß LAKATOS selbstverständlich davon ausging, daß die Physik das Musterbeispiel an Rationalität und guter Wissenschaft ist. Er behauptete, ohne weitere Argumente anzuführen, daß Wissenschaft, wie sich am Beispiel der Physik exemplarisch zeigt, allen anderen Formen der Erkenntnis überlegen sei, die nicht ihre methodologischen Merkmale teilen. An einer Stelle bezeichnete er den Satz "Physik besitzt größere Wahrheitsnähe als Astrologie" als plausibel und fragt, warum dies nicht, "solange keine ernstzunehmende Alternative verfügbar ist . . . akzeptiert werden" sollte (LAKATOS, 1982c, S.177). Dies wirft ein Licht auf eine problematische Seite seiner Philosophie. LAKATOS schlug seine Methodologie als eine Antwort auf das Problem vor, wie Rationalität von Irrationalität zu unterscheiden sei

---

[5] "Natürlich schreibe ich keinem einzelnen Wissenschaftler vor, was er in einer Situation tun soll, in der er mit zwei konkurrierenden progressiven Forschungsprogrammen konfrontiert ist . . . Aber ich kann beurteilen, was sie getan *haben*. Ich kann sagen, ob sie Fortschritte erreicht haben oder nicht. Aber ich kann keine Anleitung liefern - und ich möchte dies auch gar nicht - was sie im Einzelnen tun sollten und in welcher Richtung der Fortschritt liegt" (LAKATOS, 1971, S.178; Hervorhebung i. Orig.).

sowie auf die Frage, wie "intellektuelle Pollution" eingedämmt werden könne. Er warf Fragen "von brennender gesellschaftlicher und politischer Bedeutung" auf, wie zum Beispiel nach dem Status des Marxismus oder der heutigen Forschung auf dem Gebiet der Genetik (vgl. LAKATOS, 1982a, S.1-6). Es hat jedoch den Anschein, als ob die Antwort von Anfang an größtenteils feststand und weitestgehend ohne Beweisführung angenommen wurde. LAKATOS ging davon aus, daß jedes Forschungsgebiet, das nicht die charakteristischen Merkmale der Physik teilt, keine Wissenschaft sei und, vom Standpunkt der Rationalität aus betrachtet, somit minderwertiger sei als die Physik.[6]

4. KUHN als Relativist

KUHN nennt mehrere Kriterien, die angewandt werden können, um zu beurteilen, ob eine Theorie besser ist als eine konkurrierende Theorie. Sie umfassen "Genauigkeit der Voraussage, besonders der quantitativen Voraussage, das Verhältnis zwischen esoterischen und alltäglichen Gegenstandsbereichen und die Anzahl der verschiedenen gelösten Probleme" und auch, obschon weniger wichtig, "Einfachheit, Anwendungsbreite und Verträglichkeit mit anderen Spezialgebieten" (KUHN, 1979, S.217). Kriterien wie diese bilden die Werte der "Scientific community". Die Methode, mit der diese Werte bestimmt werden können, muß "letzten Endes psychologisch oder soziologisch sein . . . Das heißt, sie muß die Beschreibung eines Wertsystems, einer Ideologie sein, zusammen mit einer Analyse jener Institutionen, durch welche dieses System weitergegeben und erhärtet wird" (KUHN, 1974a, S.21). Es gibt "keine höhere Norm als die Billigung durch die jeweilige Gemeinschaft" (KUHN, 1979, S.106). Diese Aspekte des Standpunktes von KUHN stimmen mit der hier dargelegten Charakterisierung des Relativismus überein. Die Beurteilung, ob eine Theorie besser ist als eine andere Theorie oder nicht, muß sich nach den Maßstäben der jeweiligen Gemeinschaft richten, und diese Maßstäbe variieren entsprechend dem kulturellen und historischen Hintergrund der Gemeinschaft. Der Relativismus von KUHN wird in den Schlußsätzen des Postskriptums zu *Die Struktur wissenschaftlicher Revolutionen* nachdrücklich betont. "Wissenschaftliche Kenntnisse sind wie die Sprache wesentlich das Gemeineigentum einer Gruppe, oder es gibt sie nicht. Um sie zu verstehen, werden wir die besonderen Charakteristika der Gruppen kennen müssen, die sie hervorbringen und gebrauchen" (KUHN, 1979, S.221).

KUHN bestreitet, daß er ein Relativist sei. Als Antwort auf den Vorwurf, daß er ein Relativist sei, schrieb er: "Spätere wissenschaftliche Theorien sind besser als frühere geeignet, Probleme in den oft ganz unterschiedlichen Umwelten, auf die sie angewandt werden, zu lösen. Dies ist keine relativistische Position, und in diesem Sinne bin ich fest überzeugt vom wissenschaftlichen Fortschritt" (KUHN, 1979, S.217). Dies erweckt den Eindruck, daß KUHN ein Rationalist ist, der ein allgemeines Kriterium spezifiziert, mit dem die relativen Werte von Theorien beurteilt werden können, nämlich die Fähigkeit, Probleme zu lösen. Die Behauptung von KUHN, daß sein Standpunkt nicht relativistisch sei, kann schwerlich aufrechterhalten werden. Er selber bemerkt, daß Überlegungen, die

---

6 FEYERABEND macht in "On the Critique of Scientific Reason" in HOWSON (1976, S.309-339) eine Unterscheidung zwischen den Fragen "Was ist Wissenschaft?" und "Was ist das Besondere an Wissenschaft?" und bemerkt, daß LAKATOS auf die zweite Frage keine Antwort liefert.

sich auf die Fähigkeit des Problemlösens beziehen, "weder einzeln noch zusammen zwingend" sind, soweit die relativen Verdienste konkurrierender Paradigmen betroffen sind und daß "ästhetische Erwägungen" (nach denen die neue Theorie " 'sauberer', 'besser geeignet' oder 'einfacher' als die alte" ist) manchmal entscheidend sein können (KUHN, 1979, S.166). Dies führt uns zurück zu einem relativistischen Standpunkt. Ein weiteres Problem eines allgemeinen Kriteriums für Fortschritt, das auf der Fähigkeit beruht, Probleme zu lösen, ist die Schwierigkeit, diesen Begriff in einer nicht-relativistischen Art und Weise zu bestimmen. Aus KUHNs eigener Auslegung von Wissenschaft folgt, daß das, was man als Problem bezeichnen muß, von dem Paradigma oder der Gesellschaft abhängig ist. Mein eigenes Lieblingsbeispiel betrifft die Bestimmung des Atom und Molekulargewichtes von natürlich vorkommenden Elementen und Verbindungen im 19. Jahrhundert. Die genaue Bestimmung warf zu jener Zeit schwerwiegende Probleme auf. Vom Standpunkt des 20. Jahrhunderts aus betrachtet kann man verstehen, daß natürlich vorkommende Verbindungen aus etwas bestehen, was vom Standpunkt der theoretischen Chemie eine willkürliche und theoretisch uninteressante Mischung von Isotopen ist, so daß, wie F. SODDY bemerkte, die eifrigen Bemühungen der Chemiker des 19. Jahrhunderts "uns . . . ebenso uninteressant und unwichtig [erscheinen], wie die Bestimmung des Durchschnittsgewichts einer Sammlung von Flaschen, einige voll, einige mehr oder weniger leer" (zit. n. LAKATOS, 1974, S.136).

Obschon KUHN behauptet, daß Wissenschaft in gewissem Sinne durchaus Fortschritte zu verzeichnen hat, lehnt er den Anspruch in ziemlich unzweideutiger Weise ab, daß diese Fortschritte sich aus irgendeiner genau definierten Richtung der Wahrheit annähern. Im dreizehnten Kapitel soll erörtert werden, warum ich mit ihm in diesem Standpunkt übereinstimme.

Was die Frage der Theoriewahl betrifft, so besteht KUHN darauf, daß es keine logisch zwingenden Auswahlkriterien gibt. "Es gibt keinen neutralen Algorithmus für die Theoriewahl, kein systematisches Entscheidungsverfahren, daß bei richtiger Anwendung jeden einzelnen in der Gruppe zu derselben Entscheidung führen müßte" (KUHN, 1979, S.211). Innerhalb einer "Scientific community" existieren Werte, die von der Gemeinschaft gutgeheißen werden und die die Wahlen einzelner Wissenschaftler beeinflussen - sei es nun Genauigkeit, Anwendungsbreite, Einfachheit, Fruchtbarkeit oder dergleichen. Wissenschaftler, die sich an diese Werte halten, können in derselben konkreten Situation zu unterschiedlichen Entscheidungen gelangen. Dies ist auf die Tatsache zurückzuführen, daß sie den verschiedenartigen Werten ein unterschiedliches Gewicht beimessen oder auch dieselben Kriterien in derselben konkreten Situation unterschiedlich anwenden.

Ob ein Gebiet die Bezeichnung Wissenschaft verdient oder nicht, hängt für KUHN davon ab, ob es mit der Darstellung von Wissenschaft übereinstimmt, die in *Die Struktur wissenschaftlicher Revolutionen* gegeben wurde. KUHN behauptet, daß die wichtigste Eigenschaft eines Forschungsgebietes bezüglich der Unterscheidung zwischen Wissenschaft und Nicht-Wissenschaft das Ausmaß ist, in dem dieses Gebiet imstande ist, eine normale Wissenschaftstradition zu fördern. Mit den Worten von KUHN: "Es dürfte schwierig sein, ein anderes Kriterium zu finden, das so deutlich ein Fachgebiet zur Wissenschaft proklamiert" (KUHN, 1979, S.36).

Das Abgrenzungskriterium von KUHN wurde von POPPER (1974) mit der Begründung kritisiert, daß es die Rolle der Kritik an der Wissenschaft zu sehr betont; von

LAKATOS (1974, S.150), weil es unter anderem dem Wettstreit zwischen Forschungsprogrammen (oder Paradigmen) keine Bedeutung beimißt und von FEYERABEND (1974, S.194f.) mit der Begründung, daß die Unterscheidung von KUHN zu der Schlußfolgerung führen würde, daß sowohl das organisierte Verbrechertum als auch die "Oxford-Philosophie" die Bezeichnung "Wissenschaft" verdienten.

Ähnlich wie LAKATOS behauptet auch KUHN nicht, daß die Wissenschaft besser als andere Erkenntnisbereiche sei - aber er geht davon aus. Er erhebt allerdings den Anspruch, daß, falls unsere Theorie der Rationalität im Widerspruch zu einer Wissenschaft steht, wir erstere ändern sollten. "Aber stattdessen anzunehmen, daß wir Rationalitätskriterien besitzen, die unabhängig von unserem Verständnis dessen sind, was als das Wesentliche an einem wissenschaftlichen Prozeß gelten soll, wäre gleichbedeutend damit, Tür und Tor zum Wolkenkuckucksheim zu öffnen" (KUHN, 1974b, S.255). Der einzige Punkt, in dem sich die Position von KUHN von dem Relativismus, wie wir ihn kennengelernt haben, unterscheidet, ist meiner Ansicht nach die hohe Meinung von Wissenschaft als *das* Beispiel für Rationalität, die er mit LAKATOS teilt.

LAKATOS' Verwendung von Begriffen wie "ansteckende Panik" bezüglich KUHNs Charakterisierung von Krisensituationen und "Massenpsychologie" bezüglich seiner Charakterisierung von Revolutionen ist zu extrem. Dennoch liegt darin ein Körnchen Wahrheit. Gemäß der Wissenschaftsdarstellung von KUHN müssen die Werte, die in dem Wissenschaftsprozeß wirksam sind und die dafür entscheidend sind, welche Theorien anerkannt bzw. verworfen werden, durch gründliche psychologische und soziologische Untersuchungen der "Scientific community" aufgedeckt werden. Wenn dies mit der Annahme zusammengebracht wird, daß die gegenwärtige Wissenschaft höchstens ein Bruchstück an Rationalität darstellt, dann befinden wir uns in einer sehr bescheidenen Lage. Der Standpunkt von KUHN gibt uns keine Möglichkeiten, die Entscheidungen und die Arbeitsweise der "Scientific community" zu kritisieren. Obwohl in der Darstellung von KUHN soziologische Untersuchungen eine wichtige Rolle spielen, bietet er äußerst wenig an soziologischer Theorie und er liefert ebensowenig Hinweise darauf, wie akzeptable und inakzeptable Möglichkeiten unterschieden werden können, um innerhalb der "Scientific community" einen Konsens zu erzielen. LAKATOS' Darstellung schneidet in dieser Hinsicht besser ab, insofern als sie Mittel und Wege anbietet, mit denen wenigstens *einige* Entscheidungen der "Scientific community" in diesem Sinne kritisiert werden können.

Was bisher in diesem Kapitel diskutiert wurde, läßt sich vielleicht mit dem Hinweis zusammenfassen, daß LAKATOS sich zum Ziel gesetzt hatte, eine rationalistische Darstellung von Wissenschaft zu geben, was ihm jedoch mißlang; wohingegen KUHN zurückwies, daß er eine relativistische Darstellung von Wissenschaft beabsichtigte, er aber tatsächlich eine solche vorlegte.

5. Zur Verlagerung der Debatte

In diesem Kapitel drehte sich die Rationalismus und Relativismusdiskussion fast ausschließlich um die Bewertung und Anerkennung von verschieden Bereichen der Erkenntnis. Wir haben verschiedene Analysen der Kriterien betrachtet, die Einzelnen oder Gruppen die Beurteilung ermöglichen, ob eine Theorie besser ist als eine konkurrierende Theorie, oder ob ein bestimmter Wissensbereich wissenschaftlich ist oder nicht. Ob eine derartige Fragestellung dazu geeignet ist, das Wesen der Wissenschaft grundlegend zu begreifen, wird zweifelhaft, wenn man sich vor Augen führt, daß nicht selten eine ziemlich große Diskrepanz zwischen dem Stand der Dinge und ihrer Beurteilung durch Einzelne oder Gruppen besteht. Es ist zum Beispiel nicht möglich, daß eine Theorie besser ist - in dem Sinne von größerer Wahrheitsnähe, besserer Problemlösung, eines besseren Instruments zur Vorhersage, oder was auch immer - als eine konkurrierende Theorie, selbst wenn niemand dies für möglich hält. Kann es nicht sein, daß Einzelpersonen oder Gruppen sich in ihrem Urteil über das Wesen oder den Rang einer Theorie irren können? Wenn eine derartige Frage schon aufgeworfen wird, dann liegt die Vermutung nahe, daß es durchaus sein kann, daß es Möglichkeiten gibt, das Wesentliche der Wissenschaft, ihre Ziele und ihre Formen des Fortschritts zu analysieren; ungeachtet dessen, was Einzelpersonen oder Gruppen darüber denken mögen. In dem nächsten Kapitel wird der Weg für eine derartige Analyse geebnet und im elften Kapitel soll die Darstellung eines Theorienwechsels innerhalb der Physik gegeben werden, der nicht von den Urteilen Einzelner oder von Gruppen bestimmt wird.

Weiterführende Literatur

Eine ausgezeichnete Quelle für die Debatte zwischen Kuhn auf der einen und Popper und Lakatos auf der anderen Seite ist *Kritik und Erkenntnisfortschritt*, hrsg. von I. Lakatos und A. Musgrave (1974). Eine Fortsetzung dieses Sammelbandes ist *Fortschritt und Rationalität der Wissenschaft*, hrsg. von G. Radnitzky und G. Anderson (1980). Der Standpunkt von LAKATOS wird diskutiert und kritisiert in *Essays in Memory of Imre Lakatos*, hrsg. von R.S. Cohen, P.K. Feyerabend & M.W. Wartofsky (1976). Von besonderer Bedeutung ist der darin enthaltene Aufsatz von A. Musgrave "Method or Madness?". Die Verteidigung der Rationalität kritisiert Feyerabend im 16. Kapitel von *Wider den Methodenzwang* (1976) und in seinem Aufsatz "On the Critique of Scientific Reason" in *Method and Appraisal in the Physical Sciences*, hrsg. von C. Howson (1976). Eine sehr klare und lesenswerte Darstellung eines relativistischen Standpunktes, ähnlich der von Kuhn, ist *Perception, Theory and Commitment: The New Philosophy of Science* von Harold I. Brown (1977). Eine relativistische Auseinandersetzung mit der Wissenschaft und der Soziologie der Tradition der Erkenntnis ist *Knowledge and Social Imagery* von D. Bloor (1976). Einen brauchbaren Versuch zur Klärung einiger strittiger Punkte in der Diskussion zwischen Rationalismus und Relativismus unternahm Denise Russell mit dem Aufsatz "Scepticism in Recent Epistemology" (1981).

Zusammenfassende Fragestellungen

1. Worin unterscheiden sich der Rationalismus und der Relativismus voneinander?
2. Wodurch sind beide Ansätze jeweils charakterisiert?
3. Welche Kriterien zieht der *Relativist* im Gegensatz zum *Induktivisten* bzw. *Falsifikationisten* heran, um den jeweiligen Wert *konkurrierender Theorien* zu beurteilen?

4. Welche Kriterien zieht ein *Relativist* heran, wenn er eine Theorie verwirft oder anerkennt?
5. Was ist nach LAKATOS das *Ziel der Wissenschaft*?
6. Welche Kriterien führt KUHN an, nach denen beurteilt werden kann, ob eine Theorie besser ist als konkurrierende Theorien?
7. Welche Faktoren spielen bei der Bewertung der einzelnen Kriterien durch die "Scientific community" eine Rolle?
8. Warum können Wissenschaftler in derselben konkreten Situation zu unterschiedlichen Entscheidungen gelangen?
9. Was ist nach KUHN *das* Kriterium, um Wissenschaft von Nicht-Wissenschaft zu unterscheiden?
10. Was meint KUHN mit ". . . keine höhere Norm als die Billigung durch die jeweilige Gemeinschaft"?
11. Wie lautet die Kritik von POPPER, LAKATOS und FEYERABEND an diesem Kriterium?

10
Objektivismus

In der Art, wie der Begriff hier verwendet wird, ist der Objektivismus eine Sichtweise, die im Hinblick auf menschliche Erkenntnis die Tatsache betont, daß Gegenstände der Erkenntnis, von einfachen Behauptungen bis hin zu komplexen Theorien, Eigenschaften und Charakteristika besitzen, die über das Bewußtsein und die Überzeugung des Einzelnen, der sie entwirft und der sich mit ihnen auseinandersetzt, hinausgehen. (Die Beobachtung, daß der Objektivismus, wie er in diesem Kapitel dargestellt wird, Widersprüche beinhalten oder zu Konsequenzen führen mag, deren ich mir nicht bewußt bin und die ich möglicherweise auch nicht begrüßen würde, wäre durchaus mit dem objektivistischen Standpunkt zu vereinbaren.) Objektivismus steht im Gegensatz zu der Sichtweise des sogenannten Individualismus, gemäß dem Erkenntnis als Überzeugung des Einzelnen verstanden wird. Um den Standpunkt des Objektivismus zu verdeutlichen, soll zunächst der individualistische Standpunkt in groben Zügen dargestellt und ihm dann der Objektivismus gegenübergestellt werden.

1. Individualismus

Vom individualistischen Standpunkt aus wird Erkenntnis als eine bestimmte Menge von Überzeugungen verstanden, die eine Einzelperson hat und die in deren Gedächtnis gespeichert ist. Alltägliche Gepflogenheiten bestätigen diese Sichtweise. Wenn ich zum Beispiel sage "Ich kenne das Datum, an dem ich diesen speziellen Abschnitt schrieb, aber kein anderer", dann beziehe ich mich auf etwas, das zu meinen Kenntnissen zählt und in gewissem Sinne in meinem Gedächtnis gespeichert ist. Es zählt nicht zu den Kenntnissen anderer Personen und ist bei niemand anderem im Gedächtnis gespeichert. Wenn ich die Frage stelle "Kennst Du das erste Bewegungsgesetz NEWTONs oder nicht?", dann stelle ich eine Frage über etwas, mit dem eine andere Person als Individuum vertraut sein mag. Es ist klar, daß der Anhänger des Individualismus, der diese Art von Erkenntnis als persönliches Wissen versteht, nicht anerkennen wird, daß sich genuine Erkenntnis aus Einzelüberzeugungen zusammensetzt. Wenn ich der Meinung bin, daß das erste Bewegungsgesetz von NEWTON lautet "Äpfel fallen nach unten", dann ist dies schlicht falsch und meine falsche Überzeugung wird nicht zur Erkenntnis beitragen. Wenn eine Überzeugung als wahre Erkenntnis aufgefaßt werden kann, dann muß es möglich sein, die Überzeugung damit zu rechtfertigen, indem geeignetes Beweismaterial angeführt wird, das aufzeigt, daß sie wahr oder unter Umständen wahrscheinlich wahr ist. "Erkenntnis ist in diesem Sinne wahre Überzeugung, für die es genügend Beweismaterial gibt" (ARMSTRONG, 1973, S.137).

Wird Erkenntnis von diesem individualistischen Standpunkt aus betrachtet, dann ist unschwer zu erkennen, wie ein grundlegendes Problem auftaucht. Es ist der sogenannte *unendliche Regreß* von Ursachen, der mindestens bis auf PLATON zurückgeht. Wenn eine Aussage gerechtfertigt werden soll, dann wird auf andere Aussagen verwiesen, die sie belegen. Aber dies wirft das Problem auf, wie diese Aussagen wiederum selbst gerechtfertigt werden können. Wenn wir für diese dann auf weitere Belege zurückgreifen, die ein höheres Maß an Evidenz besitzen, dann wiederholt sich das Problem - und es wiederholt sich so lange, bis ein Weg gefunden wird, der diesen drohenden unendlichen Regreß unterbricht. Um ein einfaches Beispiel zu geben, wollen wir davon ausgehen, daß wir mit dem Problem konfrontiert wären, das erste Gesetz von KEPLER zu rechtfertigen, das besagt, daß sich Planeten in elliptischen Bahnen um die Sonne bewegen. Wenn wir zu diesem Zwecke aufzeigen, daß sich seine annähernde Gültigkeit aus den NEWTONschen Gesetzen ergibt, ist unsere Rechtfertigung solange unvollständig, solange wir nicht die NEWTONschen Gesetze gerechtfertigt haben. Wenn wir versuchen, die NEWTONschen Gesetze zu rechtfertigen, indem wir auf experimentelle Befunde zurückgreifen, dann taucht die Frage der Gültigkeit dieses experimentellen Beweises auf und so fort. Wenn das Problem des unendlichen Regresses vermieden werden soll, dann ist offenbar eine Anzahl von Aussagen notwendig, die nicht mit dem Verweis auf andere Aussagen gerechtfertigt werden müssen, sondern die in gewissem Sinne durch sich selbst gerechtfertigt sind. Eine solche Anzahl von Aussagen würde dann die *Grundlage der Erkenntnis* bilden und jede Überzeugung, die den Status von Erkenntnis erreichen soll, müßte für ihre Rechtfertigung bis zu diesen Grundlagen zurückverfolgt werden können.

Wenn das Erkenntnisproblem in dieser Weise aufgefaßt wird, ist es leicht, nachzuvollziehen, wie zwei rivalisierende Traditionen der Wissenschaftstheorie, der klassische Rationalismus[1] und der Empirismus, entstehen konnten. In groben Zügen und stark verallgemeinernd können wir folgendermaßen argumentieren: Der Einzelne hat zwei Möglichkeiten, Erkenntnisse über die Welt zu erwerben, durch Denken und durch Beobachtung. Wenn wir der ersteren Methode den Vorrang einräumen, dann führt uns dies zu einer klassischen rationalistischen Erkenntnistheorie, während wir umgekehrt zu einer empiristischen Theorie gelangen.

Gemäß dem klassischen Rationalismus können wahre Grundlagen der Erkenntnis über das denkende Bewußtsein erlangt werden. Die Voraussetzungen, die jene Grundlage bilden, stellen sich bei gewissenhaftem Schlußfolgern und Reflektieren als eindeutig, unabhängig und als selbstevident dar. Das klassische Beispiel des rationalistischen Konzepts von Erkenntnis ist die euklidische Geometrie. Die Grundlagen dieses speziellen Erkenntnisbereichs werden als Axiome begriffen, als Aussagen wie "durch einen außerhalb einer Geraden liegenden Punkt kann nur eine Parallele zu dieser Geraden gezogen werden". Es kann von derartigen Axiomen gesagt werden, daß sie unmittelbar

[1] Der klassische Rationalismus darf nicht mit dem Rationalismusbegriff verwechselt werden, der im vorangegangenen Kapitel dem Relativismus gegenübergestellt wurde. Ich hoffe, daß dieser unterschiedliche Gebrauch des Rationalismusbegriffes nicht verwirrend ist.

evident und wahr sind, ohne selbst bewiesen werden zu müssen (auch wenn vom heutigen Standpunkt aus betrachtet einige dieser Axiome vor dem Hintergrund der allgemeinen Relativitätstheorie von EINSTEIN falsch sind). Wenn sie einmal als wahr anerkannt sind, dann sind auch alle Theoreme, die deduktiv von ihnen abgeleitet werden, wahr. Die unmittelbar evidenten Axiome bilden nach dem rationalistischen Vorbild die sichere Grundlage, mit der geometrische Erkenntnis gerechtfertigt werden kann. Der erste klassische Rationalist der Neuzeit, wie er hier umrissen wurde, war RENÉ DESCARTES.

Für einen klassischen Empiristen kann der Einzelne wahre Grundlagen der Erkenntnis über seine Sinneswahrnehmungen erreichen. Der Empirismus setzt voraus, daß der Einzelne die Welt mit seinen Sinnen *wahr*-nimmt und so zu wahren Aussagen über die Wirklichkeit kommt. Die Aussagen, die so begründet werden, bilden die Grundlagen, auf denen weitere Erkenntnis durch verschiedene Arten des induktiven Schlußfolgerns aufgebaut wird. JOHN LOCKE war einer der frühen Empiristen der Neuzeit. Die induktivistische Sichtweise von Wissenschaft, wie sie im ersten Kapitel umrissen wurde, repräsentiert eine Art des Empirismus.

2. Objektivismus

Der Einzelne, der in diese Welt hineingeboren wird, kommt in eine Welt, in der bereits eine Menge an Erkenntnis existiert. Jemand, der anstrebt, Physiker zu werden, wird mit Erkenntnisinhalten konfrontiert, die den jetzigen Stand der Entwicklung der Physik darstellen und mit denen er sich vertraut machen muß, wenn er in diesem Bereich einen Beitrag leisten will. Der Objektivist räumt bei der Analyse der Erkenntnis den Eigenschaften der Erkenntnisinhalte, mit denen der Einzelne konfrontiert wird, Priorität ein, unabhängig von den Einstellungen, Überzeugungen oder anderen subjektiven Haltungen dieses Einzelnen. Mit anderen Worten, Erkenntnis wird als etwas betrachtet, das eher außerhalb des Verstandes oder des Kopfes Einzelner existiert.

Worauf der Objektivismus abzielt, kann unter Hinweis auf sehr einfache Voraussetzungen dargestellt werden. Betrachten wir die Sprache, dann besitzt ein Satz innerhalb dieser Sprache Eigenschaften, ob sie nun dem Einzelnen bewußt sind oder nicht, und ob er dies glaubt oder nicht. Zum Beispiel hat der Satz "Meine Katze und ich wohnen in einem Haus, das von keinem Tier bewohnt wird" die Eigenschaft, widersprüchlich zu sein, während die Sätze "Ich habe eine Katze" und "Heute starb mein Meerschweinchen" die Eigenschaften besitzen, das Ergebnis des Satzes "Heute tötete meine weiße Katze mein Meerschweinchen" zu sein. In diesen einfachen Beispielen wird die Tatsache deutlich, daß die Sätze diejenigen Eigenschaften besitzen, die hier ausgewählt wurden - aber dem muß nicht so sein. Zum Beispiel mag ein Richter in einem Mordprozeß nach langer und sorgfältiger Analyse die Tatsache entdecken, daß die Aussage eines Zeugen der eines anderen widerspricht. Wenn dies tatsächlich der Fall ist, dann trifft dies zu, unabhängig davon, was die Zeugen beabsichtigten und ob sie sich der Widersprüchlichkeit bewußt und von der Richtigkeit ihrer Aussagen überzeugt waren oder nicht. Was wäre, wenn der Richter in unserem Beispiel die Widersprüchlichkeit nicht aufgedeckt hätte, es damit unentdeckt geblieben und es niemals jemandem aufgefallen wäre? Dennoch würde die Tatsache bestehen bleiben, daß die Aussagen der Zeugen widersprüchlich waren. Sätze können also Eigenschaften haben, ganz unabhängig davon, ob sich irgend jemand dessen bewußt ist oder nicht. Sie haben "objektive Eigenschaften".

Das Labyrinth von Sätzen, den ein Erkenntnisbereich zu einem Stadium seiner Entwicklung umfaßt, besitzt in ähnlicher Weise Eigenschaften, denen sich der Einzelne nicht bewußt sein muß, der in diesem Gebiet arbeitet. Die theoretische Struktur der modernen Physik ist so komplex, daß sie zweifellos nicht mit der Überzeugung eines einzelnen Physikers oder einer Gruppe von Physikern gleichgesetzt werden kann. Viele Wissenschaftler tragen in ihrer speziellen Weise und mit ihren jeweiligen speziellen Fähigkeiten zur Entwicklung und Erforschung der Physik bei, gerade so, wie viele Arbeiter ihre Kräfte bei der Erbauung einer Kathedrale vereinigen. Und genau wie ein rundum zufriedener Turmarbeiter in seiner Glückseligkeit nichts von der Bedeutung irgendwelcher Entdeckungen mitbekommt, die andere Arbeiter bei Erdaushebungen im Bereich des Fundaments der Kathedrale machen, so kann sich ebenso ein überlegener Theoretiker in seinem Elfenbeinturm der Bedeutung von irgendwelchen experimentellen Befunden für die Theorie, mit der er arbeitet, nicht bewußt sein. In beiden Fällen mögen objektiv Beziehungen zwischen Teilbereichen der Struktur existieren, unabhängig davon, ob sich irgend jemand der Beziehungen bewußt ist oder nicht.

Ein entscheidendes Argument zugunsten der objektivistischen Position ist, daß wissenschaftliche Theorien oftmals Konsequenzen haben, die von den ursprünglichen Befürwortern der Theorie nicht beabsichtigt sind und die ihnen auch nicht bewußt waren. Diese Konsequenzen, wie die Vorhersage eines neuartigen Phänomens oder die unerwartete Konfrontation mit einer anderen Theorie, mit der sie im Widerspruch steht, existieren als Eigenschaften der neuen Theorie und müssen durch weitere wissenschaftliche Praxis aufgedeckt werden. So konnte POISSON entdecken und demonstrieren, daß aus FRESNELs Wellentheorie des Lichtes der Schluß gezogen werden kann, daß es einen hellen Fleck im Zentrum der Schattenseite einer angestrahlten Scheibe geben müßte; eine Konsequenz, der sich FRESNEL selbst nicht bewußt war. Ebenso wurde eine Vielzahl von Konflikten zwischen FRESNELs Theorie und der NEWTONschen Teilchentheorie aufgedeckt, die von dieser Theorie angegriffen wurde. Zum Beispiel sagte FRESNELs Theorie vorher, daß sich Lichtstrahlen in Luft schneller fortpflanzen als in Wasser, während NEWTONs Theorie vorhersagte, daß die Geschwindigkeit in Wasser größer sein würde. Derartige Ereignisse liefern überzeugende Evidenz für die Auffassung, daß wissenschaftliche Theorien eine objektive Struktur außerhalb der Vorstellungen einzelner Wissenschaftler besitzen sowie Eigenschaften haben, die entweder entdeckt werden oder nicht und die von einzelnen Wissenschaftlern oder Forschergruppen richtig verstanden werden oder nicht. Das folgende Beispiel ist ein wenig ausführlicher und soll dazu dienen, diesen Punkt zu unterstreichen und zu einem verwandten Problem hinzuführen.

Als CLERK MAXWELL in den 60er Jahren des 19. Jahrhunderts seine elektromagnetische Theorie entwickelte, hatte er eine Reihe expliziter Ziele im Sinn. Eines davon war, eine mechanistische Erklärung von elektromagnetischen Phänomenen zu entwickeln. MAXWELL wollte damit die Theorie von FARADAY, die Konzepte von "Kraftlinien" und dergleichen enthielt, auf ein sicheres Fundament stellen, indem er versuchte, sie auf eine mechanische Theorie eines mechanischen Äthers zurückzuführen. Im Zuge seiner Bemühungen hielt MAXWELL es für vorteilhaft, ein neues Konzept einzuführen - das des

Verschiebungsstromes. Eine der attraktiven Konsequenzen dieses Schrittes war die, daß sie, wie MAXWELL zeigen konnte, zu der Möglichkeit einer elektromagnetischen Erklärung des Lichtes führte. Folgende Punkte sollen in diesem Zusammenhang unterstrichen werden: Erstens, MAXWELL war sich einer der dramatischsten Konsequenzen seiner eigenen Theorie nicht bewußt, nämlich, daß sie eine neue Art von Phänomen vorhersagte, die Radiowellen, die von oszillierenden elektrischen Quellen erzeugt werden können.[2] Ungeachtet der Tatsache, daß sich MAXWELL dieser Konsequenz seiner Theorie nicht bewußt war, konnte sie doch 1881, nach einigen mißlungenen Versuchen und zwei Jahren nach MAXWELLs Tod von G.F. FITZGERALD entdeckt und eindeutig demonstriert werden. Der zweite Punkt ist der, daß die Formulierung der elektromagnetischen Theorie durch MAXWELL den ersten Schritt zur Unterwanderung der Position markieren sollte, die die ganze physikalische Welt als ein materielles System erklärte, welches durch die NEWTONschen Gesetze bestimmt ist; eine Position, die von MAXWELL und seiner Schule stark unterstützt wurde. Die objektive Beziehung zwischen NEWTONs und MAXWELLs Theorie ist die, daß letztere nicht auf erstere zurückgeführt werden kann, auch wenn dies bis in die ersten Jahrzehnte des 20. Jahrhunderts nicht richtig eingeschätzt wurde. Das Programm, das den Elektromagnetismus auf die Mechanik des Äthers zurückführt, war ein angestrebtes Ziel, über das in der "MAXWELL-Schule" Konsens herrschte - aber auch ein Programm, das von Anfang an zum Scheitern verurteilt war.

Zur Untermauerung der Behauptung, daß Problemsituationen objektiv existieren, kann folgendes Beispiel weiteres beitragen. Während Verfechter der MAXWELLschen Theorie wie OLIVER LODGE und JOSEPH LARMOR versuchten, Äthermodelle zu entwerfen, hatten einige Physiker auf dem europäischen Festland ein anderes Programm entworfen, das sich von MAXWELLs Theorie ableitete. H. A. LORENTZ in den Niederlanden und H. HERTZ in Deutschland begannen zu verstehen, daß MAXWELLs Theorie erfolgreich ausgeweitet und auf neue Situationen angewandt werden könnte, wenn man den mechanistischen Äther, der angeblich den Feldqualitäten zugrundelag, außer acht ließe und sich auf die Eigenschaften der Felder, die in MAXWELLs Gleichungen in wechselseitiger Beziehung zueinander standen, konzentrieren und diese erforschen würde. Dieser Weg erwies sich als sehr erfolgreich und führte schließlich zu EINSTEINs spezieller Relativitätstheorie. Der Punkt, der hier betont werden soll, ist der, daß das Programm, dem LORENTZ, HERTZ und andere tatsächlich nachgingen, schon in den MAXWELLschen Arbeiten in der Form einer objektiv existierenden Möglichkeit vorlag, eine Möglichkeit, die MAXWELL und seine Schule im Gegensatz zu LORENTZ nicht in vollem Umfang erfaßten.

POPPER hat eine Analogie zwischen objektiv existierenden Problemsituationen innerhalb der Wissenschaft und einem Nistkasten in einem Garten entworfen. Der Nistkasten repräsentiert eine objektiv existierende Problemsituation und eine Gelegenheit für Vögel. Eines Tages mögen einige Vögel die Gelegenheit wahrnehmen, das Problem lösen und erfolgreich den Nistkasten dazu benutzen, ein Nest zu bauen. Das Problem sowie die Möglichkeit existieren für Vögel, ob sie darauf reagieren oder nicht. Analog

---

[2] Zur Verteidigung dieser kontroversen Behauptung siehe CHALMERS (1973c). Zu Einzelheiten des MAXWELLschen Versuchs, Elektromagnetismus auf die Mechanik des Äthers zu reduzieren, vgl. CHALMERS (1973a).

dazu existieren Problemsituationen innerhalb der Wissenschaft, ob sie nun von Wissenschaftlern richtig eingeschätzt und genutzt werden oder nicht. Die Tatsache, daß Problemsituationen objektive Gelegenheiten darstellen, hilft die Beispiele gleichzeitiger Entdeckungen in der Wissenschaft zu erklären, wie etwa die gleichzeitige "Entdeckung" des Gesetzes der Energieerhaltung durch verschiedene unabhängige Wissenschaftler in den 40er Jahren des 19. Jahrhunderts. Wenn man Fragen nachgeht, die den Status von bestimmten Theorien oder Forschungsprogrammen betreffen, dann werden Objektivisten ihr Augenmerk eher auf die Merkmale jener Theorien oder Programme legen als auf die Überzeugungen, Gefühle oder andere subjektive Einstellungen von Einzelnen oder Gruppen, die in diesem Bereich arbeiten. Sie befassen sich zum Beispiel mit dem Verhältnis zwischen NEWTONs und GALILEIs Theorie und sind insbesondere daran interessiert, in welcher Hinsicht erstere als Fortschritt der letzteren betrachtet werden kann. Sie befassen sich jedoch nicht mit Fragen der Einstellungen von GALILEI oder NEWTON zu ihren Theorien. Die Frage, ob GALILEI fest an die Wahrheit seiner Theorien glaubte oder nicht, ist nicht von Bedeutung für das Verständnis der Physik und ihres Fortschritts, obgleich diese Frage natürlich wichtig wäre, wenn man beabsichtigte, GALILEI zu verstehen.

3. Wissenschaft als soziale Praxis

Bisher wurde eine objektivistische Sichtweise umrissen, die sich auf die Theorien konzentrierte, die in Worten oder mathematischen Lehrsätzen explizit gemacht werden. Jedoch betrifft Wissenschaft mehr als dies. Es gibt auch die praktische Seite der Wissenschaft. Eine Wissenschaft umfaßt in einem bestimmten Stadium ihrer Entwicklung eine Anzahl von Techniken, um die Theorien, aus denen sie besteht, klar auszudrücken, anzuwenden und zu überprüfen. Die Entwicklung einer Wissenschaft geht in analoger Weise vonstatten wie eine Kathedrale erbaut wird, die das Resultat der vereinten Arbeit einer Anzahl einzelner Personen darstellt, von denen jeder seine speziellen Fähigkeiten eingebracht hat. Oder nach J.R. RAVETZ (1971, S.81):

> "Wissenschaftliche Erkenntnis wird in der Gesamtheit sozialer Anstrengung geleistet und ergibt sich aus der Arbeit vieler Spezialisten in ihrer jeweiligen, ganz besonderen Interaktion mit der Natur".

Eine vollständige objektivistische Charakterisierung von Wissenschaft würde eine Beschreibung der Fähigkeiten und Techniken, die sie umfaßt, einschließen.

Eine wichtige allgemeine Charakterisierung der Praxis der Physik seit GALILEI ist die Tatsache, daß sie Experimente miteinbezieht. Experimentieren bedeutet geplantes, theoriegeleitetes Eingreifen in die Natur. Mit dem Ziel der Exploration und Überprüfung einer Theorie wird eine künstliche Situation konstruiert. Experimentelle Praxis dieser Art gab es in der Physik vor GALILEI nicht. Eine wichtige Konsequenz aus dieser Tatsache, daß das Experiment in fundamentaler Weise Bestandteil der Physik ist, wird im 13. und 14. Kapitel diskutiert.

Die Einzelheiten der experimentellen Techniken in der Physik haben sich natürlich in gleicher Weise geändert, wie sich die Physik entwickelt hat. Der einzelne Experimentator benötigt bei der Konstruktion seiner Apparatur und bei der Gewinnung von Daten Fachkenntnisse, die er zum Teil aus Büchern, aber in der Hauptsache durch Versuch und Irrtum sowie im Austausch mit erfahreneren Kollegen erworben hat. Wie sehr ein einzelner Experimentator jedoch auch von der Zuverlässigkeit seiner Ergebnisse überzeugt sein mag, seine subjektive Überzeugung reicht nicht aus, damit sich jene Befunde als gültiger Teil der wissenschaftlichen Erkenntnis qualifizieren. Die Befunde müssen weiterführenden Überprüfungen standhalten können, zuerst vielleicht durch die unmittelbaren Kollegen des Experimentators und später durch den entsprechenden wissenschaftlichen Beirat von Fachzeitschriften. Wenn die Befunde solchen Überprüfungen standhalten und veröffentlicht werden, wird die Frage ihrer Angemessenheit in einem breiteren Rahmen der Überprüfung unterworfen. Es mag dabei herauskommen, daß die veröffentlichten Ergebnisse im Hinblick auf andere experimentelle oder theoretische Entwicklungen aufgegeben werden müssen. All dies erweckt den Eindruck, daß es zutreffender ist, eine experimentelle Entdeckung, ob sie nun die Existenz eines neuen fundamentalen Teilchens betrifft, eine neue und genauere Schätzung der Lichtgeschwindigkeit oder sonst irgend etwas, eher als das Ergebnis einer komplexen sozialen Aktivität zu betrachten, anstatt als Überzeugung oder geistiges Eigentum eines Einzelnen.

Ein weiteres allgemeines Merkmal der modernen Physik, das sie von der Physik vor GALILEI und von vielen anderen Bereichen der Erkenntnis abgrenzt, ist die Tatsache, daß ihre Theorien in der Hauptsache in mathematischen Formeln ausgedrückt werden. Eine vollständige Charakterisierung einer Wissenschaft zu einem bestimmten Stadium ihrer Entwicklung würde eine Charakterisierung der theoretischen und mathematischen Techniken einschließen, die Teil dieser Wissenschaft sind. Ein Beispiel, dem wir in diesem Buch bereits begegnet sind, ist etwa die von GALILEI eingeführte Methode, einen Vektor in seine Komponenten zu zerlegen und jede dieser Komponenten einzeln zu betrachten. Ein anderes Beispiel ist FOURIERs Technik, jede Wellenform als eine Überlagerung von Sinuswellen zu behandeln. Ein entscheidender Unterschied zwischen den Wellentheorien des Lichtes, die von YOUNG und FRESNEL aufgestellt wurden, war der, daß letztere über geeignete mathematische Grundlagen verfügte (vgl. WORRALL, 1976).

Eine objektivistische Charakterisierung der Physik in einem bestimmten Stadium ihrer Entwicklung umfaßt eine genauere Beschreibung der theoretischen Sätze sowie der experimentellen und mathematischen Techniken, die dem einzelnen Wissenschaftler zur Verfügung stehen.

4. Der Objektivismus bei POPPER, LAKATOS und MARX

Den Standpunkt bezüglich der Erkenntnis, der hier MUSGRAVE (1974b) folgend als Objektivismus dargestellt wurde, machten sich POPPER und LAKATOS zu eigen und beide traten sogar nachhaltig für ihn ein. Ein Buch mit Essays von POPPER hat bezeichnenderweise den Titel "Objektive Erkenntnis" (1973). Eine Passage daraus lautet:

> "Nach meiner . . . These gibt es zwei verschiedene Bedeutungen von Erkenntnis oder Denken: (1) *Erkenntnis oder Denken im subjektiven Sinne*: ein Geistes- oder Bewußtseinszustand oder eine Verhaltens-oder Reaktionsdisposition, und (2) *Erkenntnis oder Denken im objektiven*

> *Sinne*: Probleme, Theorien und Argumente als solche. Die Erkenntnis in diesem objektiven Sinne ist völlig unabhängig von irgend jemandes Erkenntnisanspruch, ebenso von jeglichem Glauben oder jeglicher Disposition, zuzustimmen, zu behaupten oder zu handeln. Erkenntnis im objektiven Sinne ist *Erkenntnis ohne einen Erkennenden*: es ist *Erkenntnis ohne erkennendes Subjekt*" (POPPER, 1973, S.126; Hervorhebungen i. Orig.).

LAKATOS unterstützt POPPERs Objektivismus in vollem Umfang und beabsichtigte, mit seiner Methodologie wissenschaftlicher Forschungsprogramme einen objektivistischen Wissenschaftsansatz zu begründen. Er sprach von der "abgrundtiefen Kluft zwischen objektivem Wissen . . . und seinen verzerrten Spiegelungen im Bewußtsein von Individuen" (LAKATOS, 1982b, S.279). Und in einer längeren Passage schreibt er:

> "Eine Aussage kann also pseudowissenschaftlich sein, auch wenn sie ungeheuer "einleuchtend" ist und jedermann sie für richtig hält, und sie kann andererseits wissenschaftlich wertvoll sein, auch wenn sie unglaublich anmutet und niemand sie für richtig hält. Eine Theorie kann sogar von höchstem wissenschaftlichen Wert sein, wenn niemand sie versteht, geschweige denn für richtig hält.
>
> Der Erkenntniswert einer Theorie hat nichts mit ihrem psychologischen Einfluß auf die Menschen zu tun. Für-Richtig-Halten, Überzeugtsein, Verstehen sind Zustände des menschlichen Bewußtseins. Doch der objektive wissenschaftliche Wert einer Theorie ist unabhängig vom menschlichen Bewußtsein, das sie erschafft oder versteht" (LAKATOS, 1982a, S.1).

LAKATOS betont die Erforderlichkeit eines objektivistischen Standpunktes, wenn man die Geschichte der "internen Entwicklung" einer Wissenschaft schreibt. "Ein POPPERscher interner Historiker [braucht] kein Interesse zu nehmen an den involvierten *Personen* oder an ihren Überzeugungen, ihre eigene Tätigkeit betreffend" (LAKATOS, 1982b, Anm. S.215. Hervorhebung i. Orig.). Folglich ist die Geschichte der internen Entwicklung einer Wissenschaft die "Geschichte . . . körperloser Wissenschaft" (LAKATOS, 1982b, Anm. S.124).

In gewissem Sinne ist der historische Materialismus, die Gesellschaftstheorie und Theorie sozialen Wandels von KARL MARX eine objektivistische Theorie, in der der objektivistische Ansatz, wie er hier im Hinblick auf Erkenntnis beschrieben wurde, auf die Gesellschaft als Ganzes Anwendung findet. Der MARXsche Objektivismus kommt in seiner bekannten Aussage zum Ausdruck: "Es ist nicht das Bewußtsein der Menschen, das ihr Sein, sondern ihr gesellschaftliches Sein, das ihr Bewußtsein bestimmt". Vom materialistischen Standpunkt aus werden Individuen in einen bestimmten Teil einer vorher existierenden sozialen Struktur hineingeboren, die sie nicht gewählt haben und ihr Bewußtsein wird dadurch geformt, wie sie in dieser sozialen Struktur handeln und was sie in ihr erfahren. Obgleich Individuen dahin kommen können, sich einen Begriff vom Wesen der sozialen Struktur zu machen, in der sie leben, wird es immer eine "abgrundtiefe Kluft zwischen [der Struktur und den Wirkungen der Gesellschaft] und ihrem verzerrten Spiegelbild im Bewußtsein von Individuen" geben. Das Ergebnis sozialen

Handelns eines Individuums ist durch die Einzelheiten der sozialen Situation bestimmt, in der es lebt, und unterscheidet sich bezeichnenderweise stark von dem, was das Individuum intendiert. Genau wie sich ein Physiker, der versucht, einen Beitrag zur Entwicklung der Physik zu leisten, einer objektiven Situation gegenübersieht, die seine Wahl und Handlungsmöglichkeiten einschränkt und die das Ergebnis seines Handelns beeinflußt, so sieht sich ein Individuum, das hofft, einen Beitrag zum sozialen Wandel zu leisten, einer objektiven Situation gegenüber, die seine Wahlund Handlungsmöglichkeiten einschränkt und die das Ergebnis einer solchen Wahl und Handlung beeinflußt. Für das Verständnis des sozialen Wandels ist eine Analyse der objektiven Situation genauso entscheidend wie für das Verständnis des wissenschaftlichen Wandels.

Im nächsten Kapitel soll der Versuch unternommen werden, einen theoretischen Ansatz des Theorienwechsels in der Physik darzustellen, der absolut objektivistisch ist.

Weiterführende Literatur

Die Hauptquellen von Poppers Überlegungen zum Objektivismus sind *Objektive Erkenntnis. Ein evolutionärer Entwurf* (1973), insbesondere das 3. und 4. Kapitel sowie das 14. Kapitel seines Buches *Die offene Gesellschaft und ihre Feinde*, Band 2 (1980). Poppers Vorstellung vom Objektivismus wird in dem Aufsatz von A. Musgrave "The Objectivism of Popper's Epistemology" in *The Philosophy of Karl R. Popper*, hrsg. von P.A. Schilpp (1974), zusammengefaßt. Kritik erfährt Poppers Position in dem Aufsatz "Poppers Mystification of Objective Knowledge" von D. Bloor (1974) und in dem Artikel "Poppers `Objektive Erkenntnis' " von Feyerabend (1981). Wissenschaft als soziales Handeln wird bei J.R. Ravetz, *Scientific Knowledge and its Social Problems* (1971), J. Ziman, *Public Knowledge* (1968) und bei L. Sklair, *Organized Knowledge* (1973) diskutiert. Eine eher populärwissenschaftliche Darstellung, die sich nicht in erster Linie mit epistemologischen Problemen befaßt, stellt *What is Science For?* von Bernhard Dixon (1973) dar. Eine Version des Marxismus, die den Akzent auf den objektivistischen Aspekt dieser Philosophie legt und die einige Hinweise auf den objektivistischen Ansatz der Erkenntnis umfaßt, wird von dem zeitgenössischen französischen Philosophen Louis Althusser vertreten. Die wichtigsten seiner Werke sind *Das Kapital lesen* (1972) und *Für Marx* (1968). In diesem Zusammenhang sollte auch *Marxism and Epistemology* von Dominique Lecourt (1975) erwähnt werden.

Zusammenfassende Fragestellungen

1. Wodurch ist der Standpunkt des *Individualismus* charakterisiert?
2. Wie kann das *Problem des unendlichen Regresses* gelöst werden?
3. Was versteht man unter *Axiomen*? Welche Rolle spielen sie im klassischen *Rationalismus*?
4. Was ist die *Kernaussage des Objektivismus*?
5. Welche Argumente sprechen für die Position des *Objektivismus*?
6. Welchen Sachverhalt illustriert die *Nistkastenanalogie* von POPPER?

7. Inwiefern ist es sinnvoll, von der *Wissenschaft als sozialer Praxis* zu sprechen, und was folgt daraus?
8. Wofür stehen die Schlagworte von der "Erkenntnis ohne erkennendes Subjekt" und von der "Geschichte körperloser Wissenschaft"?
9. Inwiefern vertritt MARX einen objektivistischen Standpunkt?

11
Ein objektivistischer Ansatz zum Theorienwechsel in der Physik

1. Die Grenzen des LAKATOSschen Objektivismus

Der hier vorgeschlagene Ansatz zum Theorienwechsel ist eine Modifikation der LAKATOSschen Methodologie der Forschungsprogramme.[1] Bevor dieser Ansatz dargestellt wird, möchte ich in diesem Abschnitt die Grenzen des Ansatzes zum Theorienwechsel von LAKATOS diskutieren oder vielmehr darlegen, warum er meines Erachtens überhaupt keinen Ansatz zum Theorienwechsel geliefert hat.

Die Methodologie von LAKATOS bezieht sich auf die Entscheidungen von Wissenschaftlern, wenn sie sich mit einem Forschungsprogramm einen *harten Kern* und eine positive Heuristik zu eigen machen. Nach LAKATOS ist der harte Kern des NEWTONschen Programms " 'unwiderlegbar' aufgrund der methodologischen Entscheidungen seiner Protagonisten" (LAKATOS, 1974, S.130). Ein Forschungsprogramm hat einen "konventionell akzeptierten (und daher vorläufig 'unwiderlegbaren') *harten Kern*" (LAKATOS, 1982b, S.116). Die positive Heuristik ist die Vorgehensweise der Forschung oder ein "vorgefaßter Plan" (LAKATOS, 1982b, S.116), den die Wissenschaftler anerkennen. "Die Probleme, die Wissenschaftler, welche rational an mächtigen Forschungsprogrammen arbeiten, zur Behandlung auswählen, werden bestimmt durch die positive Heuristik des Programms" (LAKATOS, 1974, S.134).

An dieser Stelle drängt sich die entscheidende Frage auf, ob sich Wissenschaftler überhaupt den Vorschriften der Methodologie von LAKATOS bewußt sind. Wenn dies nicht zutrifft, dann ist es kaum zu verstehen, wie die Methodologie von LAKATOS den Theorienwandel *erklären* kann. Lediglich der Hinweis, daß ein Wandel in der Geschichte der Physik im Einklang mit der Methodologie wissenschaftlicher Forschungsprogramme stattgefunden hat, erklärt nicht, *warum* es sich so verhielt. Wenn man andererseits jedoch davon ausgeht, daß Wissenschaftler ganz bewußt der Methodologie von LAKATOS folgen, dann tauchen weitere Probleme auf. Erstens fällt es schwer einzusehen, wie Wissenschaftler während der vergangenen zweihundert Jahre sich den Vorschriften

---

[1] Der objektivistische Ansatz zum Theorienwechsel, der in diesem Kapitel in groben Zügen dargestellt wird, erschien bereits früher in CHALMERS: "Towards An Objectivist Account of Theory Change" (1979, S.227-233) und noch ausführlicher in "An Improvement and a Critique of LAKATOS's Methodology of Scientific Research Programmes" (CHALMERS, 1980, S.2-27). Dank gilt den Herausgebern der jeweiligen Zeitschriften für die Erlaubnis der Wiedergabe an dieser Stelle.

einer Methodologie bewußt sein konnten, die erst vor kurzem konstruiert wurde. LAKATOS selbst hat die große Kluft zwischen der Methodologie, die NEWTON vertrat und der, nach der er sich in der Praxis richtete, aufgezeigt (vgl. LAKATOS, 1982f, S.209-240).[2] Zweitens ist die Methodologie von LAKATOS, wie wir gesehen haben, unangemessen, um Wissenschaftlern Entscheidungen vorzugeben, was im übrigen in Übereinstimmung mit seiner eigenen Erklärung steht, daß seine Methodologie nicht beabsichtige, Wissenschaftlern Ratschläge zu erteilen. Drittens berücksichtigt kein Ansatz, der versucht, Erklärungen für einen Theorienwechsel zu geben, die in erster Linie bei den bewußten Entscheidungen der Wissenschaftler ansetzen, in ausreichendem Maße "die Kluft zwischen objektivem Wissen . . . und seinen verzerrten Spiegelungen im Bewußtsein von Individuen".

Sowohl LAKATOS als auch POPPER und KUHN gehen von der Voraussetzung aus, daß ein Theoriewechsel in bezug auf die Entscheidungen von Wissenschaftlern erklärt werden muß. Insofern es POPPER und LAKATOS versäumen, angemessene Vorschriften für die Wahl von Theorien zu liefern, gelingt es ihnen auch nicht, eine Erklärung für einen Theorienwechsel zu geben, wohingegen KUHN recht unkritisch jeglichen, von der "Scientific community" gutgeheißenen Entscheidungen recht nachsichtig gegenübersteht. Im weiteren soll in diesem Kapitel der Versuch unternommen werden, die Methodologie von LAKATOS in einer Weise zu modifizieren, die die Konfundierung von Theorienwahl und Theorienwechsel vermeidet.

2. Objektive Entwicklungsmöglichkeiten

Im zweiten Abschnitt des zehnten Kapitels wurde der Gedanke der objektiven Entwicklungsmöglichkeit einer Theorie oder eines Programms eingeführt. Der Ansatz zum Theorienwechsel in der Physik, der hier vorgestellt werden soll, macht sich diese Vorstellung zunutze. Für eine Theorie und der damit verknüpften Praxis ergeben sich zu jedem Stadium ihrer gemeinsamen Entwicklung vielfältige Entwicklungsmöglichkeiten. Einige der theoretischen Entwicklungen werden aufgrund der verfügbaren theoretischen und mathematischen Techniken möglich, wohingegen praktische Entwicklungen aufgrund der verfügbaren experimentellen Techniken möglich werden. Der Ausdruck "Fruchtbarkeitsgrad" soll dafür herangezogen werden, um die Häufung von objektiven Möglichkeiten zu beschreiben, wie sie sich in einem Forschungsprogramm zu einem bestimmten Entwicklungsstadium darbieten. Der Fruchtbarkeitsgrad eines Programms ist zu bestimmten Zeitpunkten ein objektives Merkmal dieses Programms, das es ungeachtet dessen besitzt, ob ein einzelner Wissenschaftler sich dieses Merkmals bewußt ist oder nicht. Es weicht deshalb von LAKATOS Vorstellungen einer positiven Heuristik ab, die eine Verfahrensweise der Forschung darstellt und die mehr oder weniger bewußt von Wissenschaftlern übernommen wird. Der Fruchtbarkeitsgrad eines

---

[2] "Die Unklarheit und Ärmlichkeit von NEWTONS *Theorie der wissenschaftlichen Leistung* steht in erschreckendem Gegensatz zu der Klarheit und dem Reichtum seiner *wissenschaftlichen Leistung* (LAKATOS, 1982f, S.235; Hervorhebungen i. Orig.). GREGORY CURRIE (1980) machte die Feststellung, daß die Entscheidungen früherer Wissenschaftler eher im Zusammenhang mit der Beurteilung der jeweiligen Sachlage erklärt werden müssen, als vom Standpunkt irgendeiner zeitgenössischen Methodologie.

Programms mißt das Ausmaß, in dem es objektive Entwicklungsmöglichkeiten enthält oder das Ausmaß, in dem es neue Forschungsrichtungen aufzeigt.

Eine Beschreibung von STILLMANN DRAKE (1970, S.97) über das Ausmaß, in dem GALILEIs Physik neue Forschungsrichtungen eröffnete, beschreibt treffend, was sich hinter dem Begriff des Fruchtbarkeitsgrades verbirgt:

> "Es war GALILEI, der als Erster die Mathematik, Physik und Astronomie in einer wirklich entscheidenden und fruchtbaren Weise zusammenbrachte, indem er durchweg die Mathematik in der Physik und die Physik in der Astronomie zur Anwendung brachte. Die drei Disziplinen wurden bis dahin im wesentlichen als selbständig betrachtet; GALILEI enthüllte ihre Dreiecksbeziehung und er eröffnete dadurch neue Forschungsgebiete für Wissenschaftler unterschiedlichster Interessen und Fähigkeiten".

Andere Beispiele können aus Fallstudien entnommen werden, die zur Unterstützung der Methodologie von LAKATOS herangezogen wurden. Folgen wir zum Beispiel der Studie von E. ZAHAR (1976), die berichtet, wie die spezielle Relativitätstheorie von EINSTEIN letztendlich das Programm des Elektromagnetismus von H.A. LORENTZ ersetzte, dann können wir zum Beispiel sagen, daß die Theorie von EINSTEIN im Jahr 1905 einen größeren Fruchtbarkeitsgrad besaß als die Theorie von LORENTZ. Da EINSTEINs Theorie einige allgemeingültige Behauptungen bezüglich der Eigenschaften von Raum und Zeit umfaßte, eröffneten sich Möglichkeiten, die Folgen dieser Behauptungen in vielen Bereichen der Physik zu untersuchen. Dagegen war die Theorie von LORENTZ fest in der elektromagnetischen Theorie verankert und konnte nicht in gleicher Weise außerhalb ihrer Grenzen angewandt werden. In seiner Studie über den Wettstreit zwischen YOUNGS Wellentheorie und NEWTONs Korpuskulartheorie des Lichtes schreibt WORRALL unter Bezugnahme auf die Gegebenheiten von 1810: "Durch den vergleichsweise niedrigen Entwicklungsstand der Mechanik des elastischen Mediums im Verhältnis zu der Mechanik von festen Teilchen war die Heuristik des Korpuskularprogramms . . . wesentlich genauer als die des Wellenprogramms" (WORRALL, 1976, S.158; i. Orig. als Ganzes hervorgehoben). Die Korpuskulartheorie besaß 1810 einen höheren Fruchtbarkeitsgrad als das Programm der Wellentheorie.

Der Begriff des Fruchtbarkeitsgrades wird noch deutlicher, wenn wir versuchen, einige Bedenken auszuräumen, auf die bereits früher hingewiesen wurde. Es handelt sich dabei um folgende Einwände: (1) Der Begriff ist zu unklar, um ein quantitatives Maß für den Fruchtbarkeitsgrad zuzulassen; (2) der Begriff des Fruchtbarkeitsgrades impliziert die negative Konsequenz, daß der Fruchtbarkeitsgrad umso größer sein wird, je ungenauer eine Theorie oder ein Programm ist, da eine hinlänglich unklare Theorie oder ein Programm mit praktisch jeder Entwicklungsrichtung vereinbar ist; (3) der Begriff des Fruchtbarkeitsgrades ist als Werkzeug für den Historiker wertlos, weil die günstigen Entwicklungsmöglichkeiten erst dann offensichtlich werden, wenn erst einmal ihr Nutzen deutlich geworden ist, so daß das Aufzeigen des Fruchtbarkeitsgrades eines Programms auf nichts anderes hinausläuft, als zu erfassen, wie es sich tatsächlich entwickelt hat; (4) wenn es darum geht, die Entwicklung der Wissenschaft zu *erklären*, stellt der Fruchtbarkeitsgrad eines Programms keine Hilfe dar, da er erst im nachhinein angemessen analysiert und richtig eingeschätzt werden kann.

Was Einwand (1) betrifft, so stimme ich darin überein, daß es keine Möglichkeit gibt, ein quantitatives Maß für den Fruchtbarkeitsgrad eines Programms zu erhalten. Hingegen behaupte ich, daß es oftmals möglich ist, qualitative Vergleiche zwischen den Fruchtbarkeitsgraden konkurrierender Programme anzustellen, wie dies aus den Beispielen, die wir den Fallstudien von LAKATOS entnommen haben, deutlich wird. Es soll nachgewiesen werden, daß dies ausreicht, um eine objektivistische Erklärung des Theorienwechsels zu liefern.[3] Einwand (2) würde, wäre er berechtigt, für meinen Standpunkt zweifellos vernichtend sein. Aus zwei Gründen ist er es nicht. Erstens darf man eine unklare Handlungsweise nicht als eine Möglichkeit in dem besagten Sinn betrachten. Ein Beispiel einer derartigen Handlungsweise muß in Form von genau und eindeutig umschriebenen experimentellen, mathematischen oder theoretischen Methoden spezifiziert werden, die zu einem bestimmten historischen Zeitpunkt den Wissenschaftlern zusammen mit bestimmten Theorien und Hypothesen zur Verfügung stehen, die zu diesem Zeitpunkt den harten Kern und den Schutzgürtel eines Programms ausmachen sowie das Rohmaterial liefern, mit dem die oben erwähnten Methoden zur Anwendung gebracht werden können. Der zweite Grund, warum Einwand (2) zurückgewiesen werden muß, besteht darin, daß die Entwicklung, für die eine Theorie mit einem hohen Fruchtbarkeitsgrad viele Möglichkeiten liefern muß, nicht irgendeine eingefahrene Entwicklung ist, sondern eine Entwicklung zu neuartigen Vorhersagen, etwa in dem Sinne von LAKATOS.

Einwand (3) wird am besten dadurch entkräftet, daß man Beispiele von objektiven Möglichkeiten der Entwicklung heranzieht, die, ganz nüchtern betrachtet, nichts gebracht haben. Die Physik von ARCHIMEDES bot Entwicklungsmöglichkeiten, die Jahrhunderte unbeachtet blieben. In seiner Arbeit über das Gleichgewicht und den Schwerpunkt sowie über die Hydrostatik führte er Methoden ein, die man sehr gut auf andere Bereiche hätte ausdehnen und auf anderes, vorhandenes "Rohmaterial" hätte anwenden können. So hätte beispielsweise die Methode, die Grundlagen einer Theorie in einer idealisierten, mathematischen Weise zu formulieren, wobei Systeme im mathematischen euklidischen Raum betrachtet werden, eine Methode, die ARCHIMEDES in die Statik einführte, auch auf die Dynamik ausgeweitet werden können, indem sowohl sich bewegende als auch feststehende Hebel, sowohl Gegenstände, die durch ein Medium hindurchfallen als auch Gegenstände, die in einem Medium treiben, in Betracht gezogen worden wären. Erst durch GALILEI konnten solche Möglichkeiten ausgenutzt werden, aber zu diesem Zeitpunkt gab es natürlich schon mehr theoretisches "Rohmaterial", mit dem man arbeiten konnte, als es ARCHIMEDES zur Verfügung stand.[4] Die Arbeiten von PTOLEMÄUS und AL HAZEN schafften Möglichkeiten für die Entwicklung der Optik, die bis zur Zeit von GALILEI und KEPLER ungenutzt blieben. In seiner Untersuchung dieses Problems schrieb V. RONCHI (1967):

> "Obgleich wir nicht wissen, wer als erster die Brillengläser erfand, *wissen* wir mit ziemlicher Sicherheit, wann sie zum erstenmal auftauchten,

---

[3] Insofern Fruchtbarkeitsgrade lediglich verglichen, jedoch nicht einzeln gemessen werden können, befindet sich der Begriff des Fruchtbarkeitsgrades in der gleichen Situation wie eine Anzahl anderer Begriffe in der Wissenschaftsphilosophie, beispielsweise POPPERs Falsifizierbarkeitsgrad (vgl. POPPER, 1982, 6. Kap.).

[4] Zur Beziehung zwischen den Arbeiten von ARCHIMEDES und GALILEI siehe MAURICE CLAVELIN (1974, 3. Kap.).

> nämlich etwa zwischen 1280 und 1285. Jedoch erschienen die ersten Fernrohre erst um 1590. Warum dauerte es drei Jahrhunderte, um ein Brillenglas vor ein anderes zu setzen?"

Weiter versucht er dann zu erklären, warum diese objektiven Entwicklungsmöglichkeiten ungenutzt blieb. Zugegebenermaßen wird bei der Beschreibung dieser Möglichkeit Material aus der Geschichte der Physik und der Philosophie herangezogen, das in dem untersuchten Zeitraum nicht zur Verfügung stand. Eine angemessene Charakterisierung von objektiven Entwicklungsmöglichkeiten und von Fruchtbarkeitsgraden ist erst im nachhinein möglich. Insofern ist Einwand (4) berechtigt. Aber die Tatsache, daß Wissenschaftler sich nicht des Fruchtbarkeitsgrades des Programms, an dem sie arbeiten, bewußt sind und auch nicht bewußt sein brauchen, ist keineswegs als Einwand gegen meine Position zu betrachten. Gerade dieser Gesichtspunkt ermöglicht eine objektivistische Erklärung des Theorienwechsels, der die subjektiven Elemente, die in der Erklärung von LAKATOS vorhanden sind, vermeidet.

3. Ein objektivistischer Ansatz zum Theorienwechsel in der Physik

Innerhalb bestimmter Grenzen, auf die im nächsten Abschnitt näher eingegangen werden soll, kann nunmehr ein objektivistischer Ansatz zum Theorienwechsel in der modernen Physik dargestellt werden. Der Ansatz beruht auf der grundlegenden Annahme, daß es in der Gesellschaft oder in den Gesellschaften, in denen Physik betrieben wird, Wissenschaftler mit den geeigneten Kenntnissen, Talenten und Interessen gibt, um diese Wissenschaft weiterzuentwickeln. Wir müssen zum Beispiel davon ausgehen können, daß es in solchen Situationen, in denen eine objektivistische Analyse die Existenz von sicheren experimentellen oder theoretischen Methoden nachweist, auch Wissenschaftler mit den geistigen und physischen Resourcen gibt, um diese Methoden in die Praxis umzusetzen. Ich gehe davon aus, daß diese Annahme in Europa zweihundert Jahre lang von der Physik erfüllt wurde.

Falls meine soziologische Annahme zutrifft, dann können wir davon ausgehen, daß, falls eine objektive Entwicklungsmöglichkeit eines Programms vorhanden ist, sie früher oder später auch von Wissenschaftlern genutzt wird. Das Ergebnis ist, daß ein Programm, das mehr objektive Entwicklungsmöglichkeiten bietet als ein konkurrierendes, dieses Programm überflügelt, wenn diese Möglichkeiten ausgeschöpft werden. Dies ist selbst dann der Fall, wenn die Mehrheit der Wissenschaftler die Arbeit an dem Programm mit niedrigerem Fruchtbarkeitsgrad wählt. Im letzteren Fall wird die Minderheit, die sich für das Programm mit den größeren Entwicklungsmöglichkeiten entscheidet, schnell Erfolg haben, wohingegen diejenigen, die den Mehrheitsstandpunkt vertreten, sich vergeblich abmühen, von nichtbestehenden Entwicklungsmöglichkeiten zu profitieren. FRANCOIS JAKOB (1976, S.11) gibt den Kern meines Standpunktes wieder, wenn er schreibt:

> "[In] dieser endlosen Diskussion zwischen dem, was ist und dem, was sein könnte, auf der Suche nach dem Schimmer einer weiteren, aufschlußreichen Möglichkeit ist der Spielraum eines einzelnen Forschers manchmal sehr knapp bemessen. Die Bedeutung des Einzelnen nimmt ab,

> wenn die Anzahl der Praktiker zunimmt: wenn eine Beobachtung nicht hier und heute gemacht wird, dann wird sie oftmals morgen irgendwo anders gemacht".

Meine Position kann veranschaulicht werden, indem wir die Analogie mit den Nistkästen erweitern, die wir im zehnten Kapitel angeführt haben, um den objektiven Charakter von Problemsituationen zu erläutern. Wir vergleichen einen Garten, in dem eine große Anzahl von Nistkästen ist, mit einem zweiten, ähnlichen Garten, in dem keine Nistkästen sind. Es ist sehr wahrscheinlich, daß nach einigen Monaten oder Jahren, vorausgesetzt, daß genügend Vögel in der Umgebung jedes Gartens angesiedelt sind, wesentlich mehr Vögel in dem Garten genistet haben, der mit Nistkästen versehen wurde, als in dem anderen Garten. Dieser Umstand wird dadurch angemessen erklärt, daß der eine Garten objektiv bessere Möglichkeiten für den Nestbau bot als der andere. Der entscheidende Punkt, der in diesem Beispiel deutlich werden soll, ist der, daß es bei dieser Erklärung nicht notwendig ist, sich auf die Entscheidungen der Vögel, auf Rationalität oder etwas dergleichen zu beziehen.

Falls unsere soziologische Annahme zutrifft, dann wird ein Programm mit einem hohen Fruchtbarkeitsgrad das mit einem geringeren Fruchtbarkeitsgrad verdrängen. Ein hoher Fruchtbarkeitsgrad ist jedoch allein nicht ausreichend, um den Erfolg eines Programms zu garantieren, denn es gibt keine Garantie dafür, daß Möglichkeiten auch tatsächlich Früchte tragen. Dennoch kann ein Programm mit einem hohen Fruchtbarkeitsgrad fehlschlagen. Ein Beispiel dafür ist die Wirbeltheorie von WILLIAM THOMSON, die zum Ziel hatte, die Eigenschaften von Atomen und Molekülen zu erklären, indem sie diese als Wirbelströme in einem vollkommenen, elastischen Äther von geringer Viskosität darstellte. Das Ausmaß, in dem diese Theorie neue Anwendungsbereiche bot, wurde von CLERK MAXWELL (1965b, insbes. S.471) eindrucksvoll beschrieben. Dennoch führten die Bemühungen mit dieser Theorie nicht zum Erfolg und sie wurde sehr bald von Programmen überholt, denen mehr Erfolg beschieden war. Ein objektivistischer Ansatz zum Theorienwechsel wird dennoch nicht nur dem relativen Fruchtbarkeitsgrad konkurrierender Forschungsprogramme, sondern ebenfalls ihren Erfolgen in der Praxis Rechnung tragen müssen. Die Betrachtungen über den Fruchtbarkeitsgrad müssen in einem objektivistischen Ansatz um das Ausmaß, in dem konkurrierende Programme zu neuartigen Vorhersagen führen, ergänzt werden.

Es ist hier nicht beabsichtigt, einen Beitrag zu den Versuchen zu leisten, die in der Literatur zitierten Ansätze zu den neuartigen Vorhersagen zu verbessern (vgl. ZAHAR, 1973; MUSGRAVE 1974a). Es sei jedoch darauf hingewiesen, daß es zwischen den neuartigen Vorhersagen und dem Fruchtbarkeitsgrad eine enge Verbindung gibt. Bestätigungen von neuartigen Vorhersagen können darauf hinauslaufen, neue Wege für zukünftige Forschung zu eröffnen. Gerade darin liegt ein Teil ihrer Bedeutung. Als es zum Beispiel HERTZ gelang, Radiowellen zu erzeugen, und er dadurch eine neuartige Vorhersage der elektromagnetischen Theorie von MAXWELL bestätigte, wurden allerlei neue Möglichkeiten ins Leben gerufen. Möglichkeiten, die Eigenschaften der elektromagnetischen Wellen zu erforschen, die Lichtgeschwindigkeit auf neue und genauere Art und Weise zu messen, Mikrowellen als einen Zugang zu den Eigenschaften der Materie zu entwickeln, ein neues Gebiet der Astronomie zu erschließen usw. Eine objektivistische Erklärung des Theorienwechsels müßte darauf abheben, in welchem Umfang Forschungsprogramme in der Lage waren, zu der Entdeckung neuartiger Phänomene zu führen und in welchem Umfang diese Entdeckungen objektiv günstige Möglichkeiten für neue Forschungswege boten.

Programme, die einen konsistenten harten Kern enthalten, der Entwicklungsmöglichkeiten bietet, werden sich in der Tat in einer kohärenten Art und Weise entwickeln, wenn diese Möglichkeiten erst einmal aufgenommen worden sind. Der Fruchtbarkeitsgrad eines Programms wird noch weiter zunehmen, wenn diese Entwicklung zu vorhersagbaren Erfolgen führt. Entwicklungsrichtungen, die die Kohärenz des harten Kerns zerstören und die folglich keine Entwicklungsmöglichkeiten bieten, werden deshalb im Sande verlaufen. So muß beispielsweise das Vorhandensein des Gesetzes des umgekehrten Quadrats als Teil der Theorie des harten Kerns von NEWTON im Hinblick auf den Grad der Fruchtbarkeit erklärt werden, der sich aus dieser Voraussetzung und den erfolgreichen Vorhersagen ergibt, zu denen sie führte. Im Gegensatz dazu scheiterten Versuche, das Programm durch die Einführung eines Kraftgesetzes zu modifizieren, welches sich etwas von dem Gesetz des umgekehrten Quadrats unterschied, weil sie trotz der Tatsache, daß einige Wissenschaftler auf diese Art und Weise den harten Kern zum Teil modifizieren wollten, keine Möglichkeit für eine kohärente Entwicklung bot.[5] Die Kontinuität in der Wissenschaft, die LAKATOS mit der Hartnäckigkeit der harten Kerne gleichsetzt, wird folglich unter Bezugnahme des Fruchtbarkeitsgrades der Programme auf eine Art und Weise erklärt, die sich nicht auf die methodologischen Entscheidungen der Wissenschaftler bezieht.

4. Bemerkungen zu Fehlinterpretationen der objektivistischen Sichtweise des Theorienwechsels

In diesem Abschnitt soll versucht werden, die objektivistische Erklärung des Theorienwechsels in der Physik vor einigen Fehlinterpretationen zu bewahren, denen sie erfahrungsgemäß häufig ausgesetzt ist.

Wir haben versucht, eine Erklärung des Theorienwechsels zu geben, die von den methodologischen Entscheidungen der Wissenschaftler unabhängig ist. Dabei soll jedoch auf keinen Fall davon ausgegangen werden, daß Wissenschaft irgendwie aus eigenem Antrieb ohne die Vermittlung des Menschen Fortschritte macht. Wenn objektive Entwicklungsmöglichkeiten, die Teil der Programme innerhalb der Physik sind, genutzt werden, dann geschieht dies durch den Einsatz einzelner kompetenter Wissenschaftler. Ohne sie würde die Physik nicht einmal existieren, geschweige denn Fortschritte machen. Ungeachtet dessen wird, wenn unsere Erklärung des Theorienwechsels stimmt, der Prozeß des Theorienwechsels die bewußten Zielsetzungen und Entscheidungen der Physiker übertreffen. Auf keinen Fall werden sie durch die *methodologischen* Entscheidungen der Physiker bestimmt. So verlangen wir zum Beispiel von einem Wissenschaftler nicht, daß er an der Theorie mit dem größten Fruchtbarkeitsgrad arbeiten sollte, da er sich in der Regel kaum in der Position befinden dürfte, alle Entwicklungsmöglichkeiten, die eine Theorie oder ein Programm bietet, beurteilen zu können. In

[5] Versuche, den harten Kern des Programms von NEWTON zu modifizieren, wurden von MUSGRAVE (1976, insbes. S.464-473) zusammengetragen.

dem hier vorgestellten Ansatz zum Theorienwechsel wird davon ausgegangen, daß, falls es überhaupt Entwicklungsmöglichkeiten für eine Theorie gibt, diese auch irgendwann von Wissenschaftlern aufgegriffen werden. Dies heißt aber nicht, daß sich auch jeder Wissenschaftler sämtlicher Entwicklungsmöglichkeiten bewußt sein muß. Der hier vorgestellte Ansatz unterscheidet zwischen dem Problem des Theorienwechsels und dem Problem der Theorienwahl.

Es gibt absolut keine Garantie dafür, daß die soziologischen Annahmen, auf denen der objektivistische Ansatz zum Theorienwechsel beruht, immer und überall angemessen sind. Sie waren bereits im Europa des Mittelalters nicht ausreichend und es gibt gute Gründe dafür, davon auszugehen, daß sie in der heutigen Gesellschaft geradezu untergraben werden. Es ist sehr wahrscheinlich, daß durch die Art und Weise, wie in der heutigen Gesellschaft von Regierungen und Industriemonopolen Einfluß auf die Verteilung der Forschungsmittel ausgeübt wird, einige Entwicklungsmöglichkeiten nicht genutzt werden können, so daß der Fortschritt einer Wissenschaft immer mehr von externen Faktoren bestimmt wird. Dennoch waren die hier skizzierten soziologischen Annahmen für die Physik der letzten zweihundert Jahre im großen und ganzen ausreichend, so daß wir davon ausgehen können, daß der dargestellte Ansatz des Theorienwechsels zumindest für diesen Bereich geeignet ist. Gesetzt den Fall, daß die soziologischen Annahmen unbefriedigend sind, dann würde ein vollkommen anderer Ansatz zum Theorienwechsel notwendig werden. Es wird hier nicht der Anspruch erhoben, daß ein allgemeiner Ansatz zum Theorienwechsel vorgestellt wird.

Die soziologischen Annahmen sind niemals vollkommen befriedigend. So wird die Feinstruktur des kurzfristigen Fortschritts in der Physik zwangsläufig Faktoren wie die Persönlichkeit der Wissenschaftler, das Ausmaß und die Art ihrer Kommunikation usw. miteinschließen. Es wird jedoch hier davon ausgegangen, daß der langfristige Fortschritt in der Physik mit dem hier vorgelegten Ansatz zum Theorienwechsel erklärt werden kann - vorausgesetzt, daß die Wissenschaftler über Kenntnisse und Mittel verfügen, um tatsächlich existierende Entwicklungsmöglichkeiten zu nutzen. Der Zeitrahmen, der dem hier vorgelegten objektivistischen Ansatz zum Theorienwechsel entspricht und der zwischen langfristigem und kurzfristigem Wandel unterscheidet, verleiht Aussagen wie "die Theorie von EINSTEIN ersetzte die Theorie von LORENTZ" einen Sinn.

Weiterführende Literatur

Method and Appraisal in the Physical Sciences, hrsg. von C. Howson (1976) enthält einige ausgezeichnete Fallstudien, die die Methodologie von Lakatos unterstützen. Ich gehe davon aus, daß diese Fallstudien - in angemessener Überarbeitung - eine Unterstützung für den hier vorgestellten objektivistischen Ansatz zum Theorienwechsel darstellen.

Zusammenfassende Fragestellungen

1. Welche grundlegende Kritik wird gegen LAKATOS' Methodologie vorgebracht?
2. Wie läßt sich die *Konfundierung von Theorienwahl und Theorienwechsel* vermeiden?
3. Ist der Fruchtbarkeitsgrad ein objektives Merkmal einer Theorie, das unmittelbar meßbar ist?
4. Warum hatte im Jahr 1905 die Theorie EINSTEINs einen höheren Fruchtbarkeitsgrad als die von LORENTZ?
5. Welche Einwände werden gegen den *Begriff des Fruchtbarkeitsgrades* erhoben, und wie lassen sie sich ausräumen?
6. Inwiefern unterscheidet sich das *Konzept des Fruchtbarkeitsgrades* einer Theorie von der LAKATOSschen *positiven Heuristik*?
7. Stellt ein hoher *Fruchtbarkeitsgrad* eines Programmes bereits eine Garantie dafür dar, daß das Programm erfolgreich sein wird?
8. Welche Beziehung besteht zwischen dem *Fruchtbarkeitsgrad* einer Theorie und ihrem Vermögen, *neuartige Vorhersagen* zu treffen? Worauf hebt eine *objektivistische Erklärung des Theorienwechsels* ab?
9. Warum wird der Prozeß des Theorienwechsels nicht von den methodologischen Entscheidungen der Wissenschaftler bestimmt?

12
Die anarchistische Erkenntnistheorie von FEYERABEND

Einen der provozierendsten und herausfordernsten Ansätze der zeitgenössischen Wissenschaftstheorie lieferte PAUL FEYERABEND in seiner eigenwilligen und ganz besonderen Art. Eine Betrachtung des Wesens der Wissenschaft und ihres Status würde unvollständig sein, ohne diesen Ansatz zu berücksichtigen. In diesem Kapitel sollen die Hauptzüge der Position von FEYERABEND zusammengefaßt und einer Bewertung unterzogen werden. Wir orientieren uns dabei vor allem an der Darstellung in *Wider den Methodenzwang* (FEYERABEND, 1976a, 1983).

1. "Anything goes"

FEYERABEND führt schlüssige Argumente für seine Behauptung an, daß keine einzige der Wissenschaftsmethodologien, die bisher vorgeschlagen wurden, erfolgreich war. Er stützt seine Behauptung hauptsächlich - wenn auch nicht nur - indem er aufzeigt, daß jene Methodologien mit der Geschichte der Physik nicht vereinbar sind. Viele der Argumente gegen die Methodologien, die hier als Induktivismus und Falsifikationismus bezeichnet wurden, gleichen jenen, die in den vorangegangenen Kapiteln vorgebracht wurden. Natürlich sind die Aspekte, die dort zum Ausdruck kommen, in gewisser Weise den Schriften FEYERABENDs entlehnt. FEYERABEND führt überzeugende Gründe dafür an, daß Wissenschaftsmethodologien darin versagt haben, Richtlinien zu liefern, die wissenschaftliches Handeln in angemessener Weise zu leiten vermögen. Darüber hinaus macht er deutlich, daß aufgrund ihrer Komplexität die Erwartung sehr unwahrscheinlich ist, daß Wissenschaft auf der Grundlage von einigen wenigen einfachen methodologischen Regeln erklärbar ist. Um einen längeren Abschnitt von FEYERABEND zu zitieren:

> "Der Gedanke, die Wissenschaft könne und sollte nach festen und allgemeinen Regeln betrieben werden, ist sowohl wirklichkeitsfern als auch schädlich. Er ist *wirklichkeitsfern*, weil er sich die Fähigkeiten des Menschen und die Bedingungen ihrer Entwicklung zu einfach vorstellt. Und er ist *schädlich*, weil der Versuch, die Regeln durchzusetzen, zur Erhöhung der fachlichen Fähigkeiten auf Kosten unserer Menschlichkeit führen muß. Außerdem ist der Gedanke *für die Wissenschaft selbst von Nachteil*, denn er vernachlässigt die komplizierten physikalischen und historischen Bedingungen des wissenschaftlichen Fortschritts. Er macht die Wissen-

> schaft weniger anpassungsfähig und dogmatischer . . . Falluntersuchungen, wie die in den vorangegangenen Kapiteln berichteten, zeigen, daß solche Prüfungen ständig erfolgen und *gegen* die Allgemeingültigkeit jeglicher Regeln sprechen. Alle Methodologien haben ihre Grenzen, und die einzige "Regel", die übrigbleibt, lautet "Anything goes" (FEYERABEND, 1976a, S.392; Hervorhebungen i. Orig.).

Wenn wissenschaftliche Methodologien als Regeln aufgefaßt werden, die die Entscheidungen von Wissenschaftlern leiten, dann scheint der Standpunkt von FEYERABEND richtig zu sein. Hält man sich die Komplexität jeder realistischen Situation in der Wissenschaft vor Augen sowie die Unvorhersagbarkeit der zukünftigen Entwicklungen innerhalb der Wissenschaft, so besteht kein Grund, auf eine Methodologie zu hoffen, die in irgendeiner Situation vorschreibt, daß ein vernunftgeleiteter Wissenschaftler Theorie A annehmen und Theorie B verwerfen muß, oder Theorie A der Theorie B vorziehen soll. Regeln wie "Nimm diejenige Theorie an, die die meiste induktive Unterstützung von allgemein anerkannten Tatsachen erhält" und "verwerfe diejenigen Theorien, die mit allgemein anerkannten Tatsachen unvereinbar sind", sind mit jenen Ereignissen in der Wissenschaft unvereinbar, die allgemein als diejenigen Phasen der Wissenschaft betrachtet werden, die die größten Fortschritte hervorgebracht haben. FEYERABENDs Argumente "wider die Methode" zielen auf diejenigen Methodologien, die als Regelwerke für Wissenschaftler aufgefaßt werden. So kann er LAKATOS als "anarchistischen Bundesgenossen" begrüßen, da dessen Methodologie keine Regeln für die Wahl einer Theorie oder eines Programmes liefert. "Die Methodologie der Forschungsprogramme liefert *Maßstäbe*, die dem Wissenschaftler bei der Beurteilung der geschichtlichen Situation behilflich sind, in der er seine Entscheidungen trifft; sie enthält keine *Regeln*, die ihm sagen, was er tun soll" (FEYERABEND, 1983, S.244). Wissenschaftler sollten sich folglich nicht durch die Regeln der Methodologien genötigt sehen. In diesem Sinne lautet die Devise: "Anything goes"!

Eine Passage aus einem Aufsatz von FEYERABEND, den er ein Jahrzehnt vor *Wider den Methodenzwang* verfaßt hat, zeigt die Tatsache auf, daß "anything goes" nicht in einem zu weiten Sinne interpretiert werden sollte. In dieser Passage versucht FEYERABEND zwischen dem vernunftgeleiteten Wissenschaftler und dem "Crank"[1] zu unterscheiden.

> "Der Unterschied besteht nicht darin, daß die einen [die "respektablen" Leute] Dinge vorschlagen, die einleuchten und Erfolg versprechen, während die anderen [die "Cranks"] nur unplausible, absurde, zum Scheitern verurteilte Ideen zu bieten haben. Er *kann nicht* darin bestehen, weil wir nie im voraus wissen, welche Theorie Erfolg haben wird und welche nicht. Das zu entscheiden braucht lange Zeit, und jeder Schritt auf dem Weg dahin kann wieder revidiert werden . . . Nein - der Unterschied zwischen Cranks und "respektablen" Denkern liegt in der Forschung, die

---

[1] Der Ausdruck "Crank" läßt sich kaum ins Deutsche übersetzen. Er umfaßt "rabiate Weltverbesserer, unbeeinflußbare Verteidiger seltsamer Ideen, fast schon religiös angehauchte Prediger von barem Unsinn, Verrückte, Vernünftige mit großen blinden Flecken, arm im Geiste, einflußreiche Scharlatane" (FEYERABEND, 1978b, S.102, Anm. 49). Der Ausdruck bleibt deshalb hier unübersetzt stehen. (Anm. d. Hrsg.)

> *nach* der Aufstellung eines Standpunktes durchgeführt wird. Der erstere begnügt sich gewöhnlich damit, den Standpunkt in seiner ursprünglichen, unentwickelten, metaphysischen Form zu verteidigen; er ist nicht bereit, ihn in den Fällen auf die Probe zu stellen, die seinem Gegner recht zu geben scheinen, ja er sieht da oft überhaupt kein Problem. Es ist diese weitere Untersuchung, mit ihren Einzelheiten, dem Bewußtsein der Schwierigkeiten und des allgemeinen Wissensstandes, der Berücksichtigung von Einwänden, die den "respektablen Denker" vom Crank unterscheidet, und *nicht* der ursprüngliche Inhalt der vertretenen Theorie. Wenn jemand glaubt, man müsse dem ARISTOTELES noch einmal eine Chance geben - laß ihn machen und sieh zu, was dabei herauskommt. Gibt er sich mit der Behauptung zufrieden, und fängt er nicht an, eine neue Dynamik auszuarbeiten, ahnt er nichts von den Anfangsschwierigkeiten seiner Position, dann ist das Ganze uninteressant. Gibt er sich aber nicht mit der heute vorhandenen Form des Aristotelismus zufrieden, versucht er, sie dem heutigen Stand der Astronomie, Physik und Mikrophysik anzupassen oder doch diesen Stand mit Gründen zu verändern, hat er neue Ideen, sieht er alte Probleme in einem neuen Licht, dann sei man froh, daß es Menschen mit ungewöhnlichen Gedanken gibt, und versuche nicht, ihn sogleich mit irrelevanten und abwegigen Argumenten aufzuhalten". (FEYERABEND, 1978b, S.102-103, erstmals veröffentl. 1964; Hervorhebungen i. Orig.)[2]

Kurz gesagt, wenn man zum Beispiel einen Beitrag zur Physik leisten möchte, dann muß man sich nicht mit den zeitgenössischen Wissenschaftsmethodologien vertraut machen, sondern mit der Physik. Folglich reicht es nicht aus, lediglich seinen Launen und Neigungen in unwissender Weise nachzugehen. Es trifft nicht zu, daß in der Wissenschaft alles - im uneingeschränkten Sinne möglich ist.

FEYERABEND verficht erfolgreich seine Methodenkritik, indem er aufzeigt, daß es den Entscheidungen, die Wissenschaftler treffen, abträglich ist, wenn sie durch Regeln eingeschränkt werden, die explizit und implizit in wissenschaftlichen Methodologien enthalten sind. Wenn jedoch die Strategie des vorangegangenen Kapitels, das Problem des Theorienwechsels vom Problem der Theorienwahl zu trennen, anerkannt wird, dann stellen Probleme, die Regeln für die Theorienwahl betreffen, keine Probleme für einen Ansatz zum Theorienwechsel dar. Ich meine, daß der im vorangegangenen Kapitel dargestellte Ansatz zum Theorienwechsel in der Physik gegenüber FEYERABENDs Methodenkritik gefeit ist.

---

[2] FEYERABEND ist nicht immer sehr glücklich mit den Kritikern, die ihm unterstellen, daß er noch immer zu dem steht, was er in der Vergangenheit verfaßt hat (vgl. "*Wider den Methodenzwang*", 1976a, S.187). Wir wollen uns hier nicht so sehr darum kümmern, ob FEYERABEND selbst noch immer hinter dem Inhalt der zitierten Passage steht oder nicht. Abgesehen von einigen Zweifeln bezüglich der individualistischen Ausrichtung der Passage unterstütze ich sie natürlich, und, was entscheidender ist, keines der Argumente aus "*Wider den Methodenzwang*" widerspricht den Aussagen dieser Passage.

2. Inkommensurabilität

Eine wichtige Komponente der FEYERABENDschen Analyse der Wissenschaft ist seine Sichtweise der Inkommensurabilität, die sich zum Teil mit KUHNs Standpunkt zu diesem Thema überschneidet, der im achten Kapitel dargestellt wurde.[3] FEYERABENDs Konzept der Inkommensurabilität leitet sich von der Vorstellung der Theorieabhängigkeit von Beobachtung ab, wie sie im dritten Kapitel dargestellt wurde. Die Bedeutungen und Auslegungen von Konzepten und von Beobachtungsaussagen, die sie begründen, hängen vom theoretischen Kontext ab, in dem sie entstehen. In einigen Fällen können die grundlegenden Prinzipien zweier rivalisierender Theorien sich so radikal voneinander unterscheiden, daß es gar nicht einmal möglich ist, das grundlegende Konzept der einen Theorie in der Terminologie der anderen zu formulieren. Dies hat die Konsequenz, daß die beiden rivalisierenden Theorien keine einzige Beobachtungsaussage gemeinsam haben. In solchen Fällen ist es nicht möglich, die beiden Theorien logisch sinnvoll miteinander zu vergleichen. So ist es nicht möglich, die Konsequenzen der einen Theorie von den Grundsätzen ihrer rivalisierenden Theorie zum Zwecke des Vergleichs logisch abzuleiten. Die beiden Theorien sind somit *inkommensurabel*, nicht miteinander vergleichbar.

Eines der Beispiele zur Inkommensurabilität von FEYERABEND ist das Verhältnis zwischen der klassischen Mechanik und der Relativitätstheorie. Gemäß der klassischen Mechanik besitzen physikalische Objekte Form, Masse und Volumen - sofern sie realistisch interpretiert, d.h. versucht, die wahrnehmbare und nicht wahrnehmbare Welt so zu beschreiben, wie sie wirklich ist.[4] Physikalische Objekte *besitzen* jene Eigenschaften und diese können mittels physikalischer Einrichtungen verändert werden. Für die Relativitätstheorie - realistisch interpretiert - existieren jene Eigenschaften wie Form, Masse und Volumen nicht mehr, sie werden hingegen zu Relationen zwischen Objekten und einem Bezugsrahmen und können ohne irgendeine physikalische Wechselwirkung verändert werden, indem man von einem Bezugsrahmen zu einem anderen wechselt. Folglich kommt jeder Beobachtungsaussage im Rahmen der klassischen Mechanik, die sich auf physikalische Objekte bezieht, eine grundsätzlich andere Bedeutung zu, als einer ähnlichen Beobachtungsaussage innerhalb der Relativitätstheorie. Die beiden Theorien sind inkommensurabel und können nicht miteinander verglichen werden, indem man ihre logischen Konsequenzen miteinander vergleicht. Um FEYERABEND (1983, S.357) zu zitieren:

> "Das so entstehende neue Begriffssystem [innerhalb der Relativitätstheorie] *leugnet* nicht einfach das Bestehen der klassischen Sachverhalte, das könnte es gar nicht, denn es gestattet nicht einmal die *Formulierung von Aussagen*, die solche Sachverhalte ausdrücken. Es hat keine einzige Aussage mit ihrem Vorgänger gemeinsam - wobei stets vorausgesetzt

---

[3] FEYERABEND diskutiert die Beziehung zwischen seiner eigenen Position hinsichtlich des Inkommensurabilitätsbegriffes und der von KUHN in "Changing Patterns of Reconstruction" (1977, 6. Abschnitt). Eine weitere Quelle für FEYERABENDs Sichtweise der Inkommensurabilität ist das 17. Kapitel von "*Wider den Methodenzwang*" (1983).

[4] Der Ansatz des Realismus wird im folgenden Kapitel diskutiert.

> wird, daß man Theorien nicht lediglich als Klassifikationsschema für neutrale Tatsachen verwendet . . . - das positivistische Schema des Fortschritts mit seiner "POPPERschen Brille" bricht zusammen".

Weitere inkommensurable Theorienpaare, die FEYERABEND erwähnt, sind die Quantenmechanik und klassische Mechanik, die Impetustheorie und NEWTONsche Mechanik sowie der Materialismus und der Leib-Seele-Dualismus.

Aus der Tatsache, daß zwei rivalisierende Theorien inkommensurabel sind, folgt nicht, daß sie überhaupt nicht miteinander verglichen werden können. Ein Weg, ein solches Theorienpaar zu vergleichen, ist der, beide Theorien mit einer Reihe von beobachtbaren Situationen zu konfrontieren und festzuhalten, in welchem Ausmaß jede der beiden rivalisierenden Theorien, vom jeweiligen Standpunkt aus betrachtet, mit der Situation vereinbar ist. Weiterführende Möglichkeiten, Theorien miteinander zu vergleichen, umfassen nach FEYERABEND Überlegungen, ob sie linear oder nicht-linear, kohärent oder inkohärent, ob sie gewagte oder sichere Annäherungen darstellen usw.

Wenn wir uns mit dem Problem der Theorienwahl befassen, dann taucht das Problem auf, welchem der verschiedenen Vergleichskriterien man in Situationen, in denen die Kriterien im Widerspruch zueinander stehen, den Vorzug geben muß. Nach FEYERABEND ist die Wahl zwischen den Kriterien und folglich auch zwischen inkommensurablen Theorien letztendlich subjektiv:

> "Der Übergang zu Kriterien, bei denen es nicht um den Inhalt geht, macht die Theorienwahl deshalb von einer "rationalen" und "objektiven" und eher eindimensionalen Routine zu einer komplexen Diskussion, die die gegensätzlichen Präferenzen beinhaltet, wobei dann Propaganda eine genauso entscheidende Rolle spielt wie in allen Fällen, in denen es um Präferenzen geht" (FEYERABEND, 1977, S.366).

Aus der Sicht von FEYERABEND führt Inkommensurabilität notwendigerweise zu einer subjektiven Betrachtungsweise von Wissenschaft - obgleich nicht alle Vorstellungen davon ausgeräumt werden, daß inkommensurable Theorien doch miteinander verglichen werden können:

> "Es bleiben [nachdem wir die Möglichkeit des logischen Vergleichens von Theorien durch den Vergleich von Mengen abgeleiteter Konsequenzen ersetzt haben] ästhetische Urteile, Geschmacksurteile, metaphysische Vorurteile, religiöse Bedürfnisse, kurz, *es bleiben unsere subjektiven Wünsche*". (FEYERABEND, 1983, S.369; Hervorhebungen i. Orig.)

Ich teile FEYERABENDS Ansicht, daß bestimmte rivalisierenden Theorien nicht bloß mit logischen Mitteln verglichen werden können. Jedoch bin ich der Meinung, daß seiner Vorstellung von den subjektivistischen Konsequenzen hieraus auf verschiedene Weise entgegengetreten werden muß. Wenn wir uns auf den Gegenstand der Theorienwahl konzentrieren, dann bin ich bereit, anzuerkennen, daß eine ganze Reihe von subjektiven Elementen bei der Wahl eines Wissenschaftlers, lieber die eine oder die andere Theorie anzunehmen oder mit ihr zu arbeiten, eine Rolle spielen, obgleich solche Wahlen, abgesehen von den bereits oben zitierten Überlegungen von FEYERABEND, von "externen" Faktoren wie Karriereabsichten oder die Verfügbarkeit von Forschungsgeldern, beeinflußt werden. Man muß jedoch betonen, daß, obgleich individuelle Urteile und Wünsche in gewissem Sinne subjektiv und nicht durch logisch zwingende Beweise determiniert sind, dies noch lange nicht bedeutet, daß sie rationalen Beweisen nicht zugänglich wären. Die Präferenzen eines Einzelnen können zum Beispiel kritisiert werden, indem man ihre bedenklichen Inkonsistenzen aufzeigt oder indem man nachweist, daß sie Konsequenzen haben, die derjenige nicht begrüßen würde.[5] Ich bin mir darüber im klaren, daß die Präferenzen Einzelner nicht allein von rationalen Argumenten bestimmt werden, und ich bin mir auch bewußt, daß sie im großen Ausmaß durch die materiellen Bedingungen, in denen sich eine Person befindet und in denen sie handelt, geformt und beeinflußt werden. (Veränderungen in den Karriereabsichten haben, um ein recht oberflächliches Beispiel zu geben, wahrscheinlich einen größeren Einfluß auf die Präferenzen einer Person als ein rationales Argument). Aber trotzdem sind subjektive, individuelle Urteile und Wünsche Einzelner weder sakrosankt noch einfach so gegeben. Sie sind der Kritik zugänglich und können aufgrund von Argumenten und von Veränderungen der materiellen Bedingungen geändert werden. FEYERABEND scheint mit seiner Schlußfolgerung ganz zufrieden zu sein, daß Wissenschaft ein subjektives Element enthält, da es dem Wissenschaftler fern der "simpleren Teile" (FEYERABEND, 1976a, S.385) einen gewissen Freiheitsgrad einräumt. Auf FEYERABENDs Konzept der Freiheit wollen wir in einem späteren Abschnitt zurückkommen.

Eine zweite Argumentationsrichtung gegen FEYERABENDs Bemerkungen zur Inkommensurabilität führt uns weg von der Frage der Theoriewahl. ZAHARs Fallstudie (1973) über die Rivalität zwischen den Theorien von LORENTZ und EINSTEIN erklärt, wenn sie vor dem Hintergrund des objektivistischen Ansatzes zum Theorienwechsel entsprechende Modifikation erfährt, warum die Theorie von EINSTEIN schließlich die Theorie von LORENTZ ersetzte. Die Erklärung bezieht sich auf das Ausmaß, in dem diese Entwicklungsmöglichkeiten, nachdem sie wahrgenommen wurden, Früchte trugen. Diese Erklärung ist trotz der Tatsache möglich, daß die Theorien zumindest teilweise im Sinne von FEYERABEND inkommensurabel sind.[6] Es muß eingeschränkt werden, daß objektive Entscheidungen und Wahlen an den Bedingungen beteiligt sind, die bei den soziologischen Voraussetzungen aufgeführt wurden, auf denen mein objektivistischer Ansatz zum Theorienwechsel beruht. Der Ansatz unterstellt, daß es Wissenschaftler gibt, die über geeignete Fähigkeiten und die Mittel verfügen, Entwicklungsmöglichkeiten, die sich ihnen bieten, auch tatsächlich wahrzunehmen. Verschiedene Wissenschaftler und Forschergruppen mögen unterschiedliche Entscheidungen treffen, wenn sie sich der gleichen Situation gegenübergestellt sehen, jedoch beruht mein Ansatz zum Theo-

---

[5] Wenn jemand als Antwort auf diese Art von Kritik behauptet, daß es ihm nichts ausmachen würde, daß seine Präferenzen inkonsistent sind und darüberhinaus auch keine Antwort auf die gängigen Einwände gegen Inkonsistenz liefert, dann sehe ich selbst keinen Grund, warum man diese Auffassung ernst nehmen sollte. Erinnern wir uns in diesem Zusammenhang an FEYERABENDs Unterscheidung zwischen "Cranks" und "respektablen" Denkern.

[6] Obwohl FEYERABEND dieses Theorienpaar nicht in seiner Liste der Beispiele für inkommensurable Theorien anführt, scheint er davon auszugehen, daß es im Hinblick auf die Tatsache, daß die Theorie von LORENTZ die klassische Mechanik sowie das klassische Konzept von Raum, Zeit und Masse einschließt, doch dazugehört.

rienwechsel nicht auf den individuellen Präferenzen, die bei solchen Wahlen eine Rolle spielen.

3. Wissenschaft und andere Formen der Erkenntnis

Ein weiterer wichtiger Aspekt der FEYERABENDschen Betrachtung der Wissenschaft bezieht sich auf das Verhältnis zwischen Wissenschaft und anderen Formen der Erkenntnis. Er betont, daß viele Methodologen es - ohne sich auf Beweise zu berufen - als selbstverständlich erachten, daß Wissenschaft (oder gar die Physik) das Paradigma des Rationalismus darstellt. So schreibt FEYERABEND über LAKATOS:

> "Nachdem er [LAKATOS] seine "Rekonstruktion" der modernen Wissenschaft abgeschlossen hat, wendet er sie gegen andere Gebiete, *als wäre schon ausgemacht*, daß die moderne Wissenschaft der Magie oder der Aristotelischen Wissenschaft überlegen ist und keine Scheinergebnisse enthält. Doch *dafür* gibt es nicht den Schatten eines Arguments. Die "rationalen Rekonstruktionen" nehmen die "allgemeine wissenschaftliche Weisheit" *als selbstverständlich* hin, sie *zeigen* nicht, daß diese besser ist als die "allgemeine Weisheit" von Hexen und Zauberern". (FEYERABEND, 1983, S.270f.; Hervorhebungen i. Orig.)

FEYERABEND beklagt berechtigterweise, daß die Verfechter der Wissenschaft sie typischerweise als den anderen Formen der Erkenntnis überlegen beurteilen, ohne diese anderen Formen angemessen zu untersuchen. Er beobachtet, daß "kritische Rationalisten" und Verfechter des LAKATOSschen Ansatzes "Wissenschaft" von allen Seiten untersucht haben, aber daß ihre "Einstellung gegenüber dem Marxismus oder der Astrologie oder anderen traditionellen Ketzereien davon grundverschieden ist. Hier werden die oberflächlichste Forschung und die untauglichsten Argumente als ausreichend erachtet" (FEYERABEND, 1976b, S.315). Er belegt diese Behauptung mit einer Reihe von Beispielen.

FEYERABEND ist nicht bereit, die unvermeidliche Überlegenheit der Wissenschaft über andere Formen der Erkenntnis anzuerkennen. Ferner weist er vor dem Hintergrund seiner Inkommensurabilitätsthese die Vorstellung zurück, daß es jemals einen schlüssigen Beweis zugunsten der Wissenschaft und gegen andere, mit ihr inkommensurable Formen der Erkenntnis geben kann. Wenn Wissenschaft mit anderen Formen der Erkenntnis verglichen werden soll, dann ist es notwendig, das Wesen, die Ziele und die Methoden der Wissenschaft sowie die der anderen Formen der Erkenntnis zu untersuchen. Dazu muß man "geschichtliche Zeugnisse studieren - Lehrbücher, Originalarbeiten, Protokolle von Tagungen und Privatgesprächen, Briefe und ähnliches" (FEYERABEND, 1983, S.331). Es kann ohne weitere Untersuchungen nicht einmal davon ausgegangen werden, daß eine Form der Erkenntnis, die untersucht wird, den Regeln der Logik entspricht, wie sie im allgemeinen von zeitgenössischen Philosophen und Rationalisten verstanden werden. Wenn es einem nicht gelingt, die Forderungen der klassischen Logik zu erfüllen, mag dies sicherlich ein Fehler sein - obwohl es nicht notwendigerweise ein Fehler sein muß. FEYERABEND führt ein Beispiel aus der modernen Quantentheorie an. Um die Frage beantworten zu können, ob die Art und Weise des

Schlußfolgerns in einer Version der Theorie das Diktat der klassischen Logik verletzt oder nicht, ist es notwendig, die Quantenmechanik zu erforschen sowie die Art und Weise, wie sie funktioniert. Eine derartige Untersuchung mag neue Arten logischer Operationen erkennen lassen, die im Kontext der Quantenmechanik gegenüber der traditionellen Logik bestimmte Vorteile besitzen. Andererseits besteht natürlich die Möglichkeit, daß die Entdeckung von Verstößen gegen die Logik eine ernsthafte Kritik an der Quantenmechanik begründet. Dies würde zum Beispiel der Fall sein, wenn Widersprüche entdeckt worden wären, die unerwünschte Konsequenzen gehabt hätten; wenn zum Beispiel entdeckt worden wäre, daß für jedes von der Theorie vorhergesagte Ereignis ebenso das Gegenteil vorhergesagt wird. Sicherlich ist FEYERABEND bezüglich dieses Punktes nicht anderer Meinung - aber ebensowenig ist anzunehmen, daß er dies sonderlich betonen würde.

Also noch einmal: Sicherlich kann man die wesentlichen Aspekte von FEYERABEND hinsichtlich des Vergleichs zwischen Naturwissenschaften und anderen Formen der Erkenntnis anerkennen. Wenn wir wissen wollen, was die Ziele und Methoden einer Form der Erkenntnis sind sowie das Ausmaß, indem sie diese Ziele erreicht, müssen wir diese Erkenntnisformen studieren. Ein weiteres Beispiel soll sogar FEYERABENDs Standpunkt unterstützen: Obgleich es zum Teil eine Karikatur der Geschichte der Philosophie darstellt, kann man sagen, daß zweitausend Jahre vor GALILEI Philosophen sich über die Frage gestritten haben, ob mathematische Theorien auf die Natur anwendbar seien oder nicht. Bei diesem Streit nahmen die Platoniker eine zustimmende, die Aristoteliker eine ablehnende Position ein. GALILEI legte den Streit bei, weniger indem er ein schlüssiges philosophisches Argument vorbrachte als vielmehr, indem er es schlichtweg *tat*. Wir erfahren etwas über die Art und Weise, wie Aspekte der Wirklichkeit charakterisiert werden können, wenn wir die Physik seit GALILEI analysieren. Um die - sich möglicherweise ändernden - Grundlagen der Physik zu verstehen, müssen wir die Physik untersuchen, während wir andere Formen der Erkenntnis untersuchen müssen, wenn wir diese verstehen wollen. Es ist zum Beispiel sicherlich gerechtfertigt, den Marxismus aus dem Grund abzulehnen, weil er nicht mit der üblichen Vorstellung von wissenschaftlicher Methode übereinstimmt, wie es POPPER tut, oder aber ihn aus dem gleichen Grund zu verteidigen, wie ALTHUSSER.

Obgleich ich FEYERABEND in diesem grundlegenden Standpunkt zustimme, ist die Konsequenz, die ich daraus ziehe, eine andere. Die falsche Annahme, daß es eine allgemeingültige wissenschaftliche Methode gibt, mit der alle Formen der Erkenntnis in Einklang stehen sollten, übt gerade in unserer heutigen Gesellschaft eine nachhaltige Wirkung aus; insbesondere vor dem Hintergrund der Tatsache, daß die Versionen der wissenschaftlichen Methode, auf die sich landläufig berufen wird, platten Empirismus oder Induktivismus darstellen. Dies trifft insbesondere im Bereich der Sozialwissenschaften zu, wenn Theorien im Namen der Wissenschaft eher dazu dienen, Aspekte unserer Gesellschaft oberflächlich zu manipulieren (z.B. Marktforschung, Behaviorismus), als dazu, sie zu verstehen und uns dabei zu helfen, sie in entscheidender Weise zu verändern. Anstatt sein Augenmerk auf dringliche soziale Probleme zu richten, vergleicht FEYERABEND Wissenschaft mit Voodoo, Astrologie usw. und argumentiert, daß letztere nicht mit dem Rückgriff auf generelle Kriterien der Wissenschaftlichkeit und Rationalität ausgeschlossen werden können. Es gibt zwei Gründe, warum ich mit dieser Betonung nicht sehr glücklich bin. Erstens bin ich nicht davon überzeugt, daß aus einer eingehenden Untersuchung des Voodoo oder der Astrologie hervorgehen würde, daß sie gut definierte Ziele und Methoden besitzen, um diese Ziele zu erreichen, obgleich ich, solange ich derartige Analysen nicht ausgeführt habe, zugeben muß, daß dies im gewissen Sinne ein Vorurteil darstellt. Es findet sich bei FEYERABEND keine einzige Passage, die mich ermutigt hätte, meine Meinung zu ändern. Der zweite Grund ist der, daß der Status von Voodoo, Astrologie u.ä. in unserer heutigen Gesellschaft kein dringliches Problem darstellt. Wir befinden uns einfach nicht in der Situation, daß wir eine freie Wahl zwischen Wissenschaft und Voodoo haben, oder zwischen westlicher Rationalität und jener der Nuer-Stämme.

4. Die Freiheit des Einzelnen

Ein Großteil der Thesen von FEYERABEND in *Wider den Methodenzwang* ist negativ. Sie umfassen die Absage an den Anspruch, daß es eine Methode gibt, die Geschichte der Physik zu erklären oder daß die Überlegenheit der Physik über andere Formen der Erkenntnis unter Berufung auf irgendeine wissenschaftliche Methode begründet werden kann. Gleichwohl gibt es einen positiven Aspekt in der Argumentation FEYERABENDs. FEYERABEND (1983, S.17) verteidigt das, was er "humanitäre Einstellung" nennt. Gemäß dieser Einstellung sollten einzelne Menschen frei sein und Freiheit in dem von JOHN STUART MILL in seinem Essay "On Liberty" dargestellten Sinne besitzen. FEYERABEND (1983, S.17) bejaht den Versuch "die Freiheit aus[zu]weiten, [um] ein erfülltes und befriedigendes Leben" zu führen und unterstützt MILLs Eintreten für die "Förderung der Individualität, die allein wohlentwickelte Menschen erzeugt, erzeugen kann" (zit. n. FEYERABEND, 1983, S.17). Von diesem humanitären Standpunkt aus verdient FEYERABENDS anarchistische Sichtweise der Wissenschaft Unterstützung, da sie innerhalb der Wissenschaft das Ausmaß der Freiheit des Individuums durch die Beseitigung methodologischer Zwänge erhöht und in einem weiteren Kontext die Förderung der Freiheit des Individuums bedeutet, zwischen Wissenschaft und anderen Formen der Erkenntnis wählen zu können.

Vom Standpunkt FEYERABENDs aus betrachtet, steht die Institutionalisierung der Wissenschaft in unserer Gesellschaft im Widerspruch zur humanitären Einstellung. In den Schulen zum Beispiel ist der wissenschaftlich orientierte Unterricht selbstverständlich. "Ein Amerikaner kann heute wählen, welche Religion er haben möchte, aber er kann noch nicht verlangen, daß seine Kinder in der Schule Magie statt Wissenschaft lernen. Es gibt eine Trennung von Staat und Kirche, aber keine Trennung von Staat und Wissenschaft" (FEYERABEND, 1976a, S.397). Was wir vor diesem Hintergrund tun müssen, ist "die Gesellschaft aus dem Würgegriff einer ideologisch erstarrten Wissenschaft [zu befreien], genau wie unsere Vorfahren *uns* aus dem Würgegriff der einen "wahren Religion" befreit haben" (FEYERABEND, 1976a, S.409). In FEYERABENDS Vorstellung von einer freien Gesellschaft wird der Wissenschaft gegenüber anderen Formen der Erkenntnis oder anderen Traditionen kein Vorzug eingeräumt. Ein reifer Bürger in einer freien Gesellschaft ist "jemand, der gelernt hat, sich eine Meinung zu bilden und sich dann für das entschieden hat, was er für sich für das Beste hält" (FEYERABEND, 1976a, S.410). Wissenschaft wird als eine "historische Erscheinung . . . zusammen mit anderen Märchen wie etwa den Mythen der 'primitiven' Gesellschaften [studiert], um die für eine freie Erkenntnis notwendigen Kenntnisse zu erlangen" (FEYERABEND, 1976a, S.410f.). In FEYERABENDs idealer Gesellschaft ist der Staat ideologisch neutral. Seine Funktion ist es, das Ringen zwischen den Ideologien zu regeln und zu garantieren, daß die Wahlfreiheit des Einzelnen erhalten bleibt und daß dem Einzelnen nicht eine Ideologie gegen seinen Willen aufoktroyiert wird.[7] Die Vorstellung von persönlicher Freiheit und Unabhängigkeit des Einzelnen, die FEYERABEND von MILL übernommen hat, ist offen für einen Standardeinwand. Die Vorstellung, die Freiheit im Sinne von "frei von allen Zwängen" betrachtet, übersieht die positive Seite des Problems, namentlich die positiven Möglichkeiten für den Einzelnen innerhalb einer sozialen Struktur. Wenn wir zum Beispiel das Recht auf freie Meinungsäußerung in einer Gesellschaft im Sinne von "frei von Zensur" analysieren, übersehen wir Probleme wie etwa das Ausmaß, in dem verschiedene Personen Zugang zu den Medien haben. DAVID HUME, ein Philosoph des 18. Jahrhunderts veranschaulichte diesen Punkt sehr schön, als er JOHN LOCKEs Idee vom Gesellschaftsvertrag kritisierte. LOCKE hatte den Gesellschaftsvertrag als freie Übereinkunft der Mitglieder einer demokratischen Gesellschaft aufgefaßt und argumentiert, daß es jedem, der den Vertrag nicht anerkennen will, freigestellt ist, zu emigrieren. HUME (1976, S.156) erwiderte:

> "Können wir denn allen Ernstes behaupten, daß der arme Knecht oder Tagelöhner es vermag, die freie Entscheidung zu treffen, sein Land zu verlassen, wenn er keine fremden Sprachen oder Sitten kennt, und wenn er bei dem geringen Lohn, den er erhält, von der Hand in den Mund lebt? Das wäre genauso, als wenn wir behaupten würden, daß ein Mann, der auf einem Schiff arbeitet, sich völlig freiwillig unter den Befehl eines Kapitäns gestellt hätte, obwohl er, während er schlief, an Bord geschleppt wurde, und wollte er das Schiff verlassen, nur ins offene Meer springen könnte, wobei er elendlich ertrinken würde".[8]

Jedes Individuum wird in eine Gesellschaft hineingeboren, die bereits existiert und in diesem Sinne nicht frei gewählt ist. Die Freiheit des Einzelnen hängt dann von der Stellung ab, die er in der sozialen Struktur der Gesellschaft einnimmt, so daß eine Analyse der sozialen Struktur notwendig ist, um ein Verständnis von der Freiheit des Einzelnen zu bekommen. Es gibt wenigstens eine Passage in *Wider den Methodenzwang*, wo FEYERABEND deutlich macht, daß er sich dieses Argumentes bewußt ist. In einer Fußnote zu einer Bemerkung über die Freiheit in der Forschung schreibt er:

> "Der Wissenschaftler unterliegt außerdem noch Einschränkungen aufgrund seiner Instrumente, der verfügbaren Geldmittel, der Intelligenz seiner Assistenten, der Haltung seiner Kollegen, seiner Spielgefährten - er unterliegt unzähligen physikalischen, physiologischen, soziologischen, historischen Einschränkungen" (FEYERABEND, 1983, S.245, Anm.14).

---

[7] FEYERABENDs Idealvorstellungen einer freien Gesellschaft werden in "*Wider den Methodenzwang*" angesprochen, ausführlicher jedoch in "*Erkenntnis für freie Menschen*" (1980) entwickelt.

[8] Die in diesem Abschnitt kritisierte Ansicht findet sich in J. LOCKE: "Ein Essay über den wahren Ursprung, die Reichweite und den Zweck einer bürgerlichen Regierung" (LOCKE, 1967, S.197-366).

FEYERABENDs abschließende Betrachtung der Freiheit des Einzelnen läßt eine angemessene Beachtung der in der Gesellschaft wirkenden Zwänge unberücksichtigt. Genau wie ein Wissenschaftler, der hofft, einen Beitrag zur Wissenschaft zu leisten, mit einer objektiven Situation konfrontiert ist, so ist jemand, der hofft, die Gesellschaft zu verbessern, mit einer objektiven sozialen Situation konfrontiert. Ferner, genau wie ein Wissenschaftler in der gegebenen Situation eine Bandbreite theoretischer und experimenteller Techniken zur Verfügung hat, so hat ein Sozialreformer in einer sozialen Situation Zugang zu einer Anzahl politischer Techniken. In beiden Situationen kann das Handeln und Streben des Einzelnen allein im Hinblick auf das "Rohmaterial", das bearbeitet werden muß und der verfügbaren "Werkzeuge" und "Produktionsmittel" adäquat eingeschätzt und analysiert werden.[9] Wenn wir die gegenwärtige Gesellschaft so verändern wollen, daß sie besser wird, haben wir keine Alternative als mit der Gesellschaft, mit der wir konfrontiert sind, zu beginnen und zu versuchen, sie mit Mitteln zu verändern, die sie selbst hervorbringt. Von diesem Standpunkt aus betrachtet hilft uns FEYERABENDs utopisches Ideal von einer freien Gesellschaft nicht weiter.

Was offensichtlich wird und was erfahrungsgemäß auch oft als *die* Botschaft der neueren Werke von FEYERABEND betrachtet wird, ist, daß jeder seinen eigenen Neigungen folgen und sich um seine eigenen Angelegenheiten kümmern sollte. Wenn man diese Vorstellung teilt, läuft man Gefahr, daß dies zu einer Situation führt, in der diejenigen, die bereits Zugang zur Macht haben, alles daran setzen werden, sie auch zu erhalten - oder wie JOHN KRIGE es treffend formulierte: "*Anything goes* . . . bedeutet in der Praxis *everything stays*" (KRIGE, 1980, S.142).

Weiterführende Literatur

In *Erkenntnis für freie Menschen* (1980) entwickelt Feyerabend einige Gedanken aus *Wider den Methodenzwang* weiter und entgegnet einer Reihe von Kritikpunkten. Ein nützlicher, kurzer Artikel, der die Essenz von Feyerabends Position deutlich macht, ist sein Artikel "How to Defend Society Against Science" (1975). Insgesamt bewegt sich die Kritik an Feyerabends Position, zumindest wie sie die Literatur reflektiert, auf einem nicht besonders anspruchsvollen Niveau (vgl. jedoch Duerr, 1980, 1981; Anm. d. Hrsg.). Der extreme Individualismus, der aus Feyerabends Werk deutlich wird, wird zum Teil gerechtfertigterweise aus einer der marxistischen Sichtweise Althussers verwandten Perspektive in J. Curthoys & W. Suchting "Feyerabend's Discourse Against Method: A Marxist Critique" (1977) kritisiert.

---

[9] LUIS ALTHUSSER zieht eine sinnvolle Analogie zwischen maschineller Produktion und anderen Formen der Produktion, wie der Produktion von Erkenntnis und des sozialen Wandels. Siehe insbesondere Kapitel 6 in "*Für* MARX" (1968).

Zusammenfassende Fragestellungen

1. Inwiefern ist "*anything goes*" programmatisch für FEYERABENDs Ansatz?
2. Aus welchem Grund kann FEYERABEND LAKATOS als seinen "*anarchistischen Bundesgenossen*" begrüßen?
3. Welcher Sachverhalt verbirgt sich hinter dem *Begriff der Inkommensurabilität*?
4. Gibt es einen Weg, rivalisierende Theorien, die als inkommensurabel bezeichnet werden, dennoch miteinander zu vergleichen?
5. Wie sieht FEYERABEND das *Verhältnis zwischen Wissenschaft und Hexerei, Astrologie, Voodoo* . . .? Inwieweit ist diese Sichtweise gerechtfertigt?
6. FEYERABEND verteidigt, was er "*humanitäre Einstellung*" nennt. Was versteht er darunter?
7. Welchen Stellenwert wird der Wissenschaft in FEYERABENDs "idealer Gesellschaft" eingeräumt?

13
Realismus, Instrumentalismus und Wahrheit

1. Einleitende Bemerkungen

Wir werden in diesem und in dem folgenden Kapitel den Versuch unternehmen, einige problematische Fragen bezüglich der Verbindung zwischen wissenschaftlichen Theorien und der Welt, in der sie Anwendung finden sollen, aufzugreifen. Auf der einen Seite haben wir von Menschen konstruierte, wissenschaftliche Theorien, die einer möglicherweise endlosen Veränderung und Entwicklung ausgesetzt sind. Auf der anderen Seite haben wir die Welt, in der diese Theorien Anwendung finden sollen und deren Verhalten - zumindest was die physische Welt anbetrifft - keiner Veränderung ausgesetzt ist. Welche Beziehung besteht nun zwischen diesen beiden Bereichen?

Eine mögliche Antwort auf diese Frage ist die, daß Theorien beschreiben, wie die Welt wirklich ist, oder dies zumindest anstreben. Wir werden die Bezeichnung "Realismus" verwenden, um Standpunkte zu charakterisieren, die sich um eine Darstellung dieser Antwort bemühen. Gemäß der Sichtweise des Realismus beschreibt die kinetische Gastheorie, was Gase wirklich sind. Die kinetische Theorie wird demnach als Forderung interpretiert, daß Gase wirklich aus Molekülen bestehen, die in zielloser Bewegung sind und die miteinander und mit der Wand des Behälters, in dem sich das Gas befindet, kollidieren. Gleichermaßen wird, von einem realistischen Standpunkt aus betrachtet, die klassische elektromagnetische Theorie so ausgelegt, daß es in der Welt tatsächlich elektrische und magnetische Felder gibt, die den Gleichungen von MAXWELL folgen sowie geladene Teilchen, die der Kräftegleichung von LORENTZ gehorchen.

Gemäß einer alternativen Sichtweise, die wir "Instrumentalismus" nennen, beschreibt die theoretische Seite der Wissenschaft nicht die Wirklichkeit. Theorien werden als Instrumente aufgefaßt, die zu dem Zweck entworfen werden, eine Menge beobachtbarer Tatbestände mit weiteren in Beziehung zu setzen. Die sich bewegenden Moleküle, auf die die kinetische Gastheorie verweist, sind für den Instrumentalisten brauchbare Annahmen, die den Wissenschaftler dazu befähigen, die beobachtbaren Phänomene der Gaseigenschaften zu beschreiben sowie Vorhersagen zu treffen. In gleicher Weise stellen die Felder und Ladungen der elektromagnetischen Theorie lediglich Annahmen dar, die es dem Wissenschaftler erlauben, das Verhalten von Magneten, elektrisch geladener Körper und Stromkreise zu beschreiben und Vorhersagen zu treffen.

Der Realismus bringt bezeichnenderweise den Begriff der Wahrheit mit sich. Für den Realisten ist das Ziel der Wissenschaft die *wahre* Beschreibung dessen, wie die

Welt wirklich ist. Eine Theorie, die einen bestimmten Aspekt der Welt und seine Verhaltensweise fehlerfrei beschreibt, ist wahr, wohingegen eine Theorie, die einen Aspekt der Welt und seine Verhaltensweise ungenau beschreibt, falsch ist. Entsprechend des allgemeinen Verständnisses von Realismus existiert die Welt unabhängig von uns als Erkennende und ist so, wie sie existiert, unabhängig von unserem theoretischen Wissen. Wahre Theorien geben eine fehlerfreie Beschreibung dieser Wirklichkeit. Wenn eine Theorie wahr ist, dann ist sie es deswegen, weil die Welt nun mal so ist, wie sie eben ist. Ebenso ist es für den Instrumentalismus kennzeichnend, daß er einen wesentlich restriktiveren Wahrheitsbegriff einschließt. Beschreibungen der beobachtbaren Welt sind folglich wahr oder falsch, je nachdem, ob ihre Beschreibung der Wirklichkeit richtig oder falsch ist. Jedoch werden die theoretischen Konstrukte, die entworfen werden, um eine instrumentelle Kontrolle über die beobachtbare Welt zu geben, nicht in den Begriffen von Wahrheit und Unwahrheit beurteilt, sondern eher in der Terminologie ihrer Nützlichkeit als Instrumente.

Die Vorstellung, daß die Wissenschaft eine wahre Charakterisierung der Wirklichkeit anstrebt, wird häufig als ein Einwand gegen den Relativismus angeführt. POPPER zum Beispiel verwendete den Wahrheitsbegriff auf diese Weise. Entsprechend dieser Verwendung kann eine Theorie sogar dann wahr sein, wenn keiner an sie glaubt, und sie kann hingegen selbst dann falsch sein, wenn jeder von ihr überzeugt ist. Wahre Theorien sind, wenn sie tatsächlich wahr sind, nicht hinsichtlich der Überzeugungen von Einzelnen oder von Gruppen wahr. Wahrheit, definiert als fehlerfreie Charakterisierung der Wirklichkeit, ist für Realisten wie POPPER objektive Wahrheit.

Weiter unten in diesem Kapitel soll begründet werden, inwiefern der innerhalb des Realismus verwendete Wahrheitsbegriff problematisch ist. Vorab soll jedoch der instrumentalistische Ansatz näher betrachtet werden.

2. Instrumentalismus

Der Instrumentalismus macht in seiner extremen Form eine scharfe Trennung zwischen Konzepten, die auf beobachtbare Situationen anwendbar sind und theoretischen Konzepten. Das Ziel der Wissenschaft besteht darin, Theorien aufzustellen, die für die Verknüpfung einer Menge von beobachtbaren Situationen mit einer anderen die geeigneten Hilfsmittel oder Instrumente zur Verfügung stellen. Beschreibungen der Welt, die sich auf beobachtbare Entitäten beziehen, beschreiben, wie die Welt wirklich ist; Beschreibungen hingegen von Systemen, die theoretische Konzepte beinhalten, leisten dies nicht. Letztere kann man als brauchbare Vorstellungen betrachten, die uns bei unseren Überlegungen behilflich sind. Einige einfache Beispiele mögen die instrumentalistische Position veranschaulichen. Der naive Instrumentalist wird zugeben, daß es in der Welt real existierende Billardkugeln gibt und daß diese mit unterschiedlichen Geschwindigkeiten rollen und miteinander sowie mit der Bande des Billardtisches, die ebenfalls real existiert, kollidieren können. Die NEWTONsche Mechanik muß man in diesem Zusammenhang als ein Hilfsmittel zur Berechnung betrachten, die es ermöglicht, die beobachtbaren Positionen und Geschwindigkeiten der Billardkugeln zu einem bestimmten Zeitpunkt aus ihren beobachtbaren Positionen und Geschwindigkeiten zu einem anderen Zeitpunkt abzuleiten. Die Kräfte, die in diesen und ähnlichen Berechnungen wirksam werden (die Impulskräfte als Folge des Stoßes, Reibungskräfte etc.), darf man nicht als real existierende Entitäten auffassen. Sie sind Erfindungen der Physiker. In ähnlicher Weise betrachtet der Instrumentalist auch Atome und Moleküle innerhalb der kinetischen Gastheorie als nützliche theoretische Konstrukte. Die Einführung dieser theoretischen Entitäten muß nach dem Grad ihrer Nützlichkeit beurteilt werden, in dem es ihnen gelingt, eine Verbindung zwischen einer Reihe von Beobachtungen eines physikalischen Systems, das sich auf Gase bezieht (die Höhe der Quecksilbersäule in einem Manometer, der Stand eines Thermometers usw.) mit einer anderen, ähnlichen Ansammlung herzustellen. Wissenschaftliche Theorien sind nichts weiter als Mengen von Regeln, die zur Verknüpfung einer Anzahl beobachtbarer Phänomene dienen. Amperemeter, Eisenspäne, Planeten und Lichtstrahlen existieren auf der Welt. Elektronen, magnetische Felder, ptolemäische Epizykel und der Äther nicht unbedingt.

Ob es neben den beobachtbaren Dingen der Welt Dinge gibt, die vielleicht für das Verhalten der beobachtbaren Dinge verantwortlich sind, braucht einen naiven Instrumentalisten nicht zu interessieren. Wie sein Standpunkt in dieser Frage auch immer sein mag, für ihn besteht die Aufgabe der Wissenschaft nicht darin, festzustellen, was sich jenseits des Bereiches der Wahrnehmung abspielen könnte. Die Wissenschaft bietet keine sicheren Mittel, um die Kluft zwischen Wahrnehmbarem und Nicht-Wahrnehmbarem zu überbrücken.

Erörterungen aus den vorangegangenen Kapiteln dieses Buches bieten reichlich Material für eine Kritik an dieser naiven Variante des Instrumentalismus. Vielleicht zielt die grundsätzlichste Kritik auf den großen Unterschied ab, den der Instrumentalist zwischen beobachtbaren und theoretischen Entitäten macht. Im dritten Kapitel fanden wir ausreichende Begründungen für die Tatsache, daß alle Wahrnehmungsbegriffe theoriebeladen sind. Planeten, Lichtstrahlen, Metalle und Gase sind alles Konzepte, die zu einem gewissen Grade theoretisch sind und ihre Bedeutung zumindest teilweise aus dem theoretischen Rahmen gewinnen, in dem sie eine Rolle spielen. Die Geschwindigkeiten, die der Instrumentalist gerne den Billardkugeln in unserem vorhergegangenen Beispiel zuschreiben möchte, stellen Beispiele für ein besonders raffiniertes, theoretisches Konzept dar, das die Idee eines mathematischen Grenzwertes umfaßt, dessen Entwicklung eine ganze Menge an Erfindungsgabe und Mühe kostete. Selbst der Begriff der Billardkugel beinhaltet theoretische Eigenschaften, wie etwa Individualität und Formfestigkeit. Insofern als Instrumentalisten mit den Induktivisten eine vorsichtige Haltung teilen, die sie dazu ermutigt, nichts anderes zu behaupten als das, was sich zuverlässig aus der sicheren Grundlage der Beobachtung ableiten läßt, erfährt ihre Position Unterstützung durch die Tatsache, daß alle Beobachtungsaussagen theorieabhängig und fehlbar sind. Die naive instrumentalistische Position beruht auf einer Unterscheidung, die in keinem Verhältnis zu der von ihr geforderten Aufgabe steht.

Die Tatsache, daß Theorien zu neuartigen Vorhersagen führen können, bringt den Instrumentalisten in Verlegenheit. Für ihn muß es ein seltsamer Zufall sein, daß Theorien, von denen er behauptet, daß sie lediglich theoretische Vorstellungen seien, mit Hilfe von Konzepten, die lediglich theoretischer Natur sind, zur Entdeckung neuer Arten beobachtbarer Phänomene führen. Die Entwicklung der Theorien hinsichtlich der molekularen Struktur organisch-chemischer Verbindungen liefert dafür ein schönes Beispiel. Die Idee, daß die molekulare Struktur einiger Verbindungen, zum Beispiel Benzol, aus geschlossenen Atomringen bestehen könnte, wurde als erstes von FRIEDRICH AUGUST

KEKULÉ VON STRADONITZ vorgeschlagen. KEKULÉ VON STRADONITZ hatte selber eine ziemlich instrumentalistische Einstellung zu seiner Theorie und betrachtete seine Ringstrukturen als nützliche theoretische Vorstellung. Vor diesem Hintergrund muß es als ein bemerkenswerter Zufall betrachtet werden, daß diese theoretischen Vorstellungen heutzutage durch Elektronenmikroskope fast "direkt" gesehen werden können. Ebenso müssen Instrumentalisten, die die kinetische Gastheorie verteidigt haben, ziemlich überrascht gewesen sein, in dem Phänomen der BROWNschen Bewegung die Auswirkungen des Zusammenstoßens zwischen ihren theoretischen Vorstellungen und Rauchpartikeln beobachten zu können. Und schließlich berichtete auch HERTZ, daß es ihm gelungen sei, die Felder der MAXWELLschen elektromagnetischen Theorie in einer "sichtbaren und beinahe greifbaren Form" zu erzeugen. Derartige Episoden untergraben den naiv-instrumentalistischen Anspruch, daß theoretische Entitäten fiktiv oder unrealistisch sind, auf eine Art und Weise, wie dies für beobachtbare Entitäten nicht zutrifft. Auf weitere Schwierigkeiten des Instrumentalismus wird im vierten Abschnitt dieses Kapitels näher eingegangen.

Realisten sind - insofern sie zu der Vermutung bereit sind, daß die theoretischen Entitäten ihrer Theorien mit dem korrespondieren, was in der Welt real existiert - spekulativer, sie wagen mehr und sind weniger vorsichtig und defensiv als die Instrumentalisten. Angesichts dieser Tatsache und der Diskussion zur Überlegenheit der falsifikationistischen gegenüber der induktivistischen Sichtweise der Wissenschaft aus dem vierten und fünften Kapitel, können wir erwarten, daß der realistische Standpunkt fruchtbarer ist als die instrumentalistische Haltung. Daß dies tatsächlich der Fall ist, wollen wir mit einem historischen Beispiel belegen.

Einige Zeitgenossen von KOPERNIKUS und GALILEI nahmen eine instrumentalistische Haltung gegenüber der Theorie von KOPERNIKUS ein. In dem Vorwort zu dem Hauptwerk von KOPERNIKUS *De revolutionibus orbium coelestium* schrieb OSIANDER:

> ". . . es ist die Pflicht eines Astronomen, durch behutsame und aufmerksame Beobachtung die Geschichte der Bewegungen der himmlischen Körper zusammenzutragen. Wenn er sein Augenmerk dann auf die Ursachen dieser Bewegungen oder auf die Hypothesen über diese Bewegungen lenkt, ist, wenn er auf keine andere Weise zu den wahren Ursachen vordringen kann, sein Einfallsreichtum gefordert und er muß Hypothesen ersinnen, von denen er annehmen kann, daß sie in der Lage sind, sowohl die zukünftigen als auch die Bewegungen der Vergangenheit zuverlässig aus den Prinzipien der Geometrie abzuleiten. Der Autor dieses Buches [KOPERNIKUS] erfüllt beide Herausforderungen auf hervorragende Weise. Dafür müssen Hypothesen weder wahr noch wahrscheinlich wahr sein, wenn sie allein Berechungen bieten, die mit den Beobachtungen im Einklang stehen".

Die Theorie von KOPERNIKUS darf man also nicht als Beschreibung dessen betrachten, wie die Welt wirklich ist. Diese Theorie behauptet nicht, daß die Erde sich wirklich um die Sonne dreht. Sie ist vielmehr ein Hilfsmittel bei der Berechnung, das es uns ermöglicht, die eine Beobachtungsreihe von Planetenkonstellationen mit einer anderen in Beziehung zu setzen. Die Berechnungen werden einfacher, wenn man das Planetensystem so behandelt, *als ob* die Sonne im Mittelpunkt stünde.

GALILEI hingegen war ein Realist. Als er sich erhob nachdem er auf den Knien vor der römischen Inquisition "die Irrtümer seines Weges", die Verteidigung des kopernikanischen Weltsystems, gestanden hatte soll er angeblich auf den Boden unter sich geklopft und dabei gemurmelt haben: "Und sie bewegt sich doch". Für einen realistischen Verteidiger der kopernikanischen Theorie dreht sich die Erde wirklich um die Sonne.

Die Anhänger von OSIANDER hatten gute Gründe für ihren instrumentalistischen Standpunkt. Sie vermieden damit sicherlich die heftigen Meinungsverschiedenheiten um den Konflikt, der zwischen der Theorie von KOPERNIKUS einerseits und dem zeitgenössischen Christentum und der Metaphysik von ARISTOTELES andererseits entbrannt war. Wie bereits im sechsten Kapitel angesprochen wurde, gab es auch physikalische Argumente gegen das kopernikanische System und nur eine instrumentalistische Interpretation der Theorie bewahrte sie vor diesen Schwierigkeiten. Im Gegensatz dazu warf der realistische Standpunkt, wie ihn GALILEI vertrat, mannigfaltige Probleme auf, und es waren gerade diese Probleme, die für einen entscheidenden Ansporn in der Entwicklung einer adäquateren optischen Theorie und Mechanik sorgten. Schon unsere früheren Ausführungen ließen erkennen, daß dieser realistische Standpunkt fruchtbar war, zumindest in diesem Fall. Selbst wenn es der Theorie von KOPERNIKUS nicht gelungen wäre, ihre Unzulänglichkeiten zu überwinden, hätte man dabei viel über Optik und Mechanik gelernt. Der realistische Standpunkt muß dem naiv-instrumentalistischen allein schon deswegen vorgezogen werden, weil er mehr Entwicklungsmöglichkeiten bietet.

3. Die Korrespondenztheorie der Wahrheit

Wie bereits in dem ersten Abschnitt angedeutet wurde, beinhaltet die typische realistische Position einen Wahrheitsbegriff, der es erlaubt, von wahren Theorien zu sprechen, die eine korrekte Beschreibung bestimmter Aspekte der Wirklichkeit geben. In diesem Abschnitt sollen Versuche zur genaueren Beschreibung des Wahrheitsbegriffes näher betrachtet werden, mit dem in diesem Zusammenhang operiert wird. Obgleich an dieser Stelle nicht näher darauf eingegangen werden soll, soll davon ausgegangen werden, daß die sogenannte "Korrespondenztheorie der Wahrheit"[1] die einzige tragfähige Konkurrenz für eine Erklärung der Wahrheit ist, die den Anforderungen des Realismus gerecht werden kann. Wir wollen uns hier auf die Diskussion und die Kritik an dieser Theorie beschränken.

Die grundlegende Idee der Korrespondenztheorie der Wahrheit scheint klar genug zu sein, um sie hier auf eine geradezu triviale Art und Weise mit Beispielen aus dem allgemeinen Sprachgebrauch zu erläutern. Ein Satz ist nach der Korrespondenztheorie wahr, wenn er mit den Tatsachen in Einklang steht. Folglich ist der Satz "die Katze sitzt auf der Matratze" wahr, wenn er mit der Wirklichkeit übereinstimmt, d.h., wenn wirklich eine Katze auf der Matratze sitzt, wohingegen der Satz falsch ist, wenn keine Katze auf der Matratze sitzt. Ein Satz ist wahr, wenn die Realität so ist, wie es der Satz aussagt - andernfalls ist er falsch.

Eine Schwierigkeit dieses Wahrheitsbegriffes liegt in der Leichtigkeit, mit der seine

[1] Auch "Adäquationstheorie". (Anm. d. Hrsg.)

Verwendung zu Paradoxien führen kann. Ein Beispiel hierfür bietet das sogenannte Lügner-Paradoxon. Wenn ich behaupte "ich sage nie die Wahrheit", dann ist, wenn meine Aussage wahr ist, das, was ich gesagt habe, falsch. Ein anderes, bekanntes Beispiel lautet folgendermaßen. Stellen wir uns eine Karte vor. Auf der einen Seite steht geschrieben: "Der Satz, der auf der Rückseite dieser Karte steht, ist wahr", während auf der anderen Seite steht: "Der Satz, der auf der Rückseite dieser Karte steht, ist falsch". Es ist leicht zu sehen, wie man in dieser Situation zu der paradoxen Schlußfolgerung kommen kann, daß jeder dieser Sätze auf dieser besagten Karte sowohl wahr als auch falsch sein kann.

Der Logiker ALFRED TARSKI demonstrierte, wie für ein bestimmtes Sprachsystem Paradoxien vermieden werden können. Der entscheidende Schritt war, daß er betonte, daß jemand, wenn er von der Wahrheit oder der Falschheit von Sätzen eines Sprachsystems spricht, sorgfältig und systematisch die Sätze des Sprachsystems, über die er spricht - die "Objektsprache" -, von den Sätzen des Sprachsystems unterscheiden muß, in denen über die Objektsprache gesprochen wird - die "Metasprache". Wenn wir der Theorie von TARSKI zustimmen, dann müssen wir bezüglich des Kartenparadoxons bestimmen, ob die Sätze auf dieser Karte zu dem Sprachsystem gehören, über das man spricht, oder zu dem Sprachsystem, in dem man spricht. Wenn wir davon ausgehen, daß die Sätze auf beiden Seiten der Karte der Objektsprache zuzuordnen sind, dann können wir nicht gleichzeitig annehmen, daß sie aufeinander Bezug nehmen. Wenn man der Regel folgt, daß jeder Satz entweder zu der Objektsprache oder zu der Metasprache gehört, nicht jedoch zu beiden, so daß sich weder der eine Satz auf den anderen, noch der andere sich auf den einen beziehen kann, entsteht keine Paradoxie.

Eine grundlegende Idee in der Korrespondenztheorie von TARSKI ist also, daß wir, wenn wir über die Wahrheit von Sätzen einer bestimmten Sprache sprechen, eine allgemeine Sprache benötigen, - die Metasprache - in der wir sowohl auf die Sätze der Objektsprache, als auch auf die Tatsachen, mit denen die Sätze übereinstimmen sollten, Bezug nehmen können. TARSKI mußte nachweisen können, wie der Korrespondenzbegriff der Wahrheit für alle Sätze innerhalb der Objektsprache derartig systematisch entwickelt werden könnte, daß Paradoxien vermieden werden. Dies war insofern eine technisch schwierige Aufgabe, weil es in jeder Sprache, die man untersucht, eine unendliche Anzahl von Sätzen gibt. Dieses Problem löste TARSKI für Sprachen, die eine unendliche Menge einstelliger Prädikate enthielten, d.h. Prädikate wie "ist weiß" oder "ist ein Tisch". Seine Technik setzte es als gegeben voraus, daß ein Prädikat einem Objekt X eindeutig zugeordnet werden kann. Beispiele aus der Umgangssprache klingen trivial. Das Prädikat "ist weiß" kann zum Beispiel dem Objekt X eindeutig zugeordnet werden, wenn - und nur dann - X weiß ist, und das Prädikat "ist ein Tisch" kann X zugeordnet werden, wenn - und nur dann - X ein Tisch ist. Ausgehend von einem solchen Zuordnungsbegriff für alle Prädikate einer Sprache zeigte TARSKI auf, wie der Wahrheitsbegriff für alle Sätze einer Sprache entwickelt werden kann. TARSKI gab, um den Fachterminus zu gebrauchen, ausgehend von dem Begriff der primitiven Zuordnung eine "rekursive" Definition der Wahrheit.

TARSKIs Ergebnisse waren für die mathematische Logik in formaler Hinsicht zweifelsfrei von großer Bedeutung. Sie waren von grundlegender Bedeutung für die Modelltheorie und hatten ebenso Einfluß auf die Beweistheorie. Seine Ergebnisse zeigten auch, warum Widersprüche auftauchen können, wenn der Wahrheitsbegriff in natürlichen

Sprachen diskutiert wird, und sie weisen darauf hin, wie derartige Widersprüche vermieden werden können. Leistete TARSKIs Theorie noch etwas darüber hinaus? Näherte er sich insbesondere in irgendeiner Weise der Erklärung des Wahrheitsbegriffes an, die für uns eine Hilfe darstellt, den Anspruch zu verstehen, daß Wahrheit das Ziel von Wissenschaft ist? TARSKI selbst war nicht dieser Meinung. Er betrachtete seinen Ansatz als "epistemologisch neutral". Andere teilten nicht TARSKIs Auffassung. POPPER schrieb zum Beispiel: "Tarski . . . rehabilitierte die in Mißkredit geratene Korrespondenztheorie der absoluten oder objektiven Wahrheit. Er rechtfertigte die uneingeschränkte Verwendung der intuitiven Vorstellung von Wahrheit als Übereinstimmung mit der Wirklichkeit" (POPPER, 1969, S.223). Betrachten wir einmal POPPERs Verwendung von TARSKIs Ansatz, um zu sehen, ob POPPER in der Lage ist, die Forderung aufrechtzuerhalten, daß es sinnvoll ist, über Wahrheit als das Ziel der Wissenschaft zu sprechen. Im folgenden ein Versuch von POPPER (1969, S.224), die Vorstellung von der "Übereinstimmung mit der Wirklichkeit" zu erläutern.

> ". . . zunächst wollen wir die beiden folgenden Formulierungen jeweils sehr einfach (in einer Metasprache) darlegen, unter welchen Voraussetzungen eine bestimmte Behauptung (der Objektsprache) mit der Wirklichkeit übereinstimmt.
>
> 1. Die Aussage oder die Behauptung "Schnee ist weiß" stimmt dann - und nur dann - mit der Wirklichkeit überein, wenn Schnee auch wirklich weiß ist.
> 2. Die Aussage oder die Behauptung "Gras ist rot" stimmt dann - und nur dann - mit der Wirklichkeit überein, wenn Gras auch wirklich rot ist".

Dies ist aber auch in der Tat alles, was POPPER als Erklärungsversuch anzubieten hat, wenn man von einer wissenschaftlichen Behauptung sagt, sie sei wahr oder stehe in Übereinstimmung mit der Wirklichkeit. Auf den ersten Blick sind POPPERs Formulierungen (1) und (2) so offensichtlich zutreffend, daß sie uns als nichts mehr als philosophische Pedanterie vorkommen.

Die Beispiele, die POPPER anführt, sind dem Alltagsverständnis, dem *Common sense* entnommen. POPPER behandelt den Wahrheitsbegriff im wesentlichen entsprechend des Konzeptes von TARSKI und verbindet ihn mit dem *Common sense* - Begriff der Wahrheit. Dadurch wird deutlich, daß der Wahrheitsbegriff in der Umgangssprache in bestimmter Art und Weise sinnvoll und anwendbar ist, da er anderenfalls nicht in unserer Sprache verankert wäre und wir zum Beispiel nicht in der Lage wären, zwischen Wahrheit und Lüge zu unterscheiden. Gerade weil wir im Besitz eines sinnvollen umgangssprachlichen Wahrheitskonzeptes sind, erscheinen die oben angeführten Sätze (1) und (2) von POPPER uns so offensichtlich zutreffend und trivial. Dabei drängt sich die entscheidende Frage auf, ob der umgangssprachliche Wahrheitsbegriff sinnvoll und dem Anspruch angemessen ist, daß Wahrheit das Ziel von Wissenschaft ist. Im folgenden Abschnitt soll begründet werden, warum es sich nicht so verhält.

4. Der "Common sense" - Begriff der Wahrheit

Bevor wir die Probleme anschneiden, die bei der Anwendung des Alltagsverständnisses des Wahrheitsbegriffes als Übereinstimmung mit der Wirklichkeit innerhalb der Wissenschaft auftreten, soll zunächst ein Einwand gegen dieses Konzept entschärft werden, der als verfehlt betrachtet werden muß. Würde man uns fragen, womit eine Behauptung wie "die Katze sitzt auf der Matratze" übereinstimmt, dann müßten wir hierauf eine Antwort geben, es sei denn, wir wollten sie verweigern. Wir würden erwidern "die Katze sitzt auf der Matratze" stimmt mit der Tatsache überein, daß die Katze auf der Matratze sitzt. Diejenigen, die unsere Bedenken teilen, würden hierauf antworten, daß wir durch unsere Antwort keine Beziehung zwischen einer Aussage und der Welt hergestellt haben, sondern zwischen einer Aussage und einer zweiten Aussage. Daß dies ein irreführender Einwand ist, kann durch eine Analogie erläutert werden. Wenn wir eine Landkarte von Australien haben und jemand würde uns fragen, was die Landkarte darstellt, dann wäre unsere Antwort: "Australien". Wir behaupten mit dieser Antwort nicht, daß die Landkarte das Wort "Australien" darstellt, aber wenn wir nun einmal gefragt werden, was die Karte darstellt, dann können wir eben nur eine verbale Antwort geben. Weder im Fall der Katze noch im Falle der Landkarte kann vernünftigerweise davon ausgegangen werden, daß die verbale Antwort unsere Behauptung impliziert, daß in dem ersten Fall der Satz "die Katze sitzt auf der Matratze" und im zweiten Fall die Landkarte etwas Verbales darstellen. Für uns zumindest bezieht sich die Aussage "die Katze sitzt auf der Matratze" eindeutig darauf, daß die Katze auf der Matratze sitzt und ist, zumindest mit dem gesunden Menschenverstand betrachtet, von banaler Richtigkeit.

Nach dieser Richtigstellung eines verfehlten Einwandes gegen die Korrespondenztheorie soll nun ein verwandter Kritikpunkt hervorgehoben werden. Im Rahmen der Korrespondenztheorie der Wahrheit müßten wir in der Lage sein, uns in der Metasprache auf die Sätze eines Sprachsystems oder auf die Theorie und auf die Fakten zu beziehen, mit denen diese Sätze übereinstimmen oder nicht. Jedoch können wir nur über die Tatsachen sprechen, auf die sich ein Satz bezieht, indem wir genau die gleichen Begriffe verwenden, die in dem Satz selber vorkommen. Wenn wir behaupten, "`die Katze sitzt auf der Matratze' verweist darauf, daß die Katze auf der Matratze sitzt," dann verwenden wir die Begriffe "Katze" und "Matratze" zweimal: einmal in der Objektsprache und ein zweites mal in der Metasprache, um auf die Fakten hinzuweisen. Über die Tatsachen, auf die sich eine Theorie bezieht und mit denen sie übereinstimmen sollte, kann man nur sprechen, wenn man die Begriffe der Theorie selbst gebraucht. Die Wirklichkeit ist weder für uns zugänglich, noch kann man sie unabhängig von unserer Theorie diskutieren.

Wenn Theorien aus der Physik mit der Wirklichkeit übereinstimmen sollen, dann unterscheiden sich die hier angesprochenen Übereinstimmungen deutlich von denjenigen, bei denen es um Katzen und Matratzen geht. Daß es sich so verhält, wird aus dem zentralen Argument des Buches von ROY BHASKAR *A Realist Theory of Science* (1975) deutlich. Die Analyse von BHASKAR macht deutlich, daß wissenschaftliche Gesetze und Theorien nicht als eindeutige Beziehungen zwischen Reihen von Ereignissen ausgelegt werden dürfen, wie viele Empiristen dies gerne sehen würden. Gesetze innerhalb der Wissenschaft können nicht angemessen als unveränderliche Verbindungen von Ereignissen interpretiert werden, in der Art von "Ereignisse vom Typ A treten ausnahmslos zusammen mit Ereignissen vom Typ B auf oder gehen diesen voraus". Die Behauptung von BHASKAR stützt sich auf die Tatsache, daß die Physik weitestgehend auf Experimenten beruht sowie auf den Stellenwert, den diese in der Physik einnehmen. Experimente werden von Menschen durchgeführt. Die experimentellen Versuchspläne werden von Menschen entworfen und miteinander in Beziehung gesetzt. Diese Versuchspläne bilden die annähernd geschlossenen Systeme, die zur Überprüfung wissenschaftlicher Gesetze und Theorien geeignet sind. Die Ereignisse, die während der Durchführung eines Experimentes auftreten, die Blitze auf den Bildschirmen, die Positionen der Zeiger auf den Skalen usw. werden in gewissem Sinne von den Menschen hervorgerufen. Sie würden sich nicht ohne die Einwirkung des Menschen ereignen. Während bei dieser Betrachtungsweise das Zusammentreffen von Ereignissen, die für die Überprüfung von Gesetzen von Bedeutung sind, von Menschen herbeigeführt werden, werden die Gesetzmäßigkeiten, die der experimentellen Überprüfung zugrunde liegen, nicht von Menschen geschaffen. (Durch den ein oder anderen ungeschickten Eingriff können wir den Verlauf eines Experimentes leicht stören und dadurch das erwartete Ergebnis beeinflussen. Dadurch werfen wir jedoch nicht die Naturgesetze über den Haufen). Folglich muß es einen Unterschied geben zwischen den physikalischen Gesetzen und der Reihe von Ereignissen, die typischerweise das Ergebnis der Experimente sind und die das Beweismaterial für diese Gesetze bilden.

Wenn wir die Physik als die Suche nach Wahrheit betrachten, dann unterscheiden sich die in diesem Zusammenhang angesprochenen Übereinstimmungen grundlegend von denjenigen, die in Aussagen über weißen Schnee und Katzen auf Matratzen zum Ausdruck kommen. Grob gesagt werden von den physikalischen Gesetzen bestimmte Eigenschaften oder Merkmale ausgewählt, die Objekten oder Systemen der Welt (zum Beispiel Masse) zugeschrieben werden können, und sie bestimmen die Art und Weise, in der sich diese Objekte oder Systeme aufgrund jener Eigenschaften oder Merkmale (beispielsweise das Trägheitsgesetz) verhalten. Im allgemeinen weisen Systeme in der Welt noch weitere Merkmale auf als die von einem einzelnen Gesetz beschriebenen. Sie sind also Gegenstand weiterer gleichzeitig wirksam werdender Einflüsse, die mit diesen zusätzlichen Eigenschaften verbunden sind. Ein fallendes Blatt ist beispielsweise gleichzeitig ein mechanisches, hydrodynamisches, chemisches, biologisches, optisches und thermisches System. Die Naturgesetze beziehen sich nicht lediglich auf Relationen zwischen lokalisierbaren Ereignissen wie beispielsweise Katzen auf Matratzen, sondern ebenso auf etwas, das über die puren, unmittelbar sichtbaren Fakten hinausgeht.

Nehmen wir als Beispiel das erste Bewegungsgesetz von NEWTON, das Gesetz, das von ALEXANDER KOYRÉ als die Erklärung des Realen durch das Unmögliche bezeichnet wurde. Zweifellos hat sich noch nie ein Körper derart bewegt, daß er als ideales Beispiel für dieses Gesetz hätte herangezogen werden können. Wenn das Gesetz dennoch richtig ist, werden alle Körper ihm folgen, obwohl nur selten die Möglichkeit gegeben sein dürfte, dies für alle Körper zu beweisen. Das Ziel des Experimentierens ist es, für diesen Nachweis eine Möglichkeit zu bieten. Wenn die Gesetze von NEWTON "wahr" sind, dann sind sie immer "wahr". Sie sind nicht nur unter experimentell kontrollierten Bedingungen wahr. Wäre dies der Fall, wäre es nicht zu rechtfertigen, sie außerhalb experimenteller Bedingungen anzuwenden. Wenn die NEWTONschen Gesetze wahr sind, dann sind sie immer wahr, aber in der Regel werden gleichzeitig auch noch andere Einflüsse wirksam. Wenn die NEWTONschen Gesetze mit irgendetwas übereinstimmen, dann mit etwas, das über die puren Fakten hinausgeht, was sich sehr stark von den lokalisierbaren Einzelereignissen unterscheidet, wie zum Beispiel Katzen auf Matratzen.

Bis jetzt haben wir uns mit den Arten von korrespondenztheoretischen Übereinstimmungen befaßt, die in der Physik eine Rolle spielen können. Betrachten wir nun einige Gründe, die Zweifel aufwerfen, ob die Physik überhaupt als die Suche nach der Wahrheit aufgefaßt werden kann.

Diesem Aspekt des Problems hat KUHN (vgl. 1979, S.216f.) besondere Aufmerksamkeit geschenkt. Er bezieht sich auf den deutlichen Mangel an Konvergenz in der Geschichte der Physik im Hinblick auf die Ontologie einer Theorie und deren reales Gegenstück in der Natur sowie dessen Verhalten. Die Geschichte der Optik liefert dafür ein treffendes Beispiel. In der Weiterentwicklung der Optik von NEWTON bis heute finden wir, daß ein Lichtstrahl zunächst als ein Partikelstrom beschrieben wurde, dann als Welle und schließlich als etwas, das weder ein Partikelstrom noch eine Welle ist. Wie kann diese Aufeinanderfolge von Theorien, die sich stets dichter an eine wahre Beschreibung dessen annähern, was die Welt wirklich ist, aufgefaßt werden? Ein derartiges Problem taucht dann auf - wenn auch nicht immer auf so eindeutige Weise - wann immer es einen revolutionären Fortschritt in der Physik gibt.

Ein anderes Problem bei der Anwendung der Korrespondenztheorie der Wahrheit in der Physik ist mit der Tatsache verbunden, daß es häufig alternative und offensichtlich sehr unterschiedlich erscheinende Formulierungen derselben Theorie gibt. Ein Beispiel sind die alternativen Formulierungen der klassischen elektromagnetischen Theorie: Die Formulierung in Begriffen von elektromagnetischen Feldern, die den ganzen Raum einnehmen und die andere in Form von lokalisierten Ladungen und Strömungen, die auf Distanz wirken, wobei diese Wirkung in Form von Potentialen ausgedrückt werden kann, die sich mit Lichtgeschwindigkeit fortpflanzen. Andere Beispiele sind die unterschiedlichen Formulierungen der klassischen Mechanik und der Quantenmechanik. Es ist anscheinend sehr gut möglich, daß einige dieser alternativen Formulierungen äquivalent sind, in dem Sinne, daß alles, was durch die eine Formulierung vorhergesagt oder erklärt werden kann, auch durch eine andere vorhergesagt oder erklärt werden kann.[2] Diese Art äquivalenter Alternativen bringen, wenn es sie gibt, die Verteidiger der Korrespondenztheorie in Verlegenheit. Diese Verteidiger stehen zum Beispiel der Frage gegenüber, ob die Welt wirklich aus elektromagnetischen Feldern oder aber aus sich fortpflanzenden Potentialen besteht, ohne sie aber auch nur in irgendeiner Weise beantworten zu können.

Eine dritte Schwierigkeit für die Verfechter der Korrespondenztheorie ergibt sich aus der Tatsache, daß unsere Theorien Produkte des menschlichen Geistes sind, die der Entwicklung und Veränderung unterworfen sind, wohingegen das Verhalten der physischen Welt, der Gegenstand dieser Theorien, dies nicht ist. Ein entscheidender Punkt der Auffassung, daß das Ziel der Wissenschaft Wahrheit ist, steht mit dieser einfachen Beobachtung im Widerspruch. Vom Standpunkt der Korrespondenztheorie der Wahrheit aus ist der ideale Endpunkt eines Wissenschaftsbereiches "die absolute oder objektive

---

[2] Dies ist nicht der geeignete Platz um im Detail auf die Debatte einzugehen, ob die von mir angeführten Beispiele auch wirklich äquivalente Alternativen darstellen. Wenn es bekannt wird, daß es keine äquivalenten Alternativen der Art gibt, die wir angenommen haben, dann würde den Bedenken, die wir an dieser Stelle hervorgehoben haben, natürlich die Grundlage entzogen.

Wahrheit". Er ist *die* richtige Beschreibung des jeweiligen Aspektes der Wirklichkeit, worum es dem entsprechenden Wissenschaftsbereich geht. Abgesehen von einigen unbedeutenden Aspekten, wie zum Beispiel verwendete Begriffe, die die schon bestehenden Merkmale der Wirklichkeit bezeichnen, ist der Endpunkt eines Wissenschaftsbereiches - die Wahrheit - in keiner Weise ein soziales Produkt. Sie ist bereits durch das Wesen der Welt vorherbestimmt, bevor man sich überhaupt wissenschaftlich mit ihr beschäftigt. So gesehen wird sich die Wissenschaft als soziales Produkt, wenn sie ihren Endpunkt jemals erreichen wird, von einem menschlichen, sozialen Produkt in etwas verwandeln, das in einem strengen Sinne und absolut kein menschliches Produkt mehr darstellt. Ich, für meinen Teil, finde dies, gelinde gesagt, wenig plausibel.

5. POPPER über die Annäherung an die Wahrheit

POPPER hat einen wichtigen Beitrag zu der Vorstellung geleistet, daß die Wissenschaft Suche nach der Wahrheit ist, indem er die Idee der Annäherung an die Wahrheit erkannte. Für den Fallibilisten POPPER sind Theorien der Vergangenheit, die ersetzt wurden, wie zum Beispiel die Mechanik von GALILEI oder NEWTON, angesichts unserer gegenwärtigen Theorien falsch, wohingegen wir, soweit es die moderne Physik von EINSTEIN oder die Quantenphysik betrifft, jedoch nicht wissen können, ob sie wahr sind. Sie sind sogar höchstwahrscheinlich falsch und werden vermutlich in Zukunft durch andere Theorien abgelöst. Ungeachtet dieser Falschheit oder mutmaßlichen Falschheit unserer Theorien behaupten Falsifikationisten wie POPPER dennoch, daß die Wissenschaft Fortschritte gemacht und sich dabei immer mehr der Wahrheit angenähert habe. So würden sie zum Beispiel behaupten, daß die Theorie von NEWTON näher an der Wahrheit ist als die von GALILEI, obwohl beide falsch sind. POPPER erkannte, daß es sinnvoll ist, von der Idee der *Annäherung an die Wahrheit* auszugehen, so daß es zum Beispiel sinnvoll ist zu behaupten, die Theorie von NEWTON sei eine bessere Annäherung an die Wahrheit als die von GALILEI.

POPPER versuchte, der Annäherung an die Wahrheit oder *Wahrheitsnähe*, wie er es nannte, in Form von wahren oder falschen Konsequenzen einer Theorie gerecht zu werden. Wenn wir die Gruppe aller wahren Konsequenzen einer Theorie ihren Wahrheitsgehalt nennen und die Klasse aller falschen Konsequenzen einer Theorie als den Falschheitsgehalt einer Theorie bezeichnen, dann können wir mit POPPER (1969, S.233) sagen:

> "Angenommen, der Wahrheitsgehalt und der Falschheitsgehalt zweier Theorien t_1 und t_2 sind vergleichbar, dann können wir behaupten, daß t_2 sich mehr der Wahrheit annähert oder besser mit der Wirklichkeit übereinstimmt als t_1, wenn - und nur dann - entweder
> a) der Wahrheitsgehalt, nicht aber der Falschheitsgehalt von t_2 den von t_1 übersteigt
> b) der Falschheitsgehalt von t_1, nicht aber sein Wahrheitsgehalt, den von t_2 übersteigt".

Wenn wir einen Schritt weiter gehen und annehmen, daß der Umfang der beiden Klassen meßbar ist - eine Annahme, die POPPER anzweifelt -, dann können wir behaupten, daß die Wahrheitsnähe einer Theorie so etwas darstellt wie das Maß des Wahrheitsgehaltes abzüglich des Maßes ihres Falschheitsgehaltes. Der Anspruch, daß die Wissenschaft sich der Wahrheit nähert, kann nunmehr neu formuliert werden: "In dem Umfang, in dem eine Wissenschaft Fortschritte macht, nimmt die Wahrheitsnähe ihrer Theorien zu".[3]

Ich denke nicht, daß dieser Schritt es POPPER ermöglicht, die im vorigen Abschnitt diskutierten Einwände gegen die Anwendung der Korrespondenztheorie auf die Physik zu überwinden. Außerdem glaube ich, daß es sich zeigen läßt, daß POPPERs Auffassung von Fortschritt als sukzessive Annäherung an die Wahrheit einen instrumentalistischen Charakter hat, der sich nicht mit seinen "realistischen" Vorstellungen vereinbaren läßt.

Wenn wir die revolutionären Veränderungen in der Entwicklung der Physik betrachten, dann ist es nicht nur die Theorie, die als Folge der Revolution ersetzt wird und die im Licht einer neuen Theorie inadäquat ist, sondern sie schreibt der Welt auch Eigenschaften zu, die diese nicht besitzt. Die Theorie von NEWTON schreibt zum Beispiel allen Systemen oder Teilsystemen der Welt die Eigenschaft der "Masse" zu, während vom Standpunkt der EINSTEINschen Theorie eine derartige Eigenschaft nicht existiert. Die EINSTEINschen Masse ist eine Relation zwischen physikalischen Systemen und einem Bezugssystem. Wie wir gesehen haben, betonen sowohl KUHN als auch FEYERABEND das Ausmaß, in dem die mechanische Welt, so wie sie durch die Theorie von NEWTON beschrieben wird, sich erheblich von der Wirklichkeit unterscheidet, wie sie durch die Theorie von EINSTEIN beschrieben wird. Die veralteten und unangemessenen Begriffe der Masse, Kraft, Raum und Zeit, die in der Formulierung der NEWTONschen Theorie verwendet werden, werden auf alle abgeleiteten Konsequenzen dieser Theorie übertragen. Deshalb sind genaugenommen, wenn wir in Begriffen von Wahrheit und Falschheit sprechen, *alle diese abgeleiteten Konsequenzen falsch*. Der Wahrheitsgehalt der Theorie von NEWTON ist gleich Null, genauso wie der Wahrheitsgehalt aller mechanischen Theorien vor EINSTEIN. Nach irgendeiner zukünftigen wissenschaftlichen Revolution kann sich herausstellen, daß selbst der Wahrheitsgehalt der Theorie von EINSTEIN gleich Null ist. So gesehen scheitert der Versuch von POPPER, "falsche" Theorien durch die Gegenüberstellung ihres Wahrheits- und Falschheitsgehaltes zu vergleichen und dabei Wissenschaft als eine Annäherung an die Wahrheit aufzufassen.

Es gibt eine Möglichkeit, mit der POPPERs Konzept der Annäherung an die Wahrheit gegen diese Art von Kritik immun gemacht werden kann. Dies setzt jedoch voraus, daß Theorien instrumentalistisch interpretiert werden. Wenn wir beispielsweise zu den Behauptungen der NEWTONschen Theorie bestimmte praktische Verfahrensweisen hinzufügen, wie eindeutige Methoden zur Messung der Masse, Länge und Zeit, um diese Theorie einer Prüfung zu unterziehen, dann können wir sagen, daß eine große Anzahl der Aussagen der NEWTONschen Theorie in Form von Anzeigen auf Skalen, Uhren und ähnlichem sich innerhalb der Grenzen der experimentellen Genauigkeit als fehlerfrei erweisen. So gesehen ist der Wahrheitsgehalt der NEWTONschen Theorie und anderer falscher Theorien nicht gleich Null, und es ist ohne weiteres möglich, POPPERs Konzept der Annäherung an die Wahrheit auf eine Reihe von Theorien im Bereich der Physik

---

3 Neuere Ansätze in der Literatur, den Begriff der Wahrheitsnähe zu präzisieren, tragen durchweg Merkmale eines degenerativen Programms.

anzuwenden. Diese Interpretation von POPPERs Theorie der Wahrheitsnähe bringt jedoch ein instrumentalistisches Element ein, das mit POPPERs "realistischen" Intentionen im Widerspruch steht, wie dies bereits an anderer Stelle angesprochen wurde. Sie steht zum Beispiel zu der Behauptung im Widerspruch, daß "die Wissenschaft versuche, die Wirklichkeit zu beschreiben und (so weit wie möglich) zu erklären" (POPPER, 1973, S.53). In dem nächsten Kapitel werden zwingende Argumente dafür angeführt, daß dieser instrumentalistische Rückzug vom Realismus unangemessen ist.

Weiterführende Literatur

Realismus und Instrumentalismus diskutiert Popper in "Three Views Concerning Human Knowledge" in *Conjectures and Refutations* (1969), Paul Feyerabend in "Realismus und Instrumentalismus: Bemerkungen zur Unterstützung durch Tatsachen" in *Der wissenschaftstheoretische Realismus und die Autorität der Wissenschaften* (1978, S.79-112) und J.J. Smart in *Between Science and Philosophy* (1968). Tarskis wesentlichster Artikel über Wahrheit ist "Der Wahrheitsbegriff in den formalisierten Sprachen" (1936). Eine weniger formale Zusammenfassung seiner Ergebnisse ist sein Aufsatz "The Semantic Conception of Truth and the Foundations of Semantics" (1944) und eine nichtformale Darstellung stellt sein Aufsatz "Truth and Proof" (1969) dar. Seine Theorie der Wahrheitsnähe entwickelt Popper in erster Linie im zehnten Kapitel von *Conjectures and Refutations* sowie in "Zwei Seiten des Alltagsverstandes" und in "Philosophische Bemerkungen zu Tarskis Theorie der Wahrheit", 2. und 9. Kapitel seines Buches *Objektive Erkenntnis* (1973). Einige formale Aspekte der Wahrheitsnähe diskutieren verschiedene Autoren im *British Journal for the Philosophy of Science* (1974, *25*, S.155-188).

Zusammenfassende Fragestellungen

1. Welche grundsätzlich unterschiedlichen Ansprüche haben der *Realismus* bzw. der *Instrumentalismus* an Theorien?
2. Welche Rolle kommt dem theoretischen Wissen im *Realismus* zu?
3. Was sind im *Realismus* die Kriterien, nach denen eine Theorie als falsch oder richtig bezeichnet wird?
4. Nach welchen Kriterien werden im *Instrumentalismus* die theoretischen Konstrukte beurteilt?
5. Was ist die grundlegende Idee der *Korrespondenztheorie der Wahrheit*?
6. Wie lassen sich laut TARSKI die aus der Korrespondenztheorie auftretenden Paradoxien überwinden?
7. Warum dürfen Gesetze und Theorien nicht als eindeutige Beziehungen zwischen Reihen von Ereignissen ausgelegt werden?
8. Wie beurteilt POPPER die *"Wahrheitsnähe" einer Theorie*?
9. Welche Probleme sind mit dem POPPERschen Versuch der *Annäherung an die Wahrheit* verbunden?

10. Eine Möglichkeit, mit der das *Konzept der Annäherung an die Wahrheit* gegen bestimmte Kritikpunkte immun gemacht werden kann, besteht darin, den Wahrheitsbegriff instrumentalistisch zu interpretieren. Was bedeutet dies?

14
Nicht-repräsentativer Realismus

1. Das Verhältnis zwischen aufeinanderfolgenden Theorien

Im vorangegangenen Kapitel wurden instrumentalistische Ansätze der Physik sowie solche Ansätze des Realismus kritisiert, die von einer Korrespondenztheorie der Wahrheit ausgehen. Hier soll nunmehr eine tragfähige Alternative vorgeschlagen werden. Dazu soll in diesem Abschnitt zunächst etwas ausführlicher auf das Verhältnis zwischen den Theorien eingegangen werden, die ersetzt wurden und denjenigen, die infolge eines revolutionären Wandels an ihre Stelle getreten sind. Dazu ist es hilfreich, das Augenmerk erneut auf die Beziehung zwischen den Theorien von NEWTON und EINSTEIN zu richten - ein von KUHN und FEYERABEND favorisiertes Beispiel für sogenannte *Inkommensurabilität.*

Wie oben bereits betont wurde, unterscheidet sich das Weltbild, das in der NEWTONschen Theorie deutlich wird, gravierend von dem Weltbild der Theorie EINSTEINs. Vom Standpunkt der Theorie EINSTEINs aus betrachtet, stimmt NEWTONs Theorie nicht mit der Wirklichkeit überein. Wenn wir von dieser Voraussetzung ausgehen, dann stellt sich die Frage, wie der Realismus das Verhältnis zwischen NEWTONs Theorie und der Wirklichkeit erklärt. Und wie wird vom Standpunkt des Realismus aus die Tatsache beurteilt, daß NEWTONs Theorie derartig erfolgreich gewesen ist? Im vorangegangenen Kapitel erörterten wir eine Anzahl von Gründen, warum ein instrumentalistischer Ansatz unzureichend ist. In diesem Zusammenhang soll das entscheidende Argument von BHASKAR unterstrichen werden. Da das Experiment in der zwei Jahrhunderte währenden Entwicklung der NEWTONschen Physik einen entscheidenden Stellenwert einnahm, ist es kaum möglich, daß die Physik und ihr partieller Erfolg verständlich werden, wenn man sie lediglich als einen Versuch auffaßt, Beziehungen zwischen beobachtbaren oder anderweitigen Ereignissen herzustellen.[1] Folglich ist es vom Standpunkt des Realismus aus gesehen nicht annehmbar, das Verhältnis zwischen NEWTONs Theorie und der Welt dadurch zu erklären, daß unter der Annahme der Übereinstimmung der EINSTEINschen Theorie mit der Wirklichkeit auch eine Reihe von Beobachtungen mit der Theorie NEWTONs übereinstimmen würden,

---

[1] Insofern der Instrumentalismus die Annahme beinhaltet, daß das Wesen der Physik darin besteht, Behauptungen über das Verhältnis zwischen beobachtbaren Ereignissen aufzustellen, stellt dies einen Spezialfall der hier zurückgewiesenen Position dar.

sofern sie instrumentalistisch interpretiert wird. Doch damit würde man weder der NEWTONschen Theorie gerecht werden, noch machte es zwei Jahrhunderte experimenteller Arbeit an ihr begreiflich.

Ein ähnlicher Gedankengang verfolgt die gleiche Richtung. Wenn wir anerkennen, daß das Begriffssystem der EINSTEINschen Theorie sich dermaßen von dem der NEWTONschen Theorie unterscheidet, daß keine direkten logischen Beziehungen zwischen ihnen bestehen können, dann ist dennoch die Behauptung legitim, daß unter der Annahme der Anwendbarkeit der EINSTEINschen Theorie auf die Wirklichkeit NEWTONs Theorie unter einer großen Vielfalt von Umständen annäherungsweise anwendbar ist. Zum Beispiel läßt sich innerhalb der EINSTEINschen Theorie zeigen, daß, wenn die Geschwindigkeit eines Systems bezüglich einer Reihe von Bezugssystemen gering ist, der Wert der Masse des Systems annähernd der gleiche ist, ganz gleich, im Hinblick auf welches der jeweiligen Bezugssysteme dies berechnet wird. Folglich ist es gar nicht so falsch, innerhalb dieser Menge von Bezugssystemen Masse eher als eine Eigenschaft zu behandeln als eine Relation. In gleicher Weise kann unter denselben Bedingungen im Rahmen der Theorie von EINSTEIN gezeigt werden, daß unter der Voraussetzung, daß Masse als Eigenschaft betrachtet wird, innerhalb eines bestimmten Bezugssystems aus dieser Menge das Produkt aus Masse und Geschwindigkeit für jedes Teil des Systems in starker Annäherung konstant bleibt. Das heißt, daß wir vom Standpunkt der EINSTEINschen Theorie aus betrachtet, zeigen können, daß das NEWTONsche Gesetz der Massenerhaltung annäherungsweise gültig ist, vorausgesetzt, daß die Geschwindigkeiten nicht zu groß sind.[2]

Wir müssen also wiederum den Schluß ziehen, daß NEWTONs Theorie nicht angemessen in instrumentalistischen Begriffen beschrieben werden kann. Andererseits läßt sie sich ebensowenig in typischen Begriffen des Realismus beschreiben, da sie aus der Sicht der EINSTEINschen Theorie nicht mit der Wirklichkeit übereinstimmt.[3]

---

[2] Die Tatsache, daß die beiden Theorien logisch inkommensurabel sind sowie die Tatsache, daß die Bedeutungen von Begriffen, wie zum Beispiel der Massebegriff, innerhalb der beiden Theorien unterschiedliche Bedeutungen haben, wirft keine besonderen Probleme für die Art des hier umrissenen Theorienvergleichs auf. Die Tatsache, daß es eine Reihe unterschiedlicher Arten von Situationen gibt, auf die beide Theorien anwendbar sein sollen (wie zum Beispiel auf das Sonnensystem oder auf die Bewegungen geladener Teilchen in der Entladungsröhre), wird durch die Art und Weise gewährleistet, in der EINSTEINs Theorie als eine Antwort auf die Probleme der NEWTONschen Theorie im Zusammenhang mit der klassischen Elektrodynamik zustande gekommen ist. Die Interpretation von Theorien sowie ihre Vergleichsmöglichkeiten durchzusetzen, ist ein praktisches und historisches Problem und nicht lediglich ein rein logisches.

[3] Dieser Punkt bezüglich des Mangels an Übereinstimmung mit der Wirklichkeit kann noch deutlicher mit Hilfe anderer Beispiele veranschaulicht werden. Zum Beispiel existiert vom Standpunkt der modernen Physik aus weder etwas, das dem NEWTONschen Lichtteilchen entspricht, noch etwas, das einem Elektron entspricht, das eine individuelle Existenz, eine gut definierte Größe und Form sowie eine Lokalisierung und Fallkurve besitzt.

2. Der nicht-repräsentative Realismus

Die physikalische Welt existiert so, daß die NEWTONsche Theorie unter einer Vielfalt von Bedingungen annäherungsweise auf sie anwendbar ist. Das Ausmaß, in dem dies der Fall ist, wird im Hinblick auf die Theorie EINSTEINs verständlich. Die annähernde Gültigkeit der NEWTONsche Theorie muß unter experimentellen Bedingungen getestet werden, obgleich sie, wenn sich die Wirklichkeit so darstellt, daß die NEWTONsche Theorie auf sie anwendbar ist, jenseits experimenteller Situationen bestehenbleibt. Die Theorie von NEWTON läßt sich zwar nicht dadurch erklären, daß man auf die Übereinstimmung mit der Wirklichkeit verweist, dennoch muß man aber die jeweilige Anwendbarkeit auf die Wirklichkeit in einem wesentlich strengeren Sinne auffassen als dies im Instrumentalismus der Fall ist. So müßte ein Realist, der die Korrespondenztheorie der Wahrheit vertritt, diese Bemerkung über den Status der Theorie von NEWTON voll und ganz anerkennen. Geht man von dieser Situation und den im vorangegangenen Kapitel erörterten Schwierigkeiten aus, die mit der Korrespondenztheorie der Wahrheit verbunden sind, dann führt dies unmittelbar zu der hier vorgestellten Position. Sie geht davon aus, daß alle physikalischen Theorien in der Weise behandelt werden, wie wir im Anschluß an obige Diskussion die NEWTONsche Theorie betrachtet haben.

Von dem hier vertretenen Standpunkt aus stellt sich die physikalische Welt so dar, daß unsere neueren physikalischen Theorien in gewissem Maße auf sie anwendbar sind, und zwar im allgemeinen in dem Maße, in dem sie darin ihre Vorgängerinnen in den meisten Aspekten übertreffen.[4] Das Ziel der Physik ist es, die Grenzen der Anwendbarkeit gegenwärtiger Theorien zu umreißen und Theorien zu entwickeln, die mit einem höheren Maße der Annäherung und unter einer größeren Vielfalt von Bedingungen auf die Welt anwendbar sind. Diese Position soll hier als *nicht-repräsentativer Realismus* bezeichnet werden.

Der nicht-repräsentative Realismus ist in zweierlei Hinsicht *realistisch*. Erstens beinhaltet er die Annahme, daß die physikalische Welt unabhängig von unserem Wissen über sie existiert. Die Welt ist so wie sie ist, egal was einzelne Individuen oder Gruppen von Individuen über sie denken mögen. Zweitens ist dieser Ansatz realistisch, da er die Annahme einschließt, daß Theorien, insofern sie auf die Wirklichkeit anwendbar sind, immer im gleichen Maße dazu geeignet sind, ob in experimentellen Situationen oder nicht. Physikalische Theorien leisten wesentlich mehr als lediglich Aussagen über Beziehungen zwischen Mengen von Beobachtungsaussagen zu machen. Der nicht-repräsentative Realismus ist insofern *nicht-repräsentativ*, als er nicht die Korrespondenztheorie der Wahrheit einschließt. Der Verfechter des nicht-repräsentativen Realismus negiert, daß unsere Theorien Entitäten der Wirklichkeit, etwa Wellenfunktionen oder Felder, beschreiben, geradeso, wie wir uns mit unserem gesunden Menschenverstand eine Vorstellung davon machen, wie mit Sprache zum Beispiel Katzen und Tische benannt werden.

---

4 Ich möchte nicht soweit gehen und den Anspruch erheben, daß eine Theorie in allen Aspekten ihrer Vorgängerin überlegen sein muß. Es kann zum Beispiel sehr gut sein, daß die Quantenmechanik nicht allen Leistungen der NEWTONschen Theorie überlegen ist. Dies anzuerkennen wirft für meine Position keine größeren Probleme auf, wohingegen dies für jene Positionen sehr wohl der Fall wäre, für die das Ziel der Wissenschaft Wahrheit ist.

Wir können zwar unsere Theorien im Hinblick auf das Ausmaß bewerten, in dem sie erfolgreich eine adäquate Auseinandersetzung mit der Welt leisten, jedoch dürfen wir nicht soweit gehen und als Kriterium das Ausmaß heranziehen, in dem eine Theorie die Welt so beschreibt, wie sie wirklich ist; ganz einfach deswegen, weil wir unabhängig von unseren Theorien keinen Zugang zur Wirklichkeit haben, der es uns erlauben würde, die Angemessenheit solcher Beschreibungen zu beurteilen. Dies steht im Widerspruch zu den Vorstellungen des gesunden Menschenverstandes, nach dem wir beim Sprechen über Katzen oder Tische das miteinbeziehen, was als Beschreibungen der Dinge aufgefaßt wird. Dennoch möchte ich diejenigen, die die Anwendbarkeit der Korrespondenztheorie der Wahrheit auf die Physik verteidigen, daran erinnern, daß sie ebenso gezwungen sind, eine Erklärung dafür zu liefern, wie NEWTONs im gewissen Sinne erfolgreicher Begriff des Lichtteilchens, der Begriff der Masse als eine Eigenschaft oder MAXWELLs Begriff des Äthers und SCHRÖDINGERs Begriff der Wellenfunktion verwendet wurden.

Der nicht-repräsentative Realismus vermeidet Schwierigkeiten, denen sich die typische Position des Realismus gegenübersieht, da er die Wahrheit nicht als Entsprechung der Tatsachen begreift. Die Tatsache, daß eine Reihe aufeinanderfolgender Theorien in der Physik, wie die aufeinanderfolgenden Lichttheorien, nicht als zunehmend genauere *Beschreibungen* der Wirklichkeit betrachtet werden können, wirft kein Problem auf. Und ebensowenig die Tatsache, daß es sehr unterschiedliche und möglicherweise gleichwertige Formulierungen der gleichen Theorie gibt, die sehr unterschiedliche "Vorstellungen" von der Realität vermitteln. Der nicht-repräsentative Realismus steht darüber hinaus, eher als es den allgemeinen Vorstellungen des Realismus entspricht, im Einklang mit der Tatsache, daß unsere Theorien soziale Produkte sind, die abhängig von radikalen Veränderungen sind. Unsere Theorien stellen besondere Arten von sozialen Produkten dar, wenn auch das Ausmaß, in dem sie in der Lage sind, eine adäquate Auseinandersetzung mit der Wirklichkeit (die selbst kein soziales Produkt ist) zu leisten, nicht sozial determiniert ist.

Der nicht-repräsentative Realismus ist für die üblichen Einwände des Instrumentalismus nicht anfällig. Er beinhaltet nicht die fragwürdige Verwendung der Unterscheidung zwischen beobachtbaren und theoretischen Begriffen. Insofern, als der nicht-repräsentative Realismus die Rolle des Experiments als integralen Bestandteil beinhaltet, ist die besondere Bedeutung, in der die empirische Evidenz von Theorien stets theorieabhängig ist, tatsächlich in den Ansatz eingebaut.[5] Erfolgreiche, neuartige Vorhersagen, die ein Problem für den Instrumentalismus aufwerfen, können aus der Perspektive des nicht-repräsentativen Realismus erklärt werden. Wenn die Wirklichkeit sich so darstellt, daß unsere physikalischen Theorien auf sie anwendbar sind, dann machen wir Entdeckungen, wenn wir ihre Anwendbarkeit in neuen Bereichen untersuchen.[6] Ein weiteres, häufig gegen den Instrumentalismus angeführtes Argument ist, daß obige

---

[5] Vgl. Abschnitt 4 im dritten Kapitel dieses Buches.

[6] Es soll nochmals unterstrichen werden, daß Verfechter eines Realismus, der die Korrespondenztheorie der Wahrheit beinhaltet, erklären müssen, wie ersetzte Theorien, wie etwa die von NEWTON, in der Lage waren, erfolgreiche Vorhersagen zu treffen, obgleich sie doch strenggenommen nicht den Tatsachen entsprechen. Ich habe den Verdacht, daß sie dabei gezwungen sind, einen Ansatz anzuerkennen, der dem ähnelt, den ich im Hinblick auf alle physikalischen Theorien vertrete.

Einstellung zur Physik konservativ sei und den Fortschritt hemmen würde. Sie scheiden möglicherweise produktive Spekulationen über theoretische Entitäten aus. Der nicht-repräsentative Realismus bietet für derartige Kritik keine Angriffsfläche. Gemäß dem nicht-repräsentativen Realismus ist es notwendig, die Spanne der Anwendbarkeit von Theorien dadurch zu bestimmen, daß man sie der vollen Breite von Überprüfungsmöglichkeiten unterzieht. Was aber noch mehr zählt, ist, daß der nicht-repräsentative Realismus anerkennt, daß die Spanne der Anwendbarkeit einer Theorie am besten im Licht einer nachfolgenden Theorie ermittelt werden kann, die für die besagte Theorie eine noch weitgehendere Erklärung liefert. In dieser Hinsicht ist dieser Ansatz eher in der Lage, zu kontinuierlichem Wachstum und kontinuierlichen Entwicklungen zu führen als eine Position, die davon ausgeht, daß die Physik einen Endpunkt, die Wahrheit, anstrebt. Vom Standpunkt des nicht-repräsentativen Realismus gibt es keinen Endpunkt in der Entwicklung der Physik. Wie umfassend unsere Theorien auch sein mögen und wie tiefgreifend sie die Strukturen der Wirklichkeit auch erfassen, es bleibt immer noch die Möglichkeit, sie auf einer grundlegenderen Ebene oder in umfassenderen oder neueren Bereichen weiterzuentwickeln.

3. Wissenschaft - was ist das?

Meiner Beschreibung des nicht-repräsentativen Realismus mag im Hinblick auf ihre Anwendbarkeit auf die Wirklichkeit und im Hinblick auf ihre "Fähigkeit, eine adäquate Auseinandersetzung mit der Wirklichkeit zu leisten", entgegengehalten werden, daß sie zu vage ist. Teil meiner Antwort auf diesen Einwand ist das Zugeständnis, daß mein Ansatz vage ist, aber dabei unterstreiche ich, daß dies keine Schwäche, sondern gerade eine Stärke meiner Position darstellt. Die Art und Weise, mit der wir erfolgreich in der Lage sind, Theorien über die Wirklichkeit aufzustellen, ist etwas, das wir erst entdecken müssen und nicht irgendetwas, das wir im voraus durch philosophische Argumente einführen können. GALILEI entdeckte, wie es möglich ist, mit Hilfe einer mathematischen Theorie der Bewegung bestimmte Aspekte der physikalischen Welt in den Griff zu bekommen; NEWTONs Theorien unterscheiden sich von denen GALILEIs in bedeutender Weise, und die Quantenmechanik ist in der Lage, die Wirklichkeit in einer Art und Weise zu erklären, die sich grundlegend von der klassischen Physik unterscheidet und wer weiß, was die Zukunft bringt? - Ganz bestimmt nicht die Wissenschaftstheoretiker! Kein einziger Ansatz, der Beziehungen zwischen Theorien innerhalb der Physik und ihrem Verhältnis zu der Wirklichkeit postuliert - worüber sie ja Aussagen zu machen beanspruchen - sollte derart beschaffen sein, daß mögliche Entwicklungen in der Zukunft ausgeschlossen werden. Folglich ist ein gewisser Grad an Unbestimmtheit essentiell.

Der hier vorgestellte Ansatz zur Beziehung zwischen physikalischen Theorien und der Wirklichkeit betont zwei sehr allgemeine Grundzüge der Physik seit GALILEI. Der eine ist der, daß die Physik das Experimentieren beinhaltet und uns somit eine Grundlage für die Zurückweisung des Instrumentalismus bietet. Der andere ist die Tatsache, daß die Physik revolutionäre Veränderungen erfahren hat, ein Faktor, der zum Teil die Grundlage meiner Kritik an der Anwendung der Korrespondenztheorie der Wahrheit auf die Physik darstellt. Es können sicherlich weitere Einzelheiten zur Charakterisierung der zweihundertjährigen Geschichte der Physik angeführt werden. Wir können sagen, daß die Physik allgemeine Aussagen in Form mathematischer Formeln beinhaltet, daß Theoriensysteme so etwas wie LAKATOSsche Forschungsprogramme darstellen und daß ihre Entwicklung in Übereinstimmung mit dem objektivistischen Ansatz des Theorienwechsels, der im elften Kapitel dieses Buches beschrieben wurde, stattgefunden hat. Auf diese Art und Weise kommen wir zu einer Antwort der Frage, was Physik ist. Jedoch können wir nicht davon ausgehen, daß die Physik zukünftig keine dramatischen Wandlungen durchmacht. Es wurde bereits beschrieben, daß die moderne Quantenmechanik sich in grundlegender Hinsicht von der klassischen Physik unterscheidet und auch, daß sich das Wesen der Physik durch den sozialen Wandel verändern mag, der mit der Entwicklung des Monopolkapitalismus einhergeht.

Der Aufbau der Argumentationsweise dieses Buches war weitestgehend derart, daß Ansätze entwickelt wurden, die Aussagen über das Wesen der Physik machten und die dem gegenübergestellt wurden, was die Physik tatsächlich darstellt. In diesem Licht erscheint der Titel des Buches irreführend und anmaßend. Er setzt voraus, daß es eine einzige Kategorie "Wissenschaft" gibt und impliziert, daß unterschiedliche Gebiete der Erkenntnis wie Physik, Biologie, Geschichte, Soziologie usw. entweder unter diese Kategorie fallen oder nicht. Ich weiß nicht, wie solch eine allgemeine Charakterisierung von Wissenschaft etabliert oder verteidigt werden könnte. Philosophen verfügen nicht über das Rüstzeug, das sie in die Lage versetzen würde, Kriterien aufzustellen, die erfüllt sein müssen, damit ein Erkenntnisbereich als anerkannt oder "wissenschaftlich" betrachtet werden kann. Jeder Erkenntnisbereich kann als das analysiert werden, was er darstellt. Das heißt, wir können untersuchen, was die Zielsetzungen eines Erkenntnisbereiches sind, wobei sich diese jedoch darin unterscheiden können, was man allgemein unter ihnen versteht oder als was sie dargestellt werden. Ebenso können wir die Mittel untersuchen, mit denen versucht wird, diese Ziele zu erreichen und den Grad, mit dem dies erfolgreich geleistet wird. Daraus folgt aber nicht, daß kein Erkenntnisbereich kritisiert werden kann. Wir können versuchen, jeden Bereich der Erkenntnis zu kritisieren, indem wir seine Zielsetzungen kritisieren, indem wir an der Angemessenheit der zur Zielerreichung verwendeten Methoden Kritik üben oder indem wir ihm alternative und überlegene Methoden zur Erreichung derselben Ziele gegenüberstellen usw. Von diesem Standpunkt aus betrachtet, brauchen wir keine allgemeine Kategorie "Wissenschaft" im Hinblick darauf, daß einige Wissenschaftsbereiche als Wissenschaft bezeichnet oder als Nicht-Wissenschaft verunglimpft werden können.

4. Perspektiven des Relativismus

Einige der Bemerkungen im vorangegangenen Abschnitt haben einen relativistischen Anklang. In diesem Abschnitt soll nun diskutiert werden, inwiefern die hier vorgestellte Position einen relativistischen Charakter besitzt - und inwiefern nicht.

Wenn wir Überlegungen über die Art und Weise anstellen, in der Theorien bewertet oder beurteilt werden sollten, dann ist die hier vertretene Position in dem Sinne relativistisch, als sie negiert, daß es hinsichtlich der Frage, worauf solche Beurteilungen angewandt werden, absolute Kriterien gibt. Insbesondere gibt es weder eine allgemeine Kategorie "Wissenschaft", noch einen Wahrheitsbegriff, der die Aufgabe erfüllen könnte, Wissenschaft als die Suche nach Wahrheit zu charakterisieren. Jeder Erkenntnisbereich muß für sich betrachtet werden, indem seine Zielsetzungen untersucht werden sowie das Ausmaß, in dem er in der Lage ist, diese auch zu erfüllen. Darüber hinaus sind Urteile bezüglich der Zielsetzungen ihrerseits abhängig von der sozialen Situation. Urteile über die Ziele irgendwelcher abstruser Spielarten mathematischer Logik oder analytischer Philosophie mögen unter dem Gesichtspunkt des ästhetischen Vergnügens, das sie denjenigen bereiten, die sich mit ihnen beschäftigen, einen beträchtlichen Wert für bestimmte privilegierte Klassen einer Wohlstandsgesellschaft bedeuten - jedoch nur von geringem Wert für eine unterdrückte Schicht eines Staates der dritten Welt sei. Das Ziel der technologischen Kontrolle über die Natur ist innerhalb einer Gesellschaft, in der die drängendsten sozialen Probleme eine Zunahme technologischer Kontrolle notwendig machen, von größter Bedeutung und sollte in unserer Gesellschaft, in der offenbar die dringlichsten sozialen Probleme durch weitere Fortschritte der technologischen Kontrolle eher verschlimmert als gelindert werden, von geringerer Bedeutung sein.

Dieser Standpunkt bezüglich der *Urteile* über den Status von Erkenntnisbereichen gewinnt vor dem Hintergrund nicht-relativistischer Aspekte der hier vorgebrachten Position an Bedeutung. Der objektivistische Angriff auf die hier dargelegte Position betont, daß der Einzelne innerhalb einer Gesellschaft sich einer sozialen Situation mit ganz bestimmten Merkmalen gegenübersieht, ganz gleich, ob er sie gutheißt und sich ihrer bewußt ist oder nicht, und ihm stehen eine Anzahl von Möglichkeiten zur Verfügung, diese Situation zu verändern, gleichgültig, ob er sie nun wahrnimmt oder nicht. Weiterhin hat jede Handlung, mit der die Situation verändert werden soll, Konsequenzen, die von dem objektiven Charakter der Situation abhängen und die sich bedeutsam von den Interpretationen des Handelnden unterscheiden können. Gleichzeitig sieht sich der Einzelne im Bereich der Erkenntnis einer objektiven Situation und einer Bandbreite von Methoden und "theoretischem Rohmaterial" gegenüber, die ihm zur Verfügung stehen, um einen Beitrag zur Veränderung der Situation zu leisten. Mit der einen Theorie mögen tatsächlich bestimmte Zielsetzungen besser erreicht werden als mit einer rivalisierenden, und die Beurteilung Einzelner oder bestimmter Kreise können diesbezüglich falsch sein.

Von diesem Standpunkt aus betrachtet sind Urteile Einzelner bezüglich des Charakters und des Wertes von Theorien von geringerer Bedeutung als es oftmals den Anschein hat. Der hier vorgelegte objektivistische Ansatz zum Theorienwechsels wurde entwickelt, um aufzuzeigen, wie die Entwicklung der Physik der vergangenen zweihundert Jahre in einer Art und Weise erklärt werden kann, die nicht in entscheidender Weise auf den methodologischen Urteilen Einzelner oder von Gruppen beruht. Zielsetzungen müssen nicht im Sinne von Bestrebungen Einzelner oder von Gruppen analysiert werden. Betrachten wir zum Beispiel die Zielsetzung der Erhöhung der technologischen Kontrolle über die Natur. Dieser Zielsetzung kommt innerhalb kapitalistischer Gesellschaften eine größere Bedeutung zu als in Feudalgesellschaften, die durch erstere ersetzt wurden. Innerhalb einer kapitalistischen Wirtschaftsordnung stellt hochentwickelte technologische Kontrolle eine Notwendigkeit dar, insofern als Kapitalisten, die dies nicht zu leisten vermögen, aus dem Markt gedrängt werden und folglich bankrott gehen. In feudalistischen Gesellschaften war die Situation anders. Gemeinden, die um benachbarte Güter gelegen waren, waren nicht in dem Maße durch die Ausprägung des Wirtschaftssystems gezwungen, miteinander zu konkurrieren. Ein feudalistisches Gemeinwesen, das den Anschluß an die technologischen Fortschritte des Nachbarn verloren hätte, wäre nicht zugrunde gegangen, sondern hätte lediglich einen geringeren Lebensstandard als sein Nachbar gehabt. - Derartige Überlegungen zu den Zielsetzungen berühren weder die Beurteilungen, noch die Werte der beteiligten Personen.

Die vorangegangenen Ausführungen sollen nicht dazu verleiten, die Beurteilungen Einzelner weder im Bereich des Theorienwechsels noch in dem des sozialen Wandels als folgenlos zu betrachten. In beiden Fällen tritt jedes Ereignis nur deswegen ein, weil Einzelne oder Gruppen sich dazu entschlossen haben, zu handeln, und diese Handlungen sind deutlich durch die Beurteilung der Situation, der sie sich gegenüber sehen sowie durch das eigene Verständnis ihrer Zielsetzungen beeinflußt. Dennoch legen die vorangegangenen Ausführungen dar, daß Theorienwechsel oder sozialer Wandel nicht allein als Ergebnis menschlicher Urteile verstanden werden dürfen.

Da Theorien innerhalb der Physik zu einem bestimmten Stadium ihrer Entwicklung in bestimmter Weise charakterisiert sind, und da die physische Welt so ist, wie sie nun einmal ist, sind jene Theorien in der Lage, mit einer bestimmten Erfolgssicherheit mit der Wirklichkeit zurechtzukommen, ob die Situation nun von einzelnen Personen oder Gruppen zutreffend beurteilt wird oder nicht. Die Tatsache, daß die Physik innerhalb der westlichen Gesellschaften entstanden ist und überlebte und sich zumindest noch bis vor kurzem auf instrumentalistische Weise, die im Zuge des objektivistischen Ansatzes zum Theorienwechsel beschrieben wurde, weiterentwickelt hat, muß im Hinblick auf die Beziehung zwischen dem objektiven Wesen der Physik und dem objektiven Wesen der westlichen Gesellschaften erklärt werden. Eine Beschreibung der westlichen Gesellschaften wird sich zum Teil auf eine gründliche Untersuchung stützen müssen, wie Menschen in dieser Gesellschaft typischerweise sich selbst und die Gesellschaft sehen, und konkreter muß sie die Beschreibungen typischer Einstellungen der Physik gegenüber beinhalten. Aber die Berücksichtigung typischer Einstellungen der Physik gegenüber ist weder der einzige Faktor, der das Überleben der Gesellschaft und ihre Entwicklung erklären kann, noch dürfen jene Einstellungen als primitiv und im Hinblick auf zugrundeliegende soziale Ursachen als nicht erklärbar betrachtet werden.

Der objektivistische Vorstoß meiner Ausführungen richtet sich gegen extreme Spielarten des Relativismus, gemäß denen die eine Theorie so gut ist wie die andere und nach denen alles eine Frage der subjektiven Meinung oder unserer subjektiven Wünsche ist, wie FEYERABEND in einem unbedachten Moment zu verstehen gegeben hat. Vom Standpunkt des Realismus im weitesten Sinne aus gesehen, ist es der Sinn einer jeden Theorie, einige Aspekte der Wirklichkeit in den Griff zu bekommen. Dies steht mit dem Standpunkt, der offenbar in manchen relativistischen Ansätzen implizit enthalten ist, im Widerspruch, nämlich, daß der entscheidende Punkt bei der Entwicklung von Theorien der ist, andere davon zu überzeugen, daß man recht hat.

5. Warum sich mit Wissenschaftstheorie beschäftigen ?

In diesem letzten Abschnitt des Buches sollte es angebracht sein, sich die Frage zu stellen, was die Kernaussage dieses Buches ist. Warum soll man sich überhaupt mit Untersuchungen der Art, wie sie in den vorangegangenen Kapiteln beschrieben wurden, herumschlagen? Die Bedeutung der Frage sticht besonders dann hervor, wenn man, wie ich, anerkennt, daß Wissenschaftsphilosophie oder Methodologien der Wissenschaft für

Wissenschaftler keine Hilfe bieten.

Zurückblickend glaube ich, daß die entscheidende Funktion meiner Arbeit darin besteht, die *Wissenschaftsideologie* zu bekämpfen, so wie sie in unserer Gesellschaft funktioniert. Diese Ideologie beinhaltet die Verwendung zweifelhafter Wissenschaftskonzepte und den meistens mit ihr verknüpften, ebenso dubiosen Wahrheitsbegriff, der in der Regel zur Verteidigung konservativer Positionen herangezogen wird. Diese Ideologie begegnet uns zum Beispiel in der Art des Behaviorismus, der der Behandlung von Menschen als seien sie Maschinen, Vorschub leistet, sowie in der übermäßigen Berücksichtigung der Ergebnisse von Intelligenztests innerhalb unseres Bildungssystems, welches beides im Namen der Wissenschaft verteidigt wird. Derartige Erkenntnisse werden mit dem Anspruch oder dem Hinweis darauf verteidigt, daß sie mittels "wissenschaftlicher Methoden" gewonnen wurden und somit verdientsvoll sind. Es ist jedoch nicht allein der politisch rechte Flügel, der die Kategorien "Wissenschaft" und "wissenschaftliche Methode" in dieser Weise verwendet. Man trifft häufig auf Marxisten, die sie zur Verteidigung des Anspruchs heranziehen, daß der historische Materialismus eine Wissenschaft darstellt. Die allgemeinen Kategorien "Wissenschaft" und "wissenschaftliche Methode" werden ebenso dazu benutzt, bestimmte Erkenntnisbereiche einfach auszuschließen oder zu unterdrücken. Zum Beispiel wendet sich POPPER gegen den Marxismus und die Tiefenpsychologie von ADLER, weil sie im Widerspruch zu seiner falsifikationistischen Methodologie stehen, während sich LAKATOS auf seine Methodologie wissenschaftlicher Forschungsprogramme beruft, um sich gegen den Marxismus, vergleichende Soziologie und andere "intellektuelle Pollution" zu stellen.

Wie bisher klar geworden sein dürfte, gibt es nach meinem Verständnis kein zeitloses und universelles Konzept von Wissenschaft oder wissenschaftlicher Methode, das den in den vorangegangenen Abschnitten veranschaulichten Ansprüchen genügen würde. Wir haben keine Möglichkeit, derartige Begriffe zu erhalten und zu verteidigen. Wir können legitimerweise keine Erkenntnisse zurückweisen oder verteidigen, weil sie nicht - oder gerade weil sie - irgendwelchen schablonenhaften Kriterien der Wissenschaft entsprechen. Im einzelnen bedeutet dies allerdings ein härteres Stück Arbeit. Wenn wir uns zum Beispiel über eine Version des Marxismus Klarheit verschaffen wollen, dann müssen wir untersuchen, was ihre Zielsetzungen sind, welcher Art die Methoden sind, um diese Ziele zu erreichen, in welchem Ausmaß diese Ziele erreicht wurden, und wir müssen die Kräfte und Faktoren untersuchen, die ihre Entwicklung bestimmen. Erst dann würden wir in der Lage sein, diese Version des Marxismus hinsichtlich der Erwünschtheit dessen, wofür ihre Ziele stehen, dem Ausmaß, inwieweit die Methoden dazu taugen, die Ziele zu erreichen und hinsichtlich des Interesses, dem sie dienen, angemessen zu beurteilen.

Während es eines der Ziele dieses Buches ist, die unberechtigte Verwendung irgendwelcher Wissenschaftsbegriffe und Konzepte wissenschaftlicher Methoden zu untergraben, so hoffe ich darüber hinaus, daß es hilft, den extremen individualistischen oder relativistischen Reaktionen gegenüber der Wissenschaftsideologie entgegenzuwirken. Es ist *nicht* der Fall, daß die eine Sichtweise ebenso gut ist wie die andere. Wenn eine Situation in kontrollierter Weise verändert werden soll, so geschieht dies am besten durch das Verständnis der Situation und die Beherrschung der Mittel, die zur Verfügung stehen, ganz gleichgültig, ob die Situation ein Entwicklungsstadium einer

Wissenschaft oder den Entwicklungsstand bestimmter Aspekte der Gesellschaft betrifft. Dies beinhaltet typischerweise kooperative Handlungen. Man muß sich der Politik des "anything goes", wenn wir sie in einem weiteren Sinne interpretieren, als es FEYERABEND vermutlich beabsichtigte, aufgrund ihrer Schwächen widersetzen. Um noch einmal JOHN KRIGE zu zitieren, "*Anything goes* . . . bedeutet in der Praxis *everything stays*" (KRIGE, 1980, S.142).

Literaturverzeichnis

Althusser, L.: *Für Marx*. Frankfurt/Main.: Suhrkamp, 1968.

Althusser, L.: *Das Kapital lesen*. Reinbek bei Hamburg: Rowohlt, 1972.

Amsterdamski, S.: *Between Science and Metaphysics*. Dordrecht: Reidel Publ. Co., 1975.

Anthony, H.D.: *Science and Its Background*. London: Macmillan, 1948.

Armstrong, D.M.: *Belief, Truth and Knowledge*. Cambridge: Cambridge University Press, 1973.

Ayer, A.J.: *The Foundation of Empirical Knowledge*. London: Macmillan, 1955.

Ayer, A.J (Hrsg.): *Logic Positivism*. Glencoe: Free Press, 1959.

Ayer, A.J.: *Sprache, Wahrheit und Logik*. Stuttgart: Reclam, 1970 (1. Aufl. 1936).

Bachelard, G.: Der neue wissenschaftliche Geist. Frankfurt/M.: Suhrkamp, 1988 (Franz. Originalausg. 1934).

Bhaskar, R.: *A Realist Theory of Science*. Brighton, Sussex: Harvester, 1975.

Bloor, D.: Two Paradigms of Scientific Knowledge? *Science Studies*, 1971, *1*, 101-115.

Bloor, D.: Poppers Mystification of Objective Knowledge. *Science Studies*, 1974, *4*, 65-76.

Bloor, D.: *Knowledge and Social Imagery*. London: Routledge and Kegan Paul, 1976.

Brown, H.I.: *Perception, Theory and Commitment: The New Philosophy of Science*. Chicago: University of Chicago Press, 1977.

Butts, R.E. & Hintikka, J. (Hrsg.): *Historical and Philosophical Dimensions of Logic, Methodology and Philosophy of Science*. Part Four of the Proceedings of the Fifth International Congress of Logic, Methodology and Philosophy of Science, London, Ontario, Canada 1975. Dordrecht: Reidel Publ. Co., 1977.

Carnap, R.: *Induktive Logik und Wahrscheinlichkeit*. Wien: Springer, 1959.

Chalmers, A.F.: Maxwell's Methodology and His Application of It to Electromagnetism. *Studies in History and Philosophy of Science*, 1973*a*, *4*, 107-164.

Chalmers, A.F.: On Learning from Our Mistakes. *British Journal for the Philosophy of Science*, 1973*b*, *24*, 164-173.

Chalmers, A.F.: The Limitations of Maxwell's Electromagnetic Theory. *Isis*, 1973*c*, *64*, 469-483.

Chalmers, A.F.: Towards an Objectivist Account of Theory Change. *British Journal for the Philosophy of Science*, 1979, *30*, 227-233.

Chalmers, A.F.: An Improvement and a Critique of Lakatos's Methodology of Scientific Research Programmes. *Methodology and Science*, 1980, *13*, 2-27.

Clavelin, M.: *The Natural Philosophy of Galileo.* Cambridge, Massachusetts: M.I.T. Press, 1974.

Cohen, R.S., Feyerabend, P.K. & Wartofsky, M.W. (Hrsg.): *Essays in Memory of Imre Lakatos.* Dordrecht: Reidel Publ. Co., 1976.

Currie, G.: The Role of Normative Assumptions in Historical Explanation. *Philosophy of Science*, 1980, *47*, 456-473.

Curthoys, J. & Suchting, W.: Feyerabend's Discourse Against Method: A Marxist Critique. *Inquiry*, 1977, *20*, 243-397.

Davies, J.J.: *On the Scientific Method.* London: Longman, 1968.

Dixon, B.: *What is Science For?* London: Collins, 1973.

Drake, St.: *Galileo Studies.* Ann Arbor: University of Michigan Press, 1970.

Droscher, V.B.: *The Magic of the Senses.* New York: Harper and Row, 1971.

Duerr, H.P. (Hrsg.): *Versuchungen.* Aufsätze zur Philosophie Paul Feyerabends. 2 Bände. Frankfurt/Main: Suhrkamp, 1980 (Bd.1), 1981 (Bd.2).

Duhem, P.: *Ziel und Struktur der physikalischen Theorien.* Hamburg: Meiner, 1978 (1. Aufl. 1908).

Feyerabend, P.K.: Problems of Empirism. In: R. Colodny (Hrsg.), *Beyond the Edge of Certainty.* Englewood Cliffs, N.J.: Prentice Hall, 1965, S.145-260.

Feyerabend, P.K.: Philosophy of Science: A Subject with a Great Past. In: R.H. Stuewer (Hrsg.), *Historical and Philosophical Perspectives of Science.* Minnesota Studies in Philosophy of Science. Minneapolis: University of Minnesota Press, 1970, S.172-183.

Feyerabend, P.K.: Kuhns Struktur wissenschaftlicher Revolutionen ein Trostbüchlein für Spezialisten? In: I. Lakatos und A. Musgrave (Hrsg.), *Kritik und Erkenntnisfortschritt.* Braunschweig, Wiesbaden: Vieweg, 1974, S.191-222.

Feyerabend, P.K.: How to Defend Society Against Science. *Radical Philosophy*, 1975, *11*, 3-8.

Feyerabend, P.K.: *Wider den Methodenzwang: Skizze einer anarchistischen Erkenntnistheorie* (Vom Autor f.d. deut. Ausg. revidiert u. erw.). Frankfurt/Main: Suhrkamp, 1976*a*, veränderte Ausgabe 1983.

Feyerabend, P.K.: On the Critique of Scientific Reason. In: C. Howson (Hrsg.), *Method and Appraisal in the Physical Sciences.* Cambridge: Cambridge University Press, 1976*b*, S.309-339.

Feyerabend, P.K.: Changing Patterns of Reconstruction. *British Journal for the Philosophy of Science*, 1977, *28*, 351-382.

Feyerabend, P.K.: *Science in a Free Society.* London: New Left Books, 1978*a*.

Feyerabend, P.K.: Realismus und Instrumentalismus: Bemerkungen zur Logik der Unterstützung durch Tatsachen. In: P.K. Feyerabend, *Der wissenschaftstheroretische Realismus und die Autorität der Wissenschaften. Ausgewählte Schriften, Bd. 1.* Braunschweig, Wiesbaden: Vieweg, 1978*b*, 79-112.

Feyerabend, P.K.: *Erkenntnis für freie Menschen.* Frankfurt/Main: Suhrkamp, 1980.

Feyerabend, P.K.: Erklärung, Reduktion und Empirismus. In: P.K. Feyerabend, *Probleme des Empirismus. Schriften zur Theorie der Erklärung, der Quantentheorie und der Wissenschaftsgeschichte. Ausgewählte Schriften, Bd. 2.* Braunschweig, Wiesbaden: Vieweg, 1981*a*, S.73-125.

Feyerabend, P.K.: Poppers "Objektive Erkenntnis". In: P.K. Feyerabend, *Probleme des Empirismus. Ausgewählte Schriften, Bd. 2*. Braunschweig, Wiesbaden: Vieweg, 1981*b*, S. 326-364.

Galileo Galilei: *Unterredungen und mathematische Demonstrationen über zwei neue Wissenszweige, die Mechanik und die Fallgesetze betreffend*. Hrsg. von A. v. Oettinger. Darmstadt: Wissenschaftliche Buchgesellschaft, 1964.

Goethe, J.W. v.: *Farbenlehre. 3 Bd.*. Mit Einleitungen und Kommentaren von Rudolf Steiner, hrsg. v. G. Ott & H.O. Proskauer. Stuttgart: Verlag Freies Geistesleben, 1979.

Gombrich, E.: Kunst und Illusion. Zur Psychologie der bildlichen Darstellung. Stuttgart & Zürich: Belser, 1986.

Gregory, R.L.: *Eye and Brain*. London: Weidenfeld and Nicholson, 1972.

Hanson, N.R.: *Patterns of Discovery*. Cambridge: Cambridge University Press, 1958.

Hempel, C.G.: *Philosophie der Naturwissenschaften*. München: Deutscher Taschenbuch Verlag, 1974.

Hessen, B.: The Social and Economic Roots of Newton's 'rincipa'. In: N.I. Bukharin et al. (Hrsg.), *Science at the Crossroads*. London: Cass, 1971, S.149-212.

Howson, C. (Hrsg.): *Method and Appraisal in the Physical Sciences*. Cambridge: Cambridge University Press, 1976.

Hume, D.: Of the Original Contract. In: E. Barker (Hrsg.), *Social Contract: Essays by Locke, Hume and Rousseau*. London: Oxford University Press, 1976.

Hume, D.: *Traktat über die menschliche Natur*. Hamburg/Leipzig: Voss, 1904.

Jacob, F.: *The Logic of Life: A History of Heredity*. New York: Vintage Books, 1976.

Janich, P., Kambartel, F. & Mittelstraß, J.: *Wissenschaftstheorie als Wissenschaftskritik*. Frankfurt/Main: Aspekte, 1974.

Koertge, N.: Inter-theoretic Criticism and the Growth of Science. In: R.C. Buck & R.S. Cohen (Hrsg.), *Boston Studies in the Philosophy of Science*, Vol.8. Dordrecht: Reidel Publ. Co., 1971.

Koertge, N.: Theory Change in Science. In: G. Pearce & P. Maynard (Hrsg.), *Conceptual Change*. Dordrecht: Reidel Publ. Co., 1973, S.167-198.

Kording, C.R.: *The Justification of Scientific Change*. Dordrecht: Reidel Publ. Co., 1971.

Koyré, A.: *Metaphysics and Measurement*. London: Chapman and Hall, 1968.

Krige, J.: *Science, Revolution and Discontinuity*. Brighton, Sussex: Harvester, 1980.

Kuhn, T.S.: Logik der Forschung oder Psychologie der wissenschaftlichen Arbeit? In: I. Lakatos & A. Musgrave (Hrsg.), *Kritik und Erkenntnisfortschritt*. Braunschweig, Wiesbaden: Vieweg, 1974*a*, S.1-24.

Kuhn, T.S.: Bemerkungen zu meinen Kritikern. In: I. Lakatos & A. Musgrave (Hrsg.), *Kritik und Erkenntnisfortschritt*. Braunschweig, Wiesbaden: Vieweg, 1974*b*, S.223-270.

Kuhn, T.S.: *Die Entstehung des Neuen: Studien zur Struktur der Wissenschaftsgeschichte*. Frankfurt/Main: Suhrkamp, 1977.

Kuhn, T.S.: Die Funktion des Messens in der Entwicklung der physikalischen Wissenschaft. In: T.S. Kuhn, *Die Entstehung des Neuen*. Frankfurt/Main: Suhrkamp, 1977*a*, S.254-307.

Kuhn, T.S.: Bemerkungen zum Verhältnis von Wissenschaft und Kunst. In: T.S. Kuhn, *Die Entstehung des Neuen*. Frankfurt/Main, 1977*b*, S.446-460.

Kuhn, T.S.: Neue Überlegungen zum Begriff des Paradigma. In: T.S. Kuhn, *Die Entstehung des Neuen*. Frankfurt/Main, 1977*c*, S.389-420.

Kuhn, T.S.: *Die Struktur wissenschaftlicher Revolutionen*. (2., revidierte und um das Postskriptum von 1969 ergänzte Auflage). Frankfurt/Main: Suhrkamp, 1979[4].

Kuhn, T.S.: *Die kopernikanische Revolution*. Braunschweig, Wiesbaden, Vieweg, 1981.

Lakatos, I.: Replies to Critics. In: R. Buck & R.S. Cohen (Hrsg.), *Boston Studies in the Philosophy of Science*, Vol.8. Dordrecht: Reidel Publ. Co., 1971, S.174-184.

Lakatos, I.: Falsifikation und die Methodologie wissenschaftlicher Forschungsprogramme. In: I. Lakatos & A. Musgrave (Hrsg.), *Kritik und Erkenntnisfortschritt*. Braunschweig, Wiesbaden: Vieweg, 1974, S.89-189.

Lakatos, I.: *Beweise und Widerlegungen: Die Logik mathematischer Entdeckungen*, hrsg. von J. Worrall & E. Zahar. Braunschweig, Wiesbaden: Vieweg, 1979.

Lakatos, I.: Wissenschaft und Pseudowissenschaft. In: J. Worrall & G. Currie (Hrsg.), *Imre Lakatos: Philosophische Schriften, Bd.1*. Braunschweig, Wiesbaden: Vieweg, 1982*a*, S.1-6.

Lakatos, I.: Die Geschichte der Wissenschaft und ihre rationalen Rekonstruktionen. In: J. Worrall & G. Currie (Hrsg.), *I. Lakatos: Philosophische Schriften, Bd.1*. Braunschweig, Wiesbaden: Vieweg, 1982*b*, S.108-148.

Lakatos, I.: Popper zum Abgrenzungs- und Induktionsproblem. In: J. Worrall & G. Currie (Hrsg.), *Imre Lakatos: Philosophische Schriften Bd.1*. Braunschweig, Wiesbaden: Vieweg, 1982c, S.149-181.

Lakatos, I.: Warum hat das Kopernikanische Forschungsprogramm das Ptolemäische überrundet? In: J. Worrall & G. Currie (Hrsg.), *Imre Lakatos: Philosophische Schriften, Bd.1*. Braunschweig, Wiesbaden: Vieweg, 1982*d*, S.182-208.

Lakatos, I.: Wandlungen des Problems der induktiven Logik. In: J. Worrall & G. Currie (Hrsg.), *Imre Lakatos: Philosophische Schriften, Bd.2*. Braunschweig, Wiesbaden, 1982*e*, S.124-195.

Lakatos, I.: Newtons Wirkung auf die Kriterien der Wissenschaflichkeit. In: J. Worrall & G. Currie (Hrsg.), *Imre Lakatos: Philosophische Schriften, Bd.1*. Braunschweig, Wiesbaden: Vieweg, 1982*f*, S.209-240.

Lakatos, I. & Musgrave, A. (Hrsg.)**:** *Kritik und Erkenntnisfortschritt. Abhandlungen des internationalen Kolloquiums über die Philosophie der Wissenschaft, London 1965, Bd.4*. Braunschweig, Wiesbaden: Vieweg, 1974.

Lecourt, D.: *Marxism and Epistemology*. London: New Left Books, 1975.

Locke, J.: Ein Essay über den wahren Ursprung, die Reichweite und den Zweck einer bürgerlichen Regierung. In: J. Locke, *Zwei Abhandlungen über die Regierung*, hrsg. von W. Euchner. Frankfurt/Main: Europäische Verlagsanstalt, 1967, S.177-366.

Magee, B.: Karl Popper: The World's Greatest Philosopher? *Current Affairs Bulletin*, 1974, *50*(8), 14-23.

Masterman, M.: Die Natur eines Paradigmas. In: I. Lakatos & A. Musgrave (Hrsg.), *Kritik und Erkenntnisfortschritt*. Braunschweig, Wiesbaden: Vieweg, 1974, S.59-88.

Maxwell, J.C.: The Kinetic Theory of Gases. *Nature*, 1877, *16*, 245-246.

Maxwell, J.C.: Illustration of the Dynamic Theory of Gases. In: W.D. Niven (Hrsg.), *The Scientific Papers of James Clerk Maxwell*, 2 Bd. New York: Dover, 1965*a*, Bd. 1. S.377-409.

Maxwell, J.C.: Atom. In: W.D. Niven (Hrsg.), *The Scientific Papers of James C. Maxwell*, 2 Bd. New York: Dover, 1965*b*, Bd.2, S.445-484.

Medawar, P.: *Induction and Intuition in Scientific Thought*. London: Methuen, 1969.

Mill, J.S.: *System der deduktiven und induktiven Logik*. Braunschweig, Wiesbaden: Vieweg, 1977.

Mundle, C.W.K.: *Perception: Facts and Theories*. Oxford: Oxford University Press, 1971.

Musgrave, A.E.: Logical versus Historical Theories of Confirmation. *British Journal for the Philosophy of Science*, 1974*a*, *25*, 1-23.

Musgrave, A.E.: The Objectivism of Popper's Epistemology. In: P.A. Schilpp (Hrsg.), *The Philosophy of Karl Popper*. La Salle, Illinois: Open Court, 1974*b*, S.560-596.

Musgrave, A.E.: Method or Madness? In: R.S. Cohen, P.K. Feyerabend & M.W. Wartofsky (Hrsg.), *Essays in Memory of Imre Lakatos*. Dordrecht: Reidel Publ. Co., 1976, S.457-491.

Polanyi, M.: *Knowing and Being*. London: Routledge and Kegan Paul, 1969.

Polanyi, M.: *Personal Knowledge*. London: Routledge and Kegan Paul, 1973.

Popper, K.R.: *Conjectures and Refutations*. London: Routledge and Kegan Paul, 1969.

Popper, K.R.: *Objektive Erkenntnis. Ein evolutionärer Entwurf*. Hamburg: Hoffmann & Campe, 1973.

Popper, K.R.: Die Normalwissenschaft und ihre Gefahren. In: I. Lakatos & A. Musgrave (Hrsg.), *Kritik und Erkenntnisfortschritt*. Braunschweig, Wiesbaden: Vieweg, 1974, S.51-57.

Popper, K.R.: *Die offene Gesellschaft und ihre Feinde, Bd.2: Falsche Propheten. Hegel, Marx und die Folgen*. Bern: Francke,1980^{6}.

Popper, K.R.: *Die Logik der Forschung*. Tübingen: Mohr, 1982^{7} (1. Aufl. 1934).

Post, H.R.: Correspondence, Invariance and Heuristics. *Studies in History and Philosophy of Science*, 1971, *2*, 213-255.

Quine, W.v.O.: Zwei Dogmen des Empirismus. In: W.v.O. Quine, *Von einem logischen Standpunkt: Neun logisch-philosophische Essays*. Frankfurt/Main, Berlin, Wien: Ullstein, 1979, S.27-50.

Radnitzky, G. & Anderson, G. (Hrsg.): Fortschritt und Rationalität der Wissenschaft. Tübingen: Mohr (P. Siebeck), 1980.

Ravetz, J.R.: *Scientific Knowledge and its Social Problems*. Oxford: Oxford University Press, 1971.

Ronchi, V.: The Influence of the Early Development of Optics on Science and Philosophy. In: E. McMullin (Hrsg.), *Galileo: Man of Science*. New York: Basic Books, 1967, S.195-206.

Rosen, E.: *Three Copernican Treatises*. New York: Dover, 1959.

Russell, B.: *Probleme der Philosophie*. Frankfurt/Main: Suhrkamp, 1981.

Russell, D.: Scepticism in Recent Epistemology. *Methodology and Science*. 1981, *14*, 139-154.

Salmon, W.C.: *The Foundations of Scientific Inference.* Pittsburgh: Pittsburgh University Press, 1975.

Scheffler, I.: *Science and Subjectivity.* New York: Bobbs-Merrill, 1967.

Schilpp, P.A. (Hrsg.): *The Philosophy of Rudolf Carnap.* La Salle, Illinois: Open Court, 1963.

Schilpp, P.A. (Hrsg.): *The Philosophy of Karl R. Popper.* La Salle, Illinois: Open Court, 1974.

Seiffert, H.: *Einführung in die Wissenschaftstheorie*, Bd.1 (Sprachanalyse - Deduktion - Induktion in den Naturwissenschaften). München: C.H. Beck, 1983.

Sklair, L.: *Organized Knowledge.* St. Albans: Paladin, 1973.

Smart, J.J.C.: *Between Science and Philosophy.* New York: Random House, 1968.

Stove, D.C.: *Probability and Hume's Inductive Scepticism.* Oxford University Press, 1973.

Tarski, A.: Der Wahrheitsbegriff in den formalisierten Sprachen. *Studio philosophica*, 1936, *1*.

Tarski, A.: The Semantic Conception of Truth and Foundations of Semantics. *Philosophy and Phenomenological Research*, 1944, *4*, 341-376.

Tarski, A.: Truth and Proof. *Scientific American*, 1969, *220*(6), 63-77.

Worrall, J.: Thomas Young and the `Refutation' of Newtonian Optics: A Case-study in the Interaction of Philosophy of Science and History of Science. In: C. Howson (Hrsg.), *Method and Appraisal in the Physical Sciences.* Cambridge: Cambridge University Press, 1976, S.107-179.

Worrall, J. & Currie, G. (Hrsg.): *Imre Lakatos: Philosophische Schriften Bd. 1: Die Methodologie der wissenschaftlichen Forschungsprogramme.* Braunschweig, Wiesbaden: Vieweg, 1982.

Worrall, J. & Currie, G.: (Hrsg.): *Imre Lakatos: Philosophische Schriften Bd. 2: Mathematik, empirische Wissenschaft und Erkenntnistheorie.* Braunschweig, Wiesbaden: Vieweg, 1982.

Zahar, E.: Why Did Einstein's Programme Supersede Lorentz's? *British Journal for the Philosophy of Science*, 1973, *24*, 95-123, 223-262.

Ziman, J.: *Public Knowledge.* Cambridge: Cambridge University Press, 1968.

Deutschsprachige Bibliographie zur Wissenschaftstheorie

Diese deutschsprachige Bibliographie stellt eine Auswahl dar, die die Herausgeber für eine erste Orientierung als nützlich erachten. Sie trägt dem Umstand Rechnung, daß sich der Autor weitestgehend auf anglo-amerikanische Literatur bezieht; auch bleiben bei den Angaben zur weiterführenden Literatur Entwicklungen im deutschsprachigen Raum weitgehend ausgespart.

I. LEXIKA

Braun, E. & Rademacher, H. (Hrsg.): *Wissenschaftstheoretisches Lexikon.* Graz, Wien, Köln: Styria, 1978.

Mittelstraß, J. (Hrsg.): *Enzyklopädie Philosophie und Wissenschaftstheorie in drei Bänden.* Mannheim, Wien, Zürich: Bibliographisches Institut, 1980 (Bd.1: A-G), 1984 (Bd.2: H-O).

Speck, J. (Hrsg.): *Handbuch wissenschaftstheoretischer Begriffe*, Band 1-3. Göttingen: Vandenhoeck & Ruprecht (UTB), 1980.

II. HANDBÜCHER UND STANDARDWERKE

Essler, W.K.: *Wissenschaftstheorie.* Bd. I: *Definition und Reduktion* (1982, 2., bearb. und erw. Aufl.). Bd. II: *Theorie und Erfahrung* (1971). Bd. III: *Wahrscheinlichkeit und Induktion* (1973). Bd. IV: *Erklärung und Kausalität* (1979). Freiburg, München: Alber, 1971-1982.

Kutschera, F.v.: *Wissenschaftstheorie. Grundzüge der allgemeinen Methodologie der empirischen Wissenschaften*, 2 Bände. München: W. Fink (UTB), 1972.

Lay, R.: *Grundzüge einer komplexen Wissenschaftstheorie.* Bd. 1: *Grundlagen und Wissenschaftslogik.* Bd. 2: *Wissenschaftsmethodik und spezielle Wissenschaftstheorie.* Frankfurt/Main: J. Knecht, 1971 (Bd.1), 1973 (Bd.2).

Oeser, E.: *Wissenschaft als Information.* Bd. 1: *Wissenschaftstheorie und empirische Wissenschaftsforschung.* Bd. 2: *Erkenntnis als Informationsprozeß.* Bd.3: *Struktur und Dynamik erfahrungswissenschaftlicher Systeme.* Wien, München: R. Oldenbourg, 1976.

Oeser, E.: *Wissenschaftstheorie als Rekonstruktion der Wissenschaftsgeschichte*. Bd. 1: *Metrisierung, Hypothesenbildung, Theoriendynamik*. Bd. 2: *Experiment, Erklärung, Prognose*. Wien, München: R. Oldenbourg, 1979.

Stegmüller, W.: *Probleme und Resultate der Wissenschaftstheorie und Analytischen Philosophie*. Bd. I: *Erklärung - Begründung - Kausalität* (1983, 2. verb. u. erw. Aufl.). Bd. II: *Theorie und Erfahrung*. 1. Teilband: Begriffsformen, Wissenschaftssprache, empirische Signifikanz und theoretische Begriffe (1974, verb. Neudruck). 2. Teilband: Theorienstrukturen und Theoriendynamik (1985, 2. korr. Aufl.). 3. Teilband: Die Entwicklung des neuen Strukturalismus seit 1973 (1986). Bd. III (gemeinsam mit M. Varga v. Kibéd): *Strukturtypen der Logik* (1984). Bd. IV: *Personelle und Statistische Wahrscheinlichkeit*. 1. Halbband: Personelle Wahrscheinlichkeit und Rationale Entscheidung (1973). 2. Halbband: Statistisches Schließen - Statistische Begründung - Statistische Analyse (1973). Berlin, Heidelberg, New York: Springer.

Stegmüller, W.: *Hauptströmungen der Gegenwartsphilosophie*, 2 Bände. Stuttgart: Kröner, 1978 (Bd. 1), 1979 (Bd. 2).

Weingartner, P.: *Wissenschaftstheorie*. Bd. I: *Einführung in die Hauptprobleme*. Stuttgart: Frommann, 1978 (2. verb. Aufl.).

Wiener Studien zur Wissenschaftstheorie (Wien: Verlag der Österreichischen Staatsdruckerei):

Riedl, R. & Bonet, E.M. (Hrsg.): Bd. 1: *Entwicklung der Evolutionären Erkenntnisheorie*. 1987.

Oeser, G. & Bonet, E.M. (Hrsg.): Bd. 2: *Das Realismusproblem*. 1988.

Kratky, K.W. & Bonet, E.M. (Hrsg.): Bd. 3: *Systemtheorie und Reduktionismus*. 1989.

III. SAMMELBÄNDE

Albert, H. & Stapf, K.H. (Hrsg.): *Theorie und Erfahrung. Beiträge zur Grundlagenproblematik der Sozialwissenschaften*. Stuttgart: Klett-Cotta, 1979.

Albert, H. & Topitsch, E. (Hrsg.): *Werturteilsstreit*. Darmstadt: Wissenschaftliche Buchgesellschaft, 1979 (2., um eine Bibliographie erw. Aufl.).

Bouillon, H. & Andersson, G. (Hrsg.): *Wissenschaftstheorie und Wissenschaften. Festschrift für Gerard Radnitzky aus Anlaß seines 70. Geburtstages*. Berlin: Duncker & Humblot, 1991.

Diederich, W. (Hrsg.): *Theorien der Wissenschaftsgeschichte. Beiträge zur diachronen Wissenschaftstheorie*. Frankfurt/Main: Suhrkamp, 1978.

Diemer, A. (Hrsg.): *Der Methoden und Theorienpluralismus in den Wissenschaften*. Meisenheim/Glan: Hain, 1971.

Duerr, H.P. (Hrsg.): *Versuchungen. Aufsätze zur Philosophie Paul Feyerabends*. 2 Bände. Frankfurt/Main: Suhrkamp, 1980 (Bd.1.), 1981 (Bd.2).

Duerr, H.P. (Hrsg.): *Der Wissenschaftler und das Irrationale*. Bd.1: *Beiträge aus Ethnologie und Anthropologie*. Bd.2: *Beiträge aus Philosophie und Psychologie*. Frankfurt/Main: Syndikat, 1981.

Freisitzer, K. & Haller, R. (Hrsg.): *Probleme des Erkenntnisfortschritts in den Wissenschaften.* Wien: VWGÖ, 1977.

Glasersfeld, E.v., Foerster, H.v., Watzlawick, P., Hejl, P.M. & Schmidt, S.J.: *Einführung in den Konstruktivismus.* Mit einer Bibliographie von P.M. Hejl & S.J. Schmidt. München: Oldenburg, 1985.

Hubig, Ch. & Rahden, W.v. (Hrsg.): *Konsequenzen kritischer Wissenschaftstheorie.* Berlin, New York: Walter de Gruyter, 1978.

Janich, P. (Hrsg.): *Wissenschaftstheorie und Wissenschaftsforschung.* München: C.H. Beck, 1981.

Krüger, L. (Hrsg.): *Erkenntnisprobleme der Naturwissenschaften. Texte zur Einführung in die Philosophie der Wissenschaften.* Köln, Berlin: Kiepenheuer & Witsch, 1970.

Krüger, L., Ströker, E., Pilot, H., Drieschner, M. & Radnitzky, G. (Hrsg.): *Tendenzen der Wissenschaftstheorie.* Neue Hefte für Philosophie, 1974, Heft 6/7.

Lenk, H. (Hrsg.): *Neue Aspekte der Wissenschaftstheorie.* Beiträge zur wissenschaftlichen Tagung des Engeren Kreises der Allgemeinen Gesellschaft für Philosophie in Deutschland, Karlsruhe 1970. Braunschweig, Wiesbaden: Vieweg, 1971.

Lenk, H. (Hrsg., unter Mitw. v. Deppert, W., Fiebig, H., Gebauer, H., Gebauer, G. & Rapp, F.): *Kritik der wissenschaftlichen Rationalität.* Freiburg, München: K. Alber, 1986.

Lenk, H. & Ropohl, G. (Hrsg.): *Systemtheorie als Wissenschaftsprogramm.* Königstein/Ts.: Athenäum, 1978.

Radnitzky, G. & Andersson, G. (Hrsg.): *Fortschritt und Rationalität der Wissenschaft.* Tübingen: Mohr, 1980.

Rombach, H. (Hrsg.): *Wissenschaftstheorie.* Bd. 1: *Probleme und Positionen der Wissenschaftstheorie.* Bd. 2: *Struktur und Methode der Wissenschaften.* Freiburg, Basel, Wien: Herder, 1974.

Schurz, G. (Hrsg.): *Erklären und Verstehen in der Wissenschaft.* Wien, München: R. Oldenbourg, 1990.

Simon-Schaefer, R. & Zimmerli, W.Ch. (Hrsg.): *Wissenschaftstheorien der Geisteswissenschaft. Konzeptionen, Vorschläge, Entwürfe.* Hamburg: Hoffmann & Campe, 1975.

Topitsch, E. (Hrsg.), unter Mitarbeit von Payer, P.: *Logik der Sozialwissenschaften.* Königstein/Ts.: Verlagsgruppe Athenäum, Hain, Scriptor, Hanstein, 1980 (10., veränderte Aufl.).

IV. ALLGEMEINE EINFÜHRUNGSWERKE

Bochenski, I.M.: *Die zeitgenössischen Denkmethoden.* München: Francke (UTB), 1980^{8} (1. Aufl. 1954).

Eberhard, K.: *Einführung in die Erkenntnis- und Wissenschaftstheorie. Geschichte und Praxis der konkurrierenden Erkenntniswege.* Stuttgart: Kohlhammer, 1987.

Janich, P. (Hrsg.): *Wissenschaftstheorie und Wissenschaftsforschung.* München: C.H. Beck, 1981.

Janich, P., Kambartel, F. & Mittelstraß, J.: *Wissenschaftstheorie als Wissenschaftskritik*. Frankfurt/Main: Aspekte, 1974.

Jöhr, W.A.: *Gespräche über Wissenschaftstheorie*. Tübingen: Mohr, 1973.

König, G.: *Was heißt Wissenschaftstheorie?* Düsseldorf: Philosophia, 1971.

Kriz, J., Lück, H.E. & Heidbrink, H. (mit einem Beitrag v. H. Werbik & W. Zitterbarth): *Wissenschafts- und Erkenntnistheorie. Eine Einführung für Psychologen und Humanwissenschaftler*. Opladen: Leske & Budrich, 1990 (2. überarb. Aufl.).

Losee, J.: *Wissenschaftstheorie. Eine historische Einführung*. München: C.H. Beck, 1977.

Seiffert, H.: *Einführung in die Wissenschaftstheorie*. Bd.1: *Sprachanalyse - Deduktion - Induktion in Natur- und Sozialwissenschaften*. Bd.2: *Geisteswissenschaftliche Methoden: Phänomenologie - Hermeneutik und historische Methode - Dialektik*. Bd.3: *Handlungstheorie Modallogik - Ethik - Systemtheorie*. München: C.H. Beck, 1983[10] (Bd.1), 1983[8] (Bd.2), 1985 (Bd.3).

Ströker, E.: *Einführung in die Wissenschaftstheorie*. Darmstadt: Wissenschaftliche Buchgesellschaft, 1987[3].

V. WISSENSCHAFTSTHEORETISCHE RICHTUNGEN

POSITIVISMUS

Kolakowski, L.: *Die Philosophie des Positivismus*. München: Piper, 1971.

Kon, I.S.: *Der Positivismus in der Soziologie. Geschichtlicher Abriß*. Berlin: Akademie-Verlag, 1973.

Mohn, E.: *Der logische Positivismus. Theorien und politische Praxis seiner Vertreter*. Frankfurt/Main, New York: Campus, 1977.

Schnädelbach, H.: *Erfahrung, Begründung und Reflexion. Versuch über den Positivismus*. Frankfurt/Main: Suhrkamp, 1971.

KRITISCHER RATIONALISMUS

Albert, H.: *Plädoyer für Kritischen Rationalismus*. München: Piper, 1971.

Albert, H.: *Traktat über kritische Vernunft*. Tübingen: Mohr (Siebeck), 1975.

Albert, H.: *Konstruktion und Kritik. Aufsätze zur Philosophie des kritischen Rationalismus*. Hamburg: Hoffmann & Campe, 1975[2].

Albert, H.: *Kritische Vernunft und menschliche Praxis*. Stuttgart: Reclam, 1977.

Albert, H.: *Traktat über rationale Praxis*. Tübingen: Mohr, 1978.

Albert, H.: *Die Wissenschaft und die Fehlbarkeit der Vernunft*. Tübingen: Mohr, 1982.

Grossner, C.: *Verfall der Philosophie, Politik deutscher Philosophen*. Reinbek bei Hamburg: Rowohlt, 1971.

Günther, K.L.: *Kritischer Rationalismus, Sozialdemokratie und politisches Handeln. Logische und psychologische Defizite einer kritizistischen Philosophie*. Weinheim, Basel: Beltz, 1984.

Nordhofen, E.: *Das Bereichsdenken im kritischen Rationalismus. Zur finitistischen Tradition der Popperschule.* Freiburg, München: K. Alber, 1976.

Spinner, H.: *Pluralismus als Erkenntnismodell. Studien zum Popperschen Erkenntnis- und Gesellschaftsmodell.* Frankfurt/Main: Suhrkamp, 1974.

Spinner, H.: *Begründung, Kritik und Rationalität. Zur philosophischen Grundlagenproblematik des Rechtfertigungsmodells der Erkenntnis und der kritizistischen Alternative.* Bd.1: *Die Entstehung des Erkenntnisproblems im griechischen Denken und seine klassische Rechtfertigungslösung aus dem Geiste des Rechts.* Braunschweig, Wiesbaden: Vieweg, 1977.

Spinner, H.: *Popper und die Politik. Rekonstruktion und Kritik der Sozial-, Politik- und Geschichtsphilosophie des kritischen Rationalismus.* Bd.1: *Geschlossenheitsprobleme.* Berlin, Bonn: Dietz, 1978.

Spinner, H.: *Ist der kritische Rationalimus am Ende? Auf der Suche nach den verlorenen Maßstäben des kritischen Rationalismus für eine offene Sozialphilosophie und kritische Sozialwissenschaft.* Weinheim, Basel: Beltz, 1982.

KRITISCHE THEORIE

Adorno, Th. W., Albert, H., Dahrendorf, R., Habermas, J., Pilot, H. & Popper, K.R.: *Der Positivismusstreit in der deutschen Soziologie.* Darmstadt, Neuwied: Luchterhand, 1972[2].

Habermas, J.: *Technik und Wissenschaft als "Ideologie".* Frankfurt/Main: Suhrkamp, 1968.

Habermas, J.: *Theorie und Praxis. Sozialphilosophische Studien.* Neuwied, Berlin: Luchterhand, 1969.

Habermas, J.: *Erkenntnis und Interesse.* Frankfurt/Main: Suhrkamp, 1981.

Habermas, J.: *Zur Logik der Sozialwissenschaften.* Frankfurt/Main: Suhrkamp, 1985.

Horkheimer, M.: *Kritische Theorie. Eine Dokumentation,* hrsg. v. A. Schmidt. Frankfurt/Main: Fischer, 1977.

Horkheimer, M.: *Traditionelle und kritische Theorie.* Frankfurt/Main: Fischer, 1980.

Ley, H. & Müller, Th.: *Kritische Vernunft und Revolution. Zur Kontroverse zwischen Hans Albert und Jürgen Habermas.* Köln: Pahl-Rugenstein, 1971.

Marcuse, H.: *Ideen zu einer kritischen Theorie der Gesellschaft.* Frankfurt/Main: Suhrkamp, 1976[5].

Marcuse, H. & Popper, K.R.: *Revolution oder Reform. Eine Konfrontation,* hrsg. v. F. Stark. München: Kösel, 1982[5].

Rohrmoser, G.: *Das Elend der kritischen Theorie: Th. Adorno, H. Marcuse, J. Habermas.* Freiburg: Rombach, 1973[3].

KONSTRUKTIVE WISSENSCHAFTSTHEORIE ("ERLANGER SCHULE")

Friedmann, J.: *Kritik konstruktivistischer Vernunft. Zum Anfangs- und Begründungsproblem bei der Erlanger Schule.* München: W. Fink, 1981.

Gethmann, C.F. (Hrsg.): *Lebenswelt und Wisenschaft. Studien zum Verhältnis von Phänomenologie und konstruktiver Wissenschaftstheorie.* Bonn: Bouvier, 1987.

Kambartel, F. (Hrsg.): *Praktische Philosophie und konstruktive Wissenschaftstheorie.* Frankfurt/Main: Suhrkamp, 1974.

Kambartel, F. & Mittelstraß, J. (Hrsg.): *Zum normativen Fundament der Wissenschaft.* Frankfurt/Main: Athenäum, 1973.

Kamlah, W. & Lorenzen, P.: *Logische Propädeutik. Vorschule des vernünftigen Redens.* Mannheim: Bibliographisches Institut, 1973.

Lorenz, K. (Hrsg.): *Konstruktionen versus Positionen: Beiträge zur Diskussion um die konstruktive Wissenschaftstheorie (Festschrift für Paul Lorenzen).* Bd.1: *Spezielle Wissenschafstheorie.* Bd.2: *Allgemeine Wissenschaftstheorie.* Berlin, New York: de Gruyter, 1979.

Lorenzen, P.: *Konstruktive Wissenschaftstheorie.* Frankfurt/Main: Suhrkamp, 1974.

Lorenzen, P.: *Methodisches Denken.* Frankfurt/Main: Suhrkamp, 1974.

Lorenzen, P.: *Lehrbuch der konstruktiven Wissenschaftstheorie.* Mannheim, Wien, Zürich: BI-Wissenschaftsverlag, 1987.

Lorenzen, P. & Schwemmer, O.: *Konstruktive Logik, Ethik und Wissenschaftstheorie.* Mannheim: Bibliographisches Institut, 1975 (2. veränd. Aufl.).

Mittelstraß, J.: *Die Möglichkeit der Wissenschaft.* Frankfurt/Main: Suhrkamp, 1974.

Mittelstraß, J.: *Wissenschaft als Lebensform. Reden über philosophische Orientierungen in Wissenschaft und Universität.* Frankfurt/Main: Suhrkamp, 1982.

Rusch, G.: *Erkenntnis, Wissenschaft, Geschichte. Von einem konstruktivistischen Standpunkt.* Frankfurt/Main: Suhrkamp, 1987.

Schwemmer, O. (Hrsg.): *Vernunft, Handlung und Erfahrung. Über die Grundlagen und Ziele der Wissenschaften.* München: C.H. Beck, 1981.

DIALEKTIK

Bubner, R.: *Dialektik und Wissenschaft.* Frankfurt/Main: Suhrkamp, 1974.

Plath, P. & Sandkühler, H.J. (Hrsg.): *Theorie und Labor.* Köln: Pahl-Rugenstein, 1978.

OPERATIONALISMUS

Holzkamp, K.: *Wissenschaft als Handlung. Versuch einer neuen Grundlegung der Wissenschaftslehre.* Berlin: de Gruyter, 1968.

Klüver, J.: *Operationalismus. Kritik und Geschichte einer Philosophie der exakten Wissenschaft.* Stuttgart, Bad Cannstatt: Frommann Holzboog, 1971.

MARXISMUS

Sandkühler, H.J. (Hrsg.): *Marxistische Wissenschaftstheorie. Studien zur Einführung in ihren Forschungsbereich.* Frankfurt/Main: Athenäum, 1974.

Seiffert, H.: *Marxismus und bürgerliche Wissenschaft. Kritik der Dialektik, Rechtfertigung der Wissenschaft.* München: C.H. Beck, 1977³.

Tomberg, F.: *Bürgerliche Wissenschaft: Begriff, Geschichte, Kritik.* Frankfurt/Main: Fischer, 1973.

ANALYTISCHE WISSENSCHAFTSTHEORIE

Esser, H., Klenovits, K. & Zehnpfennig, H.: *Wissenschaftheorie.* Bd. 1: *Grundlagen und Analytische Wissenschaftstheorie.* Bd. 2: *Funktionalanalyse und hermeneutisch-dialektische Ansätze.* Stuttgart: Teubner, 1977.

Waismann, F.: *Was ist logische Analyse? Gesammelte Aufsätze.* Frankfurt/Main: Athenäum, 1973.

STRUKTURALISMUS

Diederich, W.: *Strukturalistische Rekonstruktionen. Untersuchungen zur Bedeutung, Weiterentwicklung und interdisziplinären Anwendung des strukturalistischen Konzepts wissenschaftlicher Theorien.* Braunschweig, Wiesbaden: Vieweg, 1981.

Ebneter, Th.: *Strukturalismus und Transformationalismus. Einführung in Schulen und Methoden.* München: List, 1973.

Reif, A. (Hrsg.): *Antworten der Strukturalisten.* Hamburg: Hoffmann & Campe, 1973.

Stegmüller, W.: *Neue Wege der Wissenschaftsphilosophie.* Berlin, Heidelberg, New York: Springer, 1980.

GENETISCHE ERKENNTNISTHEORIE

Piaget, J.: *Erkenntnistheorie der Wissenschaften vom Menschen.* Frankfurt/Main, Berlin, Wien: Ullstein, 1972.

Piaget, J.: *Einführung in die genetische Erkenntnistheorie.* Frankfurt/Main: Suhrkamp, 1973.

Piaget, J.: *Biologie und Erkenntnis. Über die Beziehungen von organischen regulationen und kognitiven Prozessen.* Frankfurt/Main: Fischer, 1992.

BIOLOGISCHE ERKENNTNISTHEORIE

Engels, E.M.: *Erkenntnis als Anpassung? Eine Studie zur Evolutionären Erkenntnistheorie.* Frankfurt/Main: Suhrkamp, 1989.

Lorenz, K.: *Die Rückseite des Spiegels. Versuch einer Naturgeschichte menschlichen Erkennens.* München, Zürich: Piper, 1973.

Lorenz, K. & Wuketits, F.M. (Hrsg.)**:** *Die Evolution des Denkens.* München, Zürich: Piper, 1983.

Mohr, H.: *Biologische Erkenntnistheorie. Ihre Entstehung und Bedeutung.* Stuttgart: B.G. Teubner, 1981.

Riedl, R.: *Biologie der Erkenntnis. Die stammesgeschichtlichen Grundlagen der Vernunft.* Berlin, Hamburg: Parey, 1980.

Riedl, R.: *Evolution und Erkenntnis. Antworten auf Fragen aus unserer Zeit.* München, Zürich: Piper, 1982.

Riedl, R.: *Die Spaltung des Weltbildes: biologische Grundlagen des Erklärens und Verstehens.* Berlin, Hamburg: Parey, 1985.

Riedl, R. & Bonet, E.M. (Hrsg.): *Entwicklung der Evolutionären Erkenntnistheorie.* Bd. 1 der Wiener Studien zur Wissenschaftstheorie. Wien: Verlag der Österreichischen Staatsdruckerei, 1987.

Riedl, R. & Wuketits, F.M. (Hrsg.)**:** *Die Evolutionäre Erkenntnistheorie. Bedingungen - Lösungen - Kontroversen.* Berlin & Hamburg: Parey, 1987.

Vollmer, G.: *Evolutionäre Erkenntnistheorie. Angeborene Erkenntnisstrukturen im Kontext von Biologie, Psychologie, Linguistik, Philosophie und Wissenschaftstheorie.* Stuttgart: S. Hirzel, 1983.

VI. WISSENSCHAFTSTHEORETISCHE GRUNDLAGEN EINZELNER FACHWISSENSCHAFTEN

Albert, H. (Hrsg.)**:** *Theorie und Realität. Ausgewählte Aufsätze zur Wissenschaftslehre der Sozialwissenschaften.* Tübingen: Mohr, 1972 (2., veränd. Aufl.).

Albert, H.: Probleme der Wissenschaftslehre in der Sozialforschung In: R. König (Hrsg.), *Handbuch der empirischen Sozialforschung*, Bd.1. Stuttgart: Enke, 1973[3], S.57-102.

Eberlein, G., Kroeber-Riel, W. & Leinfellner, W. (Hrsg.)**:** *Forschungslogik der Sozialwissenschaft.* Düsseldorf: Bertelsmann Universitätsverlag, 1974.

Konegen, N. & Sondergeld, K.: *Wissenschaftstheorie für Sozialwissenschaftler. Eine problemorientierte Einführung.* Opladen: Leske & Budrich (UTB), 1984.

Lenk, H.: *Zwischen Wissenschaftstheorie und Sozialwissenschaft.* Frankfurt/Main: Suhrkamp, 1986.

Prim, R. & Tilmann, H.: *Grundlagen einer kritisch-rationalen Sozialwissenschaft. Studienbuch zur Wissenschaftstheorie.* Heidelberg: Quelle & Meyer, 1977[3].

Eberlein, G. & Kondratowitz, H.J (Hrsg.)**:** *Psychologie statt Soziologie? Zur Reduzierbarkeit sozialer Strukturen auf Verhalten.* Frankfurt/Main: Campus, 1977.

Ritsert, J.: *Zur Wissenschaftslogik einer kritischen Soziologie.* Frankfurt/Main: Suhrkamp, 1976.

Albert, H. & Keuth, H. (Hrsg.): *Kritik der kritischen Psychologie.* Hamburg: Hoffmann & Campe, 1973.

Autorenkollektiv Wissenschaftspsychologie: *Materialistische Wissenschaft und Psychologie. Erkenntnis - und wissenschaftstheoretische Grundlagen der materialistischen Psychologie.* Köln: Pahl Rugenstein, 1975.

Breuer, F.: *Einführung in die Wissenschaftstheorie für Psychologen.* Münster: Aschendorff, 1991 (5., verb. Aufl.).

Brocke, B., Röhl, W. & Westmeyer, H.: *Wissenschaftstheorie auf Abwegen? Probleme der Holzkampschen Wissenschaftskonzeption.* Stuttgart, Berlin, Köln, Mainz: Kohlhammer, 1973.

Lenk, H.: *Zwischen Sozialpsychologie und Sozialphilosophie.* Frankfurt/Main: Suhrkamp, 1987.

Holzkamp, H.: *Kritische Psychologie. Vorbereitende Arbeiten.* Frankfurt/Main: Fischer, 1972.

Holzkamp, K.: *Theorie und Experiment in der Psychologie. Eine grundlagenkritische Untersuchung.* Berlin: de Gruyter, 1981 (2. Aufl.).

Holzkamp, K.: *Grundlegung der Psychologie.* Frankfurt/Main: Campus, 1983.

Schneewind, K.A. (Hrsg.): *Wissenschaftstheoretische Grundlagen der Psychologie.* München, Basel: Reinhardt (UTB), 1977.

Stephan, E.: *Zur logischen Struktur psychologischer Theorien.* Berlin, Heidelberg: Springer, 1990.

Westmeyer, H.: *Kritik der psychologischen Unvernunft. Probleme der Psychologie als Wissenschaft.* Stuttgart, Berlin, Köln, Mainz: Kohlhammer, 1973.

König, E. & Zedler, P.: *Einführung in die Wissenschaftstheorie der Erziehungswissenschaft.* Düsseldorf: Schwann, 1983.

Lassahn, R.: *Grundriß einer Allgemeinen Pädagogik.* Heidelberg: Quelle & Meyer (UTB), 1983[2].

Pollak, G.: *Fortschritt und Kritik. Von Popper zu Feyerabend: der kritische Rationalismus in der erziehungswissenschaftlichen Rezeption.* Paderborn: Schönigh/München: W. Fink, 1987.

Tschamler, H.: *Theorie und Methode der Erziehungswissenschaft. Eine Einführung für Pädagogen.* Bad Heilbrunn: Klinkhardt, 1983.

Ulich, D. (Hrsg.): *Theorie und Methode der Erziehungswissenschaft.* Weinheim, Basel: Beltz, 1972.

Braun, W.: *Konstruktive Betriebswirtschaftslehre. Eine wissenschaftstheoretische Einführung.* Wiesbaden: Gabler, 1985.

Czayka, L.: *Formale Logik und Wissenschaftsphilosophie. Einführung für Wirtschaftswissenschaftler.* Wien, München: R. Oldenbourg, 1991.

Dlugos, G., Eberlein, G. & Steinmann, H. (Hrsg.): *Wissenschaftstheorie und Betriebswirtschaftslehre.* Düsseldorf: Bertelsmann Universitätsverlag, 1972.

Holleis, W.: *Don Quijote und die Wirtschaftswissenschaften. Praktische Kritik an einer unpraktischen Wissenschaft. Eine wissenschaftliche Streitschrift.* Beiträge und Berichte des Instituts für Wirtschafts-Ethik an der Hochschule in St. Gallen, Nr. 27, 1989.

Peukert, H.: *Keynes'"General Theory" aus der Sicht der Wissenschaftstheorie.* Frankfurt/Main: R.G. Fischer, 1991.

Raffée, H.: *Grundprobleme der Betriebswirtschaftslehre.* Göttingen: Vandenhoeck & Ruprecht, 1974.

Raffée, H. & Abel, B.: *Wissenschaftstheoretische Grundfragen der Wirtschaftswissenschaften.* München: Vahlen, 1979.

Rottleuthner, H.: *Rechtswissenschaft als Sozialwissenschaft.* Frankfurt/Main: Fischer, 1973.

Kammler, H.: *Logik der Politikwissenschaft.* Wiesbaden: Akademische Verlagsgesellschaft, 1976.

Schmidt, R.H. (Hrsg.)**:** *Methoden der Politologie.* Darmstadt: Wissenschaftliche Buchgesellschaft, 1967.

Acham, K.: *Analytische Geschichtsphilosophie. Eine kritische Einführung.* Freiburg, München: Alber, 1974.

Faber, K.G.: *Theorie der Geschichtswissenschaft.* München: C.H. Beck, 1982 (5., erw. Aufl.).

Groeben, N.: *Literaturpsychologie. Literaturwissenschaft zwischen Hermeneutik und Empirie.* Stuttgart, Köln, Mainz: Kohlhammer, 1972.

Konstantinovitch, Z.: *Phänomenologie und Literaturwissenschaft. Skizzen zu einer wissenschaftstheoretischen Begründung.* München: List, 1973.

Grabner-Haider, A.: *Semiotik und Theologie. Religiöse Rede zwischen analytischer und hermeneutischer Philosophie.* München:Kösel, 1973.

Pannenberg, W.: *Wissenschaftstheorie und Theologie.* Frankfurt/Main: Suhrkamp, 1987.

Ricken, F. (Hrsg.): *Klassische Gottesbeweise in der Sicht der gegenwärtigen Logik und Wissenschaftstheorie.* Stuttgart: Kohlhammer, 1991.

Meschkowski, H. (Hrsg.)**:** *Grundlagen der modernen Mathematik.* Darmstadt: Wissenschaftliche Buchgesellschaft, 1972.

Stegmüller, W.: Die philosophischen Grundlagen der Logik und Mathematik. Kap. II in: W. Stegmüller: *Metaphysik - Skepsis Wissenschaft.* Berlin, Heidelberg, New York: Springer, 1969^2.

Burckhard, H. & Reiners, Ch.: *Begründungsformen und Geltungsansprüche in den Naturwissenschaften.* Würzburg: Königshausen & Neumann, 1992.

Janich, P.: *Die Grenzen der Naturwissenschaft. Erkennen als Handeln.* München: C.H. Beck, 1992.

Kanitscheider, B.: *Wissenschaftstheorie der Naturwissenschaft.* Berlin, New York: de Gruyter, 1981.

Ströker, E.: *Denkwege der Chemie - Elemente ihrer Wissenschaftstheorie.* Freiburg, München: K. Alber, 1967.

Ströker, E., Hahn, R., Neugebauer, H.G. & Püllen, K.: *Wissenschaftstheorie der Naturwissenschaften. Grundzüge ihrer Sachproblematik und Modelle für den Unterricht.* Freiburg, München: K. Alber, 1981.

Bassler, W.: *Psychiatrie des Elends oder Das Elend der Psychiatrie. Karl Jaspers und sein Beitrag zur Methodenfrage in der klinischen Psychologie und Psychopathologie.* Würzburg: Königshausen & Neumann, 1990.

Deppert, W., Kliemt, H., Lohff,B. & Schaefer, J. (Hrsg.): *Wissenschaftstheorie in der Medizin. Ein Symposium.* Berlin: de Gruyter, 1992.

Hahn, P.: *Ärztliche Propädeutik. Gespräch, Anamnese, Interview. Einführung in die anthropologische Medizin - wissenschaftstheoretische und praktische Grundlagen.* Heidelberg: Springer, 1988.

Kliemt, H.: *Grundzüge der Wissenschaftstheorie. Eine Einführung für Mediziner und Pharmazeuten.* Stuttgart: G. Fischer, 1987.

Neuhaus, G.A. (Hrsg.), unter Mitarbeit von N. Frommann, H. Hennemann, H. Schroeder & H.F. Spinner: *Pluralität in der Medizin - der geistige und methodische Hintergrund.* Frankfurt/Main: Umschau, 1980.

Wieland, W.: *Diagnose. Überlegungen zur Medizintheorie.* Berlin: de Gruyter, 1975.

Grünbaum, A.: *Psychoanalyse in wissenschaftstheoretischer Sicht. Zum Werk Sigmund Freuds und seiner Rezeption.* Konstanz: Universitätsverlag, 1987.

Perrez, M.: *Ist die Psychoanalyse eine Wissenschaft?* Bern, Stuttgart, Wien: Huber, 1979 (2., überarb. u. erw. Aufl.).

Pohl, St.: *Wissenschaftstheoretische und methodologische Probleme der Psychoanalyse. Eine Auseinandersetzung mit Grünbaums Psychoanalysekritik.* Würzburg: Kö-nigshausen & Neumann, 1991.

VII. ZEITSCHRIFTEN

Allgemeine Zeitschrift für Philosophie
Stuttgart, Bad Cannstadt: Frommann-Holzboog
(erscheint 3 x jährlich).

Conceptus. Zeitschrift für Philosophie
Wien: Verband der wissenschaftlichen Gesellschaften Österreichs
(erscheint 2 x jährlich).

Deutsche Zeitschrift für Philosophie
Berlin: Deutscher Verlag der Wissenschaften
(erscheint 12 x jährlich).

Erkenntnis. An International Journal of Analytic Philosophy
(Engl.-Deut.) Dordrecht, Boston: Reidel Publ. Com. & Hamburg: F. Meiner
(erscheint 3 x jährlich).

Zeitschrift für allgemeine Wissenschaftstheorie
Wiesbaden: F. Steiner
(erscheint 2 x jährlich).

Zeitschrift für philosophische Forschung
Meisenheim/Glan: A. Hain
(erscheint 4 x jährlich).

Personenverzeichnis

Sachregister